사 일 동안
이 것만 풀면
다 합격!

KB210585

포스코그룹
온라인 PAT

시대에듀

2025 최신판 시대에듀 All-New 사이다 모의고사
포스코그룹 PAT 온라인 적성검사

Always **with you**

사람의 인연은 길에서 우연하게 만나거나 함께 살아가는 것만을 의미하지는 않습니다.
책을 펴내는 출판사와 그 책을 읽는 독자의 만남도 소중한 인연입니다.
시대에듀는 항상 독자의 마음을 헤아리기 위해 노력하고 있습니다. 늘 독자와 함께하겠습니다.

머리말 PREFACE

포스코그룹은 1968년 포항종합제철회사로 창립하여 자본, 기술, 경험도 없는 무(無)의 상태였지만 한국 철강산업 발전을 위해 노력했다. 지속적인 설비 효율화와 생산성 향상을 통해 1998년 조강생산 기준으로 세계 1위의 철강회사로 발돋움했다. 포스코는 철강에서 비철강으로, 제조에서 서비스로, 전통에서 미래로 사업영역을 확대하여 철강 중심의 사업구조에서 기존사업과 신규사업이 조화를 이루는 미래형 사업구조로 전환하고 있다.

이에 따라 포스코는 기본기가 탄탄하고 직무역량이 우수한 인재를 확보하고자 '신입사원 채용 프로세스'를 직무역량 중심으로 대폭 개편하고, 직무 에세이와 인적성검사(PAT)를 통해 전공에 제한 없이 직군별로 신입사원을 모집하고 있다.

2022년 상반기까지 PAT는 오프라인으로 시행되었으나 2022년 하반기부터는 온라인으로 전환되었다. 또한 2023년 상반기에는 시험영역이 언어이해, 자료해석, 문제해결, 추리 4개 영역으로 축소되었다.

이에 시대에듀에서는 포스코그룹에 입사하고자 하는 수험생들에게 좋은 길잡이가 되어주고자 다음과 같은 특징을 가진 본서를 출간하게 되었다.

도서의 특징

❶ 언어이해/자료해석/문제해결/추리 총 4개의 출제영역으로 구성된 모의고사를 4회분 수록하여 매일 1회씩 풀며 시험 전 4일 동안 자신의 실력을 최종적으로 점검할 수 있도록 하였다.

❷ 전 회차에 도서 동형 온라인 실전연습 서비스를 제공하여 실제로 온라인 시험에 응시하는 것처럼 연습할 수 있도록 하였다.

❸ 온라인 모의고사 2회분을 더해 부족한 부분을 추가적으로 학습해 볼 수 있도록 하였다.

끝으로 본서를 통해 포스코그룹 채용을 준비하는 모든 수험생 여러분이 합격의 기쁨을 누리기를 진심으로 바란다.

SDC(Sidae Data Center) 씀

◇ **경영비전**

> 미래를 여는 소재, 초인류를 향한 혁신

◇ **인재상**

> **실천의식과 배려의 마인드를 갖춘 창의적 인재**
>
> 포스코그룹의 임직원은 '실천'의식을 바탕으로 남보다 앞서 솔선하고,
> 겸손과 존중의 마인드로 '배려'할 줄 알며,
> 본연의 업무에 몰입하여 새로운 아이디어를 적용하는 '창의'적 인재를 지향한다.

◇ **행동강령**

실질	실행	실리

◇ **핵심가치**

안전	윤리	신뢰	창의	도전
행복한 일터의 기본	건강한 공존의 원칙	소통과 화합의 토대	더 나은 성과의 원천	성장과 성취의 열정

◇ **전략방향**

미래기술 기반의 **초격차 비즈니스** 선도	함께 성장하는 **역동적 기업문화** 구현

신뢰받는
ESG 경영체제 구축

◇ **5대 브랜드 및 목표**

Together
함께 거래하고 싶은 회사

Challenge
함께 성장하고 싶은 회사

Green
함께 환경을 시키는 회사

Life
함께 미래를 만드는 회사

Community
지역과 함께하는 회사

◇ **채용절차**

포스코그룹은 기업문화와 인재상에 부합하는 'Right People'을 선발하고 지원자의 직무 역량을 정확히 파악하기 위해, 2003년부터 '구조적 선발기법'을 통해 인재를 선발하고 있다.

구조적 선발기법이란 체계적인 면접 방법과 평가 기준을 정해진 절차에 따라 사용함으로써, 평가자 간 차이를 최소화하고 목적에 적합한 인재를 선발하는 도구이다. 채용절차는 일반적으로 '서류전형 ➡ 인적성검사(PAT) ➡ 1차 면접 직무역량평가 ➡ 2차 면접 가치적합성평가' 순으로 진행되며, 채용대상에 따라 차이가 있을 수 있다.

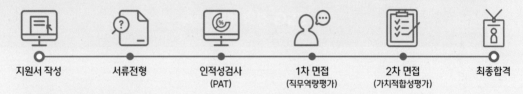

| 지원서 작성 | 서류전형 | 인적성검사
(PAT) | 1차 면접
(직무역량평가) | 2차 면접
(가치적합성평가) | 최종합격 |

서류전형	입사지원서에 기재한 기본자격, 지원동기, 성격과 생활신조, 성장비전 등을 평가하며, 직무 에세이를 통해 지원자의 직무 이해도와 직무 적합성을 판단한다. 직무 에세이는 지원 직군과 관련하여 지원자가 재학 중 학습한 내용, 자격증, 활동내역 등을 자유롭게 기술하면 된다.
인적성검사(PAT)	신입사원 채용의 경우, 서류전형을 통과한 인원을 대상으로 PAT라는 포스코그룹 인적성검사를 실시한다. 인적성검사(PAT)는 객관적이고 공정한 채용평가를 지향하며 지원자의 직무기초역량과 창의력, 인성을 검사하는 것이 목적으로 언어이해, 자료해석, 문제해결, 추리 영역으로 구분되어 있다.
직무역량평가	직무역량평가는 1차 실무자 면접이라고 볼 수 있으며, HR/직무/분석발표 면접 및 조별 활동 등으로 구성된다. 이를 통해 지원자의 가치관 및 직무역량수준 등을 종합적으로 평가한다.
가치적합성평가	가치적합성평가는 2차 경영진 면접으로 포스코가 추구하는 인재상에 얼마나 적합한지를 확인하는 단계이다. 본 평가에서는 지원자의 가치관, 직업관 등에 대한 질의응답이 이루어지며 도전정신, 창의력, 조직 적응성, 윤리성 등을 종합적으로 평가한다.

❖ 채용절차는 채용유형 · 직무 · 시기 등에 따라 변동될 수 있으니 반드시 포스코그룹에서 발표하는 채용공고를 확인하기 바랍니다.

온라인 시험 Tip TEST TIP

◇ **필수 준비물**

❶ 신분증 : 주민등록증, 외국인등록증, 여권, 운전면허증 중 하나

❷ 그 외 : 휴대폰, 휴대폰 거치대, 노트북, 웹캠, 노트북/휴대폰 충전기

◇ **온라인 인적성검사 프로세스**

❶ 전형 안내사항 확인

❷ 응시자 매뉴얼 숙지/검사 프로그램 다운로드 및 설치

❸ 지정 기한 내 사전점검 진행

❹ 본 검사 응시

◇ **유의사항**

❶ 시험 시작 최소 30분 전까지 온라인 시험장에 입실하여야 한다.

❷ 인터넷 연결이 원활하며 최대한 조용히 시험을 치를 수 있는 장소를 확보한다.

❸ 사이트 내에서 제공하는 메모장 외에 필기도구는 일절 사용이 불가하며 눈으로만 풀어야 한다.

◇ **알아두면 좋은 Tip**

❶ 원활한 시험 진행을 위해 삼각대와 책상 정리가 필요하다.

❷ 휴대전화는 방해금지 모드로 설정하는 것이 좋다.

❸ 부정행위는 절대 금지된다.

❹ 온라인 모의고사로 실전연습을 미리 하는 것이 좋다.

❺ 휴대폰 · 노트북 등 배터리를 미리 충전해 두는 것이 좋다.

❻ 온라인 시험에 대한 주의사항 등 응시자 매뉴얼을 확인한다.

❼ 시험 유형은 계열사별로 차이가 있을 수 있다.

학습플랜 STUDY PLAN

1일 차 학습플랜	1일 차 기출응용 모의고사

_____월 _____일			
언어이해	자료해석	문제해결	추리

2일 차 학습플랜	2일 차 기출응용 모의고사

_____월 _____일			
언어이해	자료해석	문제해결	추리

3일 차 학습플랜 　3일 차 기출응용 모의고사

_____월 _____일			
언어이해	자료해석	문제해결	추리

4일 차 학습플랜 　4일 차 기출응용 모의고사

_____월 _____일			
언어이해	자료해석	문제해결	추리

취약영역 분석 WEAK POINT

1일 차 취약영역 분석

시작 시간	:	종료 시간	:
풀이 개수	개	못 푼 개수	개
맞힌 개수	개	틀린 개수	개
취약영역 / 유형			
2일 차 대비 개선점			

2일 차 취약영역 분석

시작 시간	:	종료 시간	:
풀이 개수	개	못 푼 개수	개
맞힌 개수	개	틀린 개수	개
취약영역 / 유형			
3일 차 대비 개선점			

3일 차 취약영역 분석

시작 시간	:	종료 시간	:
풀이 개수	개	못 푼 개수	개
맞힌 개수	개	틀린 개수	개
취약영역 / 유형			
4일 차 대비 개선점			

4일 차 취약영역 분석

시작 시간	:	종료 시간	:
풀이 개수	개	못 푼 개수	개
맞힌 개수	개	틀린 개수	개
취약영역 / 유형			
시험일 대비 개선점			

이 책의 차례 CONTENTS

1일 차
기출응용 모의고사

〈문항 수 및 시험시간〉

포스코그룹 PAT 온라인 적성검사		
영역	문항 수	시험시간
언어이해	15문항	
자료해석	15문항	
문제해결	15문항	60분
추리	15문항	

1일 차 기출응용 모의고사

문항 수 : 60문항	
시험시간 : 60분	

제 **1** 영역 **언어이해**

01 다음 제시된 단어와 같거나 유사한 의미를 가진 것을 고르면?

는개

① 작달비　　　　　　　　　　　② 안개비

③ 개부심　　　　　　　　　　　④ 그믐치

02 다음 중 밑줄 친 부분이 어법상 옳지 않은 것은?

① 5년간의 연구 끝에 신제품 개발에 성공했다.

② 우리 고향이 주요 개발 대상지로 선정되어서 마을 잔치를 했다.

③ 인류는 미래를 위해서 화석 연료 대체 에너지 계발에 힘써야 한다.

④ 평소에 자기 계발을 계속한 사람은 기회가 왔을 때 그것을 잡을 확률이 높다.

03 다음 글의 내용으로 적절하지 않은 것은?

> 기업은 많은 이익을 남기길 원하고, 소비자는 좋은 제품을 저렴하게 구매하길 원한다. 그 과정에서 힘이 약한 저개발국가의 농민, 노동자, 생산자들은 무역상품의 가격 결정 과정에 참여하지 못하고, 자신이 재배한 식량과 상품을 매우 싼값에 팔아 겨우 생계를 유지한다. 그 결과, 세계 인구의 20% 정도가 우리 돈 약 1,000원으로 하루를 살아가고, 세계 노동자의 40%가 하루 2,000원 정도의 소득으로 살아가고 있다.
>
> 이러한 무역 거래의 한계를 극복하고, 공평하고 윤리적인 무역 거래를 통해 저개발국가 농민, 노동자, 생산자들이 겪고 있는 빈곤 문제를 해결하기 위해 공정무역이 생겨났다. 공정무역은 기존 관행 무역으로부터 소외당하며 불이익을 받고 있는 생산자와 지속가능한 파트너십을 통해 공정하게 거래하는 것으로, 생산자들과 공정무역 단체의 직거래를 통한 거래 관계에서부터 단체나 제품 등에 대한 인증시스템까지 모두 포함하는 무역을 의미한다.
>
> 이와 같은 공정무역은 국제 사회 시민운동의 일환으로, 1946년 미국의 시민단체 '텐사우전드빌리지(Ten Thousand Villages)'가 푸에르토리코의 자수 제품을 구매하고, 1950년대 후반 영국의 '옥스팜(Oxfam)'이 중국 피난민들의 수공예품과 동유럽국가의 수공예품을 팔면서 시작되었다. 이후 1960년대에는 여러 시민 단체들이 조직되어 아프리카, 남아메리카, 아시아의 빈곤한 나라에서 본격적으로 활동을 전개하였다. 이 단체들은 가난한 농부와 노동자들이 스스로 조합을 만들어 환경 친화적으로 농산물을 생산하도록 교육하고, 이에 필요한 자금 등을 지원했다. 2000년대에는 공정무역이 자본주의의 대안활동으로 여겨지며 급속도로 확산되었고, 공정무역 단체나 회사가 생겨남에 따라 저개발국가 농부들이 생산한 농산물이 공정한 값을 받고 거래되었다. 이러한 과정에서 공정무역은 저개발국 생산자들의 삶을 개선하기 위한 중요한 시장 메커니즘으로 주목을 받게 된 것이다.

① 기존 관행 무역에서는 저개발국가의 농민, 노동자, 생산자들이 무역상품의 가격 결정 과정에 참여하지 못했다.

② 세계 노동자의 40%가 하루 2,000원 정도의 소득으로 살아가며, 세계 인구의 20%는 약 1,000원으로 하루를 살아간다.

③ 공정무역에서는 저개발국가의 생산자들과 지속가능한 파트너십을 통해 그들을 무역 거래 과정에서 소외시키지 않는다.

④ 시민 단체들은 조합을 만들어 환경친화적인 농산물을 직접 생산하고, 이를 회사에 공정한 값으로 판매하였다.

소독이란 물체의 표면 및 그 내부에 있는 병원균을 죽여 전파력 또는 감염력을 없애는 것이다. 이때, 소독의 가장 안전한 형태로는 멸균이 있다. 멸균이란 대상으로 하는 물체의 표면 또는 그 내부에 분포하는 모든 세균을 완전히 죽여 무균의 상태로 만드는 조작으로, 살아있는 세포뿐만 아니라 포자, 박테리아, 바이러스 등을 완전히 파괴하거나 제거하는 것이다.

물리적 멸균법은 열, 햇빛, 자외선, 초단파 따위를 이용하여 균을 죽여 없애는 방법이다. 열(Heat)에 의한 멸균에는 건열 방식과 습열 방식이 있는데, 건열 방식은 소각과 건식오븐을 사용하여 멸균하는 방식이다. 건열 방식이 활용되는 예로는 미생물 실험실에서 사용하는 많은 종류의 기구를 물 없이 멸균하는 것이 있다. 이는 습열 방식을 활용했을 때 유리를 포함하는 기구가 파손되거나 금속 재질로 이루어진 기구가 습기에 의해 부식할 가능성을 보완한 방법이다. 그러나 건열 방식은 습열 방식에 비해 멸균 속도가 느리고 효율이 떨어지며, 열에 약한 플라스틱이나 고무제품은 대상물의 변성이 이루어져 사용할 수 없다. 예를 들어 많은 세균의 내생포자는 습열 멸균 온도 조건(121℃)에서는 5분 이내에 사멸되나, 건열 방식을 활용할 경우 이보다 더 높은 온도(160℃)에서도 약 2시간 정도가 지나야 사멸되는 양상을 나타낸다. 반면, 습열 방식은 바이러스, 세균, 진균 등의 미생물들을 손쉽게 사멸시킨다. 습열 방식은 효소 및 구조단백질 등의 필수 단백질의 변성을 유발하고, 핵산을 분해하며 세포막을 파괴하여 미생물을 사멸시킨다. 끓는 물에 약 10시간 노출하면 대개의 영양세포나 진핵포자를 충분히 죽일 수 있으나, 100℃의 끓는 물에서는 세균의 내생포자를 사멸시키지는 못한다. 따라서 물을 끓여서 하는 열처리는 _____ 멸균을 시키기 위해서는 100℃가 넘는 온도(일반적으로 121℃)에서 압력(약 1.1kg/cm^2)을 가해 주는 고압증기멸균기를 이용한다. 고압증기멸균기는 물을 끓여 증기를 발생시키고 발생한 증기와 압력으로 멸균을 시키는 장치이다. 고압증기멸균기 내부가 적정 온도와 압력(121℃, 약 1.1kg/cm^2)에 이를 때까지 뜨거운 포화 증기를 계속 유입시킨다. 해당 온도에서 포화 증기는 15분 이내에 모든 영양세포와 내생포자를 사멸시킨다. 고압증기멸균기에 의해 사멸되는 미생물은 고압에 의해서라기보다는 고압하에서 수증기가 얻을 수 있는 높은 온도에 의해 사멸되는 것이다.

① 더 많은 세균을 사멸시킬 수 있다.
② 멸균 과정에서 더 많은 비용이 소요된다.
③ 멸균 과정에서 더 많은 시간이 소요된다.
④ 소독을 시킬 수는 있으나, 멸균을 시킬 수는 없다.

※ 다음 문단을 논리적 순서대로 바르게 나열한 것을 고르시오. [5~6]

05

(가) 많은 전통적 인식론자는 임의의 명제에 대해 우리가 세 가지 믿음의 태도 중 하나만을 가질 수 있다고 본다.

(나) 반면 베이즈주의자는 믿음은 정도의 문제라고 본다. 가령 각 인식 주체는 '내일 눈이 온다.'가 참이라는 것에 대하여 가장 강한 믿음의 정도에서 가장 약한 믿음의 정도까지 가질 수 있다.

(다) 이처럼 베이즈주의자는 믿음의 정도를 믿음의 태도에 포함함으로써 많은 전통적 인식론자들과 달리 믿음의 태도를 풍부하게 표현한다.

(라) 가령 '내일 눈이 온다.'는 명제를 참이라고 믿거나, 거짓이라고 믿거나, 참이라 믿지도 않고 거짓이라 믿지도 않을 수 있다.

① (가) – (나) – (라) – (다)   ② (가) – (라) – (나) – (다)
③ (가) – (라) – (다) – (나)   ④ (나) – (라) – (가) – (다)

06

(가) 친환경 농업은 최소한의 농약과 화학비료만을 사용하거나 전혀 사용하지 않은 농산물을 일컫는다. 친환경 농산물이 각광받는 이유는 우리가 먹고 마시는 것들이 우리네 건강과 직결되기 때문이다.

(나) 사실상 병충해를 막고 수확량을 늘리는 데 있어, 농약은 전 세계에 걸쳐 관행적으로 사용됐다. 깨끗이 씻어도 쌀에 남아있는 잔류농약을 완전히 제거하기는 어렵다. 잔류농약은 아토피와 각종 알레르기를 유발한다. 출산율을 저하하고 유전자 변이의 원인이 되기도 한다. 특히 제초제 성분이 체내에 들어올 경우, 면역체계에 치명적인 손상을 일으킨다.

(다) 미국 환경보호청은 제초제 성분의 60%를 발암물질로 규정했다. 결국 더 많은 농산물을 재배하기 위한 농약과 제초제 사용이 오히려 인체에 치명적인 피해를 줄지 모를 '잠재적 위험요인'으로 자리매김한 셈이다.

① (가) – (나) – (다)   ② (나) – (가) – (다)
③ (나) – (다) – (가)   ④ (다) – (가) – (나)

07 다음 글에서 〈보기〉의 문장이 들어갈 위치로 가장 적절한 곳은?

컴퓨터는 0 또는 1로 표시되는 비트를 최소 단위로 삼아 내부적으로 데이터를 표시한다. 컴퓨터가 한 번에 처리하는 비트 수는 정해져 있는데, 이를 워드라고 한다. 예를 들어 64비트의 컴퓨터는 64개의 비트를 1워드로 처리한다. (가) 4비트를 1워드로 처리하는 컴퓨터에서 양의 정수를 표현하는 경우, 4비트 중 가장 왼쪽 자리인 최상위 비트는 0으로 표시하여 양수를 나타내고 나머지 3개의 비트로 정수의 절댓값을 나타낸다. (나) 0111의 경우 가장 왼쪽 자리인 '0'은 양수를 표시하고 나머지 '111'은 정수의 절댓값 7을 이진수로 나타낸 것으로, +7을 표현하게 된다. 이때 최상위 비트를 제외한 나머지 비트를 데이터 비트라고 한다. (다) 그런데 음의 정수를 표현하는 경우에는 최상위 비트를 1로 표시한다. -3을 표현한다면 -3의 절댓값 3을 이진수로 나타낸 011에 최상위 비트 1을 덧붙이면 된다. 이러한 음수 표현 방식을 '부호화 절댓값'이라고 한다. 그러나 부호화 절댓값은 연산이 부정확하다. 예를 들어 7-3을 계산한다면 7+(-3)인 0111+1011로 표현된다. 컴퓨터에서는 0과 1만 사용하기 때문에 1에 1을 더하면 바로 윗자리 숫자가 올라가 10으로 표현된다. 따라서 0111에 1011을 더하면 10010이 된다. (라) 하지만 부호화 절댓값에서는 오버플로를 처리하는 별도의 규칙이 없기 때문에 계산 값이 부정확하다. 또한 0000 또는 1000이 0을 나타내어 표현의 일관성과 저장 공간의 효율성이 떨어진다.

───〈보기〉───

10010은 4비트 컴퓨터가 처리하는 1워드를 초과하게 된 것으로, 이러한 현상을 오버플로라 한다.

① (가)   ② (나)
③ (다)   ④ (라)

08 다음 글에 대한 반론으로 가장 적절한 것은?

투표는 주요 쟁점에 대해 견해를 표현하고 정치권력을 통제할 수 있는 행위로, 일반 유권자가 할 수 있는 가장 보편적인 정치 참여 방식이다. 그래서 정치학자와 선거 전문가들은 선거와 관련하여 유권자들의 투표 행위에 대해 연구해 왔다. 이 연구는 일반적으로 유권자들의 투표 성향, 즉 투표 참여 태도나 동기 등을 조사하여, 이것이 투표 결과와 어떤 상관관계가 있는가를 밝힌다. 투표 행위를 설명하는 이론 역시 다양하다.

합리적 선택 모델은 유권자 개인의 이익을 가장 중요한 요소로 보고, 이를 바탕으로 투표 행위를 설명한다. 이 모델에서는 인간을 자신의 이익을 극대화하기 위해 행동하는 존재로 보기 때문에, 투표 행위를 개인의 목적을 위한 수단으로 간주한다. 따라서 유권자는 자신의 이해와 요구에 부합하는 정책을 제시하는 후보자를 선택한다고 본다.

① 유권자들은 개인이지만 결국 사회적인 배경에서 완전히 자유로울 수 없다.
② 유권자들은 정치 권력을 통제하기 위한 수단으로 투표를 활용한다.
③ 사람들은 자신의 이익이 커지는 쪽으로 투표를 한다.
④ 유권자들의 투표 성향은 투표 결과에 영향을 끼친다.

인공 지능을 면접에 활용하는 것은 바람직하지 않다. 인공 지능 앞에서 면접을 보느라 진땀을 흘리는 인간의 모습을 생각하면 너무 안타깝다. 미래에 인공 지능이 인간의 고유한 영역까지 대신할 것이라고 사람들은 말하는데, ㉠ 인공 지능이 인간을 대신할 수 있을까? 인간과 인공 지능의 관계는 어떠해야 할까?

인공 지능은 인간의 삶을 편리하게 돕는 도구일 뿐이다. 인간이 만든 도구인 인공 지능이 인간을 평가할 수 있는지에 대해 생각해 볼 필요가 있다. 도구일 뿐인 기계가 인간을 평가하는 것은 정당하지 않다. 인간이 개발한 인공 지능이 인간을 판단한다면 ㉡ 주체와 객체가 뒤바뀌는 상황이 발생할 것이다.

인공 지능이 발전하더라도 인간과 같은 사고는 불가능하다. 인공 지능은 겉으로 드러난 인간의 말과 행동을 분석하지만, 인간은 말과 행동 이면의 의미까지 고려하여 사고한다. 인공 지능은 빅데이터를 바탕으로 결과를 도출해 내는 기계에 불과하므로 통계적 분석을 할 뿐 타당한 판단을 할 수 없다. 기계가 타당한 판단을 할 것이라는 막연한 기대를 한다면 머지않아 인간이 기계에 예속되는 상황이 벌어질지도 모른다.

인공 지능은 사회적 관계를 맺을 수 없다. 반면 인간은 사회에서 의사소통을 통해 관계를 형성한다. 이 과정에서 축적된 인간의 경험이 바탕이 되어야 타인의 잠재력을 발견할 수 있다.

09 다음 중 밑줄 친 ㉠에 대한 글쓴이의 주장으로 가장 적절한 것은?

① 인공 지능은 인간을 대신하여 인간의 말과 행동을 분석하고, 통계적 분석을 바탕으로 판단을 내린다. 즉, 인공 지능이 인간의 대리인 역할을 수행한다.

② 인공 지능은 인간을 온전히 대신할 수 없다. 다만, 인공 지능은 인간의 부족한 부분을 채워주며 인간과 상호 보완의 관계를 갖는다.

③ 현재의 인공 지능은 인간을 대체할 수 없다. 그러나 기술이 계속 발전한다면 미래의 인공 지능은 인간과 같은 사고를 하게 될 것이다.

④ 인공 지능은 인간을 대체할 수 없다. 인간의 삶을 결정하는 주체는 인간이고, 인공 지능은 인간이 이용하는 객체일 뿐이다.

10 다음 중 밑줄 친 ㉡에 어울리는 한자성어로 가장 적절한 것은?

① 객반위주(客反爲主)   ② 청출어람(靑出於藍)

③ 과유불급(過猶不及)   ④ 당랑거철(螳螂拒轍)

우리 현대인은 대인 관계에 있어서 가면을 쓰고 살아간다. 물론 그것이 현대 사회를 살아가기 위한 인간의 기본적인 조건인지도 모른다. 어빙 고프만 같은 학자는 사람이 다른 사람과 교제를 할 때, 상대방에 대한 자신의 인상을 관리하려는 속성이 있다는 점을 강조한다. 즉, 사람들은 대체로 남 앞에 나설 때에는 가면을 쓰고 연기를 하는 배우와 같이 행동한다는 것이다.

왜 그런 상황이 발생하는 것일까? 그것은 주로 대중문화의 속성에 기인한다. 사실 20세기의 대중문화는 과거와는 다른 새로운 인간형을 탄생시키는 배경이 되었다고 할 수 있다. 특히, 광고는 내가 다른 사람의 눈에 어떻게 보일 것인가 하는 점을 끊임없이 반복하고 강조함으로써 ㉠ 사람들에게 조바심이나 공포감을 불러일으키기까지 한다. 그 중에서도 외모와 관련된 제품의 광고는 개인의 삶의 의미가 '자신이 남에게 어떤 존재로 보이느냐.'라는 것을 무수히 주입시킨다. 역사학자들도 '연기하는 자아'의 개념이 대중문화의 부상과 함께 더욱 의미 있는 것이 되었다고 말한다. 그들은 적어도 20세기 초부터 '성공'은 무엇을 잘하고 열심히 하는 것이 아니라 '인상 관리'를 어떻게 하느냐에 달려 있다고 한다. 이렇게 자신의 일관성을 잃고 상황에 따라 적응하게 되는 현대인들은 대중매체가 퍼뜨리는 유행에 민감하게 반응하는 과정에서 자신의 취향을 형성해 가고 있다.

이렇듯 현대인의 새로운 타자 지향적인 삶의 태도는 개인에게 다른 사람들의 기대와 순간의 욕구에 의해 채워져야 할 빈 공간이 될 것을 요구했다. 현대 사회에서 각 개인은 사회 적응을 위해 역할 수행자가 되어야 하고, 자기 스스로 자신의 연기를 모니터하면서 상황에 따라 편리하게 '사회적 가면'을 쓰고 살아가게 되었다. 이는 세련되었다는 평을 받는 사람들의 경우에 더욱 그러하다. 흔히 거론되는 '신세대 문화'의 특성 중 하나도 '사회적 가면'의 착용이라고 볼 수 있다. 물론 신세대는 구세대에 비해 훨씬 더 솔직하고 가식이 없다는 장점을 지니고 있다. 여기서 '가면'은 특정한 목적을 위해 자기를 감추거나 누구를 속인다는 부정적인 의미만을 갖고 있는 것은 아니다. 다만, 신세대는 남에게 보이는 자신의 모습에서 만족을 느끼는 정도가 크기 때문에 그런 만족을 얻기 위해 기울이는 노력이 크고, 그것은 자신의 자아를 돌아볼 여유도 없이 '가면'에만 충실하게 되는 것이다.

㉡ 과거를 향유했던 사람들은 비교적 사람의 내면세계를 중요시했다. 겉으로 드러나는 모습은 허울에 불과하다고 믿었기 때문이다. 그러나 ㉢ 현시대를 살아가는 사람들의 모습을 보면 인간관계에 있어, 그 누구도 타인의 내면세계를 깊이 알려고 하지 않거니와 사실 그럴만한 시간적 여유도 없는 경우가 많다. 그런 이유로 무언가 '느낌'으로 와 닿는 것만을 중시하며 살아간다. 그 '느낌'이란 것은 꼭 말로 설명할 수는 없다 하더라도 겉으로 드러난 모습에 의해 영향을 받게 마련이다. 옷차림새나 말투 하나만 보고도 금방 그 어떤 '느낌'이 형성될 수도 있는 것이다. 사람을 단지 순간적으로 느껴지는 겉모습만으로 판단한다는 것은 위험하기 짝이 없는 일임에도 불구하고, 현대인들은 겉모습에서 주어지는 인상에 의해 상대방을 파악하고 인식하는 것을 거부하지 못하는 데에 문제가 있다.

11 다음 중 윗글에서 글쓴이가 궁극적으로 말하고자 하는 것은?

① 현대인들은 세대 간에 이해의 폭을 넓혀야 한다.

② 현대인들은 자아 중심적 세계에서 벗어나야 한다.

③ 현대인들은 자신의 내면적 가치를 추구해야 한다.

④ 현대인들은 남과 더불어 사는 삶을 추구해야 한다.

12 다음 중 밑줄 친 ㉠의 사례로 적절하지 않은 것은?

① 홈쇼핑 광고를 보던 주부가 쇼핑 도우미의 말을 듣고 그 물건을 사지 않으면 자기만 손해를 보는 것 같아 상품을 주문하였다.

② 여학생이 납량 특집 영화에서 화장실에 귀신이 나오는 장면을 본 후로는 화장실 가기가 무서워 꼭 친구들과 함께 가게 되었다.

③ 한 소녀가 살을 빼는 식품 광고에 나오는 다른 소녀의 마른 모습을 본 후, 자신은 살이 많이 쪘다고 생각하여 살을 빼려고 운동을 시작했다.

④ 텔레비전 오락 프로그램에 나온 연예인들이 입고 있는 멋진 옷을 본 사람이 그 옷을 입지 않으면 유행에 뒤떨어질 것이라고 생각하여 그 옷을 샀다.

13 다음 중 밑줄 친 ㉡의 입장에서 밑줄 친 ㉢을 비판할 수 있는 속담으로 가장 적절한 것은?

① 뚝배기보다 장맛이다.

② 겉이 고우면 속도 곱다.

③ 같은 값이면 다홍치마다.

④ 장님 코끼리 만지기 격이다.

코로나19는 2019년 중국 우한에서 처음 발생한 감염병으로 전 세계적으로 확산되어 대규모의 유행을 일으켰다. 코로나19는 주로 호흡기를 통해 전파되며 기침, 인후통, 발열 등의 경미한 증상에서 심각한 호흡곤란 같이 치명적인 증상을 일으키기도 한다.

코로나19의 유행은 공공의료체계에 큰 영향을 주었다. 대부분의 국가는 코로나19 감염환자의 대량 입원으로 병상부족 문제를 겪었으며 의료진의 업무부담 또한 매우 증가되었다. 또한 예방을 위한 검사 및 검체 체취, 밀접 접촉자 추적, 격리 및 치료 등의 과정에서 많은 인력과 시간이 _____되었다.

국가 및 지역 사회에서 모든 사람에게 평등하고 접근 가능한 의료 서비스를 제공하기 위한 공공의료는 전염병의 대유행 상황에서 매우 중요한 역할을 담당한다. 공공의료는 환자의 치료와 예방, 감염병 관리에서 필수적인 역할을 수행하며 코로나19 대유행 당시 검사, 진단, 치료, 백신 접종 등 다양한 서비스를 국민에게 제공하여 사회 전체의 건강보호를 담당하였다.

공공의료는 국가와 지역 단위에서의 재난 대응 체계와 밀접하게 연계되어 있다. 정부는 공공의료 시스템을 효과적으로 운영하여 감염병의 확산을 억제하고, 병원 부족 문제를 해결하며, 의료진의 안전과 보호를 보장해야 한다. 이를 위해 예방 접종 캠페인, 감염병 관리 및 예방 교육, 의료 인력과 시설의 지원 등 다양한 조치를 취하고 있다.

코로나19 대유행은 공공의료의 중요성과 필요성을 다시 한 번 강조하였다. 강력한 공공의료 체계는 전염병과의 싸움에서 핵심적인 역할을 수행하며, 국가와 지역 사회의 건강을 보호하는 데 필수적이다. 이를 위해서는 지속적인 투자와 개선이 이루어져야 하며, 협력과 혁신을 통해 미래의 감염병에 대비할 수 있는 강력한 공공의료 시스템을 구축해야 한다.

14 다음 중 윗글의 주제로 가장 적절한 것은?

① 코로나19 유행과 지역사회 전파 방지를 위한 노력

② 감염병과 백신의 중요성

③ 코로나19 격리 과정

④ 코로나19 유행과 공공의료의 중요성

15 다음 중 윗글의 빈칸에 들어갈 단어로 가장 적절한 것은?

① 대비   ② 대체

③ 제공   ④ 소요

01 다음은 2019 ~ 2024년 관광통역 안내사 자격증 취득 현황에 대한 자료이다. 이에 대한 〈보기〉의 설명 중 옳지 않은 것을 모두 고르면?

〈관광통역 안내사 자격증 취득 현황〉

(단위 : 명)

구분	영어	일어	중국어	불어	독어	스페인어	러시아어	베트남어	태국어
2019년	150	353	370	2	2	1	5	2	3
2020년	165	270	698	2	2	2	3	–	12
2021년	235	245	1,160	3	4	3	5	4	8
2022년	380	265	2,469	3	2	4	6	14	35
2023년	345	137	1,963	7	3	4	5	5	17
2024년	460	150	1,350	6	2	3	6	5	15
합계	1,735	1,420	8,010	23	15	17	30	30	90

〈보기〉

ㄱ. 영어와 스페인어 관광통역 안내사 자격증 취득자 수는 2020년부터 2024년까지 매년 증가하였다.

ㄴ. 2024년 중국어 관광통역 안내사 자격증 취득자 수는 일어 관광통역 안내사 자격증 취득자 수의 9배이다.

ㄷ. 2021년과 2022년의 태국어 관광통역 안내사 자격증 취득자 수 대비 베트남어 관광통역 안내사 자격증 취득자 수의 비율 차이는 10%p이다.

ㄹ. 불어 관광통역 안내사 자격증 취득자 수와 독어 관광통역 안내사 자격증 취득자 수는 2020년부터 2024년까지 전년 대비 증감 추이가 같다.

① ㄱ, ㄴ   ② ㄱ, ㄹ

③ ㄱ, ㄷ, ㄹ   ④ ㄴ, ㄷ, ㄹ

02 다음은 A방송사의 매출액 추이에 대한 자료이다. 이에 대하여 바르게 분석한 사람을 〈보기〉에서 모두 고르면?

〈A방송사 매출액 추이〉

(단위 : 십억 원)

구분		2019년	2020년	2021년	2022년	2023년
방송사업 매출액	방송수신료	56	57	54	53	54
	광고	215	210	232	220	210
	협찬	31	30	33	31	32
	프로그램 판매	11	10	12	13	12
	기타 방송사업	18	22	21	20	20
기타 사업		40	41	42	41	42
합계		371	370	394	378	370

---〈보기〉---

지환 : 방송수신료 매출액의 전년 대비 증감 추이와 반대되는 추이를 보이는 항목이 존재해.

소영 : 5년간 모든 항목의 매출액이 3십억 원 이상의 변동폭을 보였어.

동현 : 5년간 각 항목의 매출액 순위는 한 번도 변동 없이 동일했구나.

세미 : 2019년과 비교했을 때 2023년에 매출액이 상승하지 않은 항목은 2개뿐이군.

① 지환, 소영

② 소영, 세미

③ 지환, 동현, 세미

④ 지환, 동현, 소영

03 다음은 우리나라의 예산 분야별 재정지출 추이에 대한 자료이다. 이에 대한 설명으로 옳은 것은?

<우리나라 예산 분야별 재정지출 추이>

(단위 : 조 원, %)

구분	2018년	2019년	2020년	2021년	2022년	연평균 증가율
예산	137.2	147.5	153.7	165.5	182.8	7.4
기금	59.0	61.2	70.4	72.9	74.5	6.0
교육	24.5	27.6	28.8	31.4	35.7	9.9
사회복지 · 보건	32.4	49.6	56.0	61.4	67.5	20.1
R&D	7.1	7.8	8.9	9.8	10.9	11.3
SOC	27.1	18.3	18.4	18.4	18.9	−8.6
농림 · 해양 · 수산	12.3	14.1	15.5	15.9	16.5	7.6
산업 · 중소기업	11.4	11.9	12.4	12.6	12.6	2.5
환경	3.5	3.6	3.8	4.0	4.4	5.9
국방비	18.1	21.1	22.5	24.5	26.7	10.2
통일 · 외교	1.4	2.0	2.6	2.4	2.6	16.7
문화 · 관광	2.3	2.6	2.8	2.9	3.1	7.7
공공질서 · 안전	7.6	9.4	11.0	10.9	11.6	11.2
균형발전	5.0	5.5	6.3	7.2	8.1	12.8
기타	43.5	35.2	35.1	37.0	38.7	−2.9
총지출	196.2	208.7	224.1	238.4	257.3	13.4

※ (총지출)=(예산)+(기금)

① 총지출에 대한 기금의 비중이 가장 컸던 해는 2018년이다.
② 교육 분야의 지출 증가율이 가장 높은 해는 2019년이다.
③ 기타 분야를 제외하고 전년 대비 지출액이 동일한 해가 있는 분야는 2개이다.
④ 예산 분야 중 사회복지 · 보건 분야가 차지하고 있는 비율은 언제나 가장 높다.

04 다음은 2021 ~ 2024년 소비자물가지수 지역별 동향을 나타낸 자료이다. 이에 대한 설명으로 옳지 않은 것은?

<소비자물가지수 지역별 동향>

(단위 : %p)

구분	등락률				구분	등락률			
	2021년	2022년	2023년	2024년		2021년	2022년	2023년	2024년
전국	2.2	1.3	1.3	0.7	충북	2.0	1.2	1.2	-0.1
서울	2.5	1.4	1.6	1.3	충남	2.4	1.2	0.5	0.2
부산	2.4	1.5	1.3	0.8	전북	2.2	1.2	1.1	0.0
대구	2.4	1.6	1.4	1.0	전남	2.0	1.4	1.0	0.0
인천	2.0	1.0	0.9	0.2	경북	2.0	1.2	1.0	0.0
경기	2.2	1.2	1.2	0.7	경남	1.9	1.3	1.4	0.6
강원	2.0	1.1	0.7	0.0	제주	1.2	1.4	1.1	0.6

① 2021 ~ 2024년 동안 모든 지역의 등락률이 하락했다.
② 2021년에 등락률이 두 번째로 낮은 곳은 경남이다.
③ 2023년에 등락률이 가장 높은 곳은 서울이다.
④ 2024년에 등락률이 가장 낮은 곳은 충북이다.

05 다음은 여성 취업자 중 전문·관리직 종사자 구성비를 나타낸 그래프이다. 이에 대한 설명으로 옳지 않은 것은?

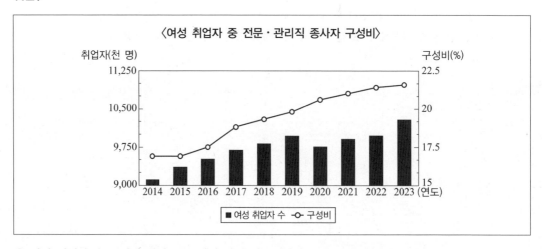

① 여성 취업자 수는 전년 대비 2020년에 잠시 감소했다가 2021년부터 다시 증가하기 시작했다.
② 2022년의 여성 취업자 수 중 전문·관리직 종사자의 수는 약 1,800천 명 이상이다.
③ 여성 취업자 중 전문·관리직 종사자의 구성비는 2015년 이후 꾸준히 증가했다.
④ 2022년 여성 취업자 중 전문·관리직 종사자의 구성비는 50% 이상이다.

※ 다음은 환경지표와 관련된 통계자료이다. 이어지는 질문에 답하시오. [6~7]

〈녹색제품 구매 현황〉

(단위 : 백만 원)

구분	총구매액(A)	녹색제품 구매액(B)	비율
2021년	1,800	1,700	94%
2022년	3,100	2,900	㉠%
2023년	3,000	2,400	80%

※ 지속가능한 소비를 촉진하고 친환경경영 실천을 강화하기 위해 환경표지인증 제품 등의 녹색제품 구매를 적극 실천함
※ 비율은 (B/A)×100으로 계산하며, 소수점 첫째 자리에서 반올림함

〈온실가스 감축〉

구분	2021년	2022년	2023년
온실가스 배출량(tCO$_2$eq)	1,604,000	1,546,000	1,542,000
에너지 사용량(TJ)	30,000	29,000	30,000

※ 온실가스 및 에너지 감축을 위한 전사 온실가스 및 에너지 관리 체계를 구축하여 운영하고 있음

〈수질관리〉

(단위 : m^3)

구분	2021년	2022년	2023년
오수처리량(객차)	70,000	61,000	27,000
폐수처리량	208,000	204,000	207,000

※ 철도차량 등의 수선, 세차, 세척과정에서 발생되는 폐수와 열차 화장실에서 발생되는 오수, 차량검수시설과 역 운영시설 등에서 발생되는 생활하수로 구분되며, 모든 오염원은 처리시설을 통해 기준 이내로 관리함

06 다음 중 위 자료에 대한 내용으로 적절하지 않은 것은?

① ㉠에 들어갈 수치는 94이다.
② 온실가스 배출량은 2021년부터 매년 줄어들었다.
③ 폐수처리량이 가장 적었던 연도에 오수처리량도 가장 적었다.
④ 2021 ~ 2023년 동안 녹색제품 구매액의 평균은 약 23억 3,300만 원이다.

07 다음은 환경지표점수 산출 기준이다. 점수가 가장 높은 연도와 그 점수를 바르게 짝지은 것은?

- 녹색제품 구매액 : 20억 원 미만이면 5점, 20억 원 이상이면 10점
- 에너지 사용량 : 30,000TJ 이상이면 5점, 30,000TJ 미만이면 10점
- 폐수처리량 : 205,000m^3 초과이면 5점, 205,000m^3 이하이면 10점

① 2021년 - 25점
② 2022년 - 20점
③ 2022년 - 30점
④ 2023년 - 25점

〈과목별 동향〉

(단위 : 명, 원)

구분		2018년	2019년	2020년	2021년	2022년	2023년
국·영·수	월 최대 수강자 수	368	388	379	366	359	381
	월 평균 수강자 수	312	369	371	343	341	366
	월 평균 수업료	550,000	650,000	700,000	700,000	700,000	750,000
탐구	월 최대 수강자 수	241	229	281	315	332	301
	월 평균 수강자 수	218	199	253	289	288	265
	월 평균 수업료	350,000	350,000	400,000	450,000	500,000	500,000

08 위 자료에 대한 〈보기〉의 설명 중 옳은 것을 모두 고르면?

─〈보기〉─

ㄱ. 국·영·수의 월 최대 수강자 수와 월 평균 수강자 수는 같은 증감 추이를 보인다.
ㄴ. 국·영·수의 월 평균 수업료는 월 최대 수강자 수와 같은 증감 추이를 보인다.
ㄷ. 국·영·수의 월 최대 수강자 수의 전년 대비 증가율은 2023년이 가장 높다.
ㄹ. 2018년부터 2023년까지 월 평균 수강자 수가 국·영·수 과목이 최대였을 때는 탐구 과목이 최소였고, 국·영·수 과목이 최소였을 때는 탐구 과목이 최대였다.

① ㄱ   ② ㄷ
③ ㄱ, ㄷ   ④ ㄱ, ㄹ

09 다음 보고서의 ㉠ ~ ㉣ 중 옳은 것의 개수는?

〈보고서〉

㉠ 사교육의 월 평균 수업료는 해가 갈수록 증가하기만 할 뿐 감소하지는 않고 있다. ㉡ 특히 2023년에는 전년 대비 국·영·수와 탐구과목 평균 수업료가 같이 증가하여 많은 수험생들에게 부담이 가지 않을 수 없는 해였다. ㉢ 하지만 사교육의 수업료가 증가해 부담이 됨에도 불구하고 국·영·수와 탐구의 월 평균 수강자 수의 합은 해마다 증가하고 있는 추세이다. ㉣ 급기야 2022년 월 평균 수강자 수의 합은 2018년에 비해 100명 이상이 늘었다.

① 1개   ② 2개
③ 3개   ④ 4개

※ 다음은 P기업의 1분기 반도체 거래내역에 대한 자료이다. 이어지는 질문에 답하시오. **[10~11]**

〈1분기 반도체 거래내역〉

날짜	수입	환율
24년 1월	4달러	1,000원/달러
24년 2월	3달러	1,120원/달러
24년 3월	2달러	1,180원/달러

※ (평균환율)＝(총 원화금액)÷(환전된 총 달러금액)

10 다음 중 자료를 통해 구해진 1분기 평균환율은?

① 1,180원/달러

② 1,120원/달러

③ 1,100원/달러

④ 1,080원/달러

11 P기업이 수입한 반도체가 현재 창고에 200달러만큼 재고가 존재할 때, 위에서 구한 평균환율로 환산한 창고재고의 금액은?

① 200,000원

② 216,000원

③ 245,000원

④ 268,000원

※ 다음은 연간 석유 제품별 소비에 대한 자료이다. 이어지는 질문에 답하시오. [12~13]

〈석유 제품별 소비〉

(단위 : 천 배럴)

구분	2019년	2020년	2021년	2022년	2023년
합계	856,247	924,200	940,083	934,802	931,948
휘발유	76,570	78,926	79,616	79,683	82,750
등유	16,227	19,060	19,006	18,875	17,127
경유	156,367	166,560	168,862	167,039	171,795
경질중유	1,569	1,642	1,574	1,467	1,617
중유	787	840	722	634	431
벙커C유	35,996	45,000	33,522	31,620	21,949
나프타	410,809	430,091	458,350	451,158	438,614
용제	1,388	1,633	1,742	1,614	1,728
항공유	34,358	36,998	38,209	39,856	38,833
LPG	89,866	108,961	105,145	109,780	122,138
아스팔트	10,195	11,461	11,637	10,658	10,540
윤활유	3,945	4,000	4,893	4,675	4,764
부생연료유	2,425	2,531	1,728	1,604	1,551
기타제품	15,745	16,497	15,077	16,139	18,111

12 다음 중 위 자료에 대한 설명으로 옳지 않은 것은?

① 휘발유 소비량은 2020년부터 2023년까지 계속 증가 중이다.
② 전체 소비량에서 휘발유가 차지하는 비율은 매년 8% 이상이다.
③ 전체 소비량에서 LPG가 차지하는 비율은 매년 10% 미만이다.
④ 2020년에는 전 제품 소비량이 전년 대비 증가하였다.

13 위 자료에 대한 〈보기〉의 설명 중 옳지 않은 것을 모두 고르면?

―――〈보기〉―――

ㄱ. 경유의 전년 대비 소비량이 가장 많이 증가한 해는 2020년이다.
ㄴ. 전체 소비량 중 나프타가 차지하는 비율은 매년 50% 이상이다.
ㄷ. 전체 소비량 중 벙커C유가 차지하는 비율은 지속적으로 감소 중이다.
ㄹ. 5년간 소비된 경질중유의 양은 5년간 소비된 용제의 양보다 적다.

① ㄱ, ㄴ   ② ㄱ, ㄷ
③ ㄴ, ㄷ   ④ ㄴ, ㄹ

※ 다음은 대북 지원금에 대한 자료이다. 이어지는 질문에 답하시오. [14~15]

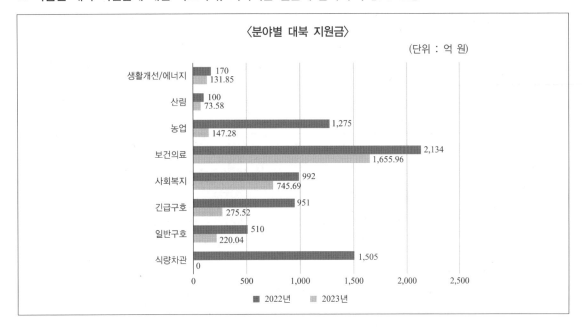

〈분야별 대북 지원금〉

(단위 : 억 원)

생활개선/에너지: 170 / 131.85
산림: 100 / 73.58
농업: 1,275 / 147.28
보건의료: 2,134 / 1,655.96
사회복지: 992 / 745.69
긴급구호: 951 / 275.52
일반구호: 510 / 220.04
식량차관: 1,505 / 0

■ 2022년 ■ 2023년

14 다음 중 위 자료에 대한 설명으로 적절하지 않은 것은?

① 2023년의 대북 지원금은 전년 대비 모든 분야에서 감소하였다.
② 2022 ~ 2023년 동안 가장 많은 금액을 지원한 분야는 동일하다.
③ 2022 ~ 2023년 동안 지원한 금액은 농업 분야보다 긴급구호 분야가 많다.
④ 산림 분야의 지원금은 2022년 대비 2023년에 25억 원 이상 감소하였다.

15 2022과 2023년에 각각 가장 많은 금액을 지원한 3가지 분야 지원금의 차는?

① 약 2,237억 원
② 약 2,344억 원
③ 약 2,401억 원
④ 약 2,432억 원

※ 다음은 P사에서 직원 10명의 발령을 위해 정리한 근태 및 성과 현황에 대한 자료이다. 이어지는 질문에 답하시오. **[1~2]**

<P사 직원 근태 및 성과 현황>

직원	근태	성과	1지망	2지망
가	A	B	서울	부산
나	B	B	서울	대전
다	A	C	광주	대전
라	B	A	대구	부산
마	A	A	서울	광주
바	A	B	울산	부산
사	A	A	대전	서울
아	C	B	광주	울산
자	B	C	대구	대전
차	A	A	울산	부산

※ A : 100점, B : 60점, C : 20점

01 근태 기록으로만 평가하여 점수가 높은 직원을 원하는 지역에 발령하고자 한다. 직원과 발령한 지역이 바르게 연결되지 않은 것은?(단, 각 지역은 최대 2명을 발령할 수 있으며 모든 지역에 적어도 1명은 발령해야 한다)

      직원   발령지역
①   가   서울
②   다   광주
③   라   대구
④   아   울산

02 근태 기록 30%, 성과 70%의 가중치를 두어 다시 평가한 후에 직원들을 발령하고자 한다. 근태 기록으로만 평가한 것과 비교하여 발령지역에 변동이 발생한 직원을 모두 고르면?(단, 각 지역은 최대 2명 발령할 수 있으며 모든 지역에 적어도 1명은 발령해야 한다)

① 가, 아   ② 다, 차
③ 마, 차   ④ 아, 자

※ P사의 인사담당자 김대리는 각 팀이 원하는 역량을 가진 신입사원을 1명 이상 배치하고자 하며, 다음은 신입사원 정보에 대한 자료이다. 이어지는 질문에 답하시오. [3~4]

〈신입사원 정보〉

신입사원	전공	직무능력평가	자격증	면접	비고
A	경제학과	수리능력, 자원관리능력 우수	-	꾸준히 운동, 체력관리 우수	-
B	무역학과	수리능력, 문제해결능력, 자원관리능력 우수	무역영어 1급	-	총무 업무 경력 보유
C	심리학과	의사소통능력, 조직이해능력 우수	-	의사소통능력 최상	-
D	경영학과	의사소통능력, 문제해결능력 우수	유통관리사 자격증	창의력 우수	-
E	의류학과	의사소통능력, 문제해결능력, 조직이해능력 우수	-	창의적인 문제해결능력	신용업무 경력 보유

〈팀별 선호사항〉

- 신용팀 : 관련 업무 경력자 선호, 고객과 원활한 소통능력 중시
- 경제팀 : 경제학과 출신 선호, 체력 중시
- 유통팀 : 유통관리사 자격증 소지자 선호, 창의력 중시
- 상담팀 : 조직이해능력 우수자 선호, 의사소통능력 우수자 선호
- 총무팀 : 특별한 선호 없음

03 다음 중 각 팀과 배치될 신입사원을 연결한 것으로 적절한 것은?

① 유통팀 – B
② 경제팀 – D
③ 신용팀 – E
④ 총무팀 – C

04 추가 합격된 신입사원에 대한 정보가 다음과 같을 때, 배치할 부서로 가장 적절한 곳은?

신입사원	전공	직무능력평가	자격증	면접	비고
F	법학과	자원관리능력 우수	사무자동화산업기사 자격증	문제해결능력 우수	고객 상담 업무 경력

① 신용팀
② 경제팀
③ 유통팀
④ 상담팀

※ 다음은 A대리의 출근 경로에 대한 자료이다. 이어지는 질문에 답하시오. **[5~6]**

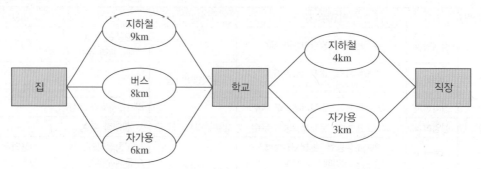

- A대리는 자녀의 학교까지 함께 이동하며 자녀를 바래다준 후, 자신의 직장으로 이동한다. 이를 나타내는 경로는 다음과 같다.

- 각 교통수단의 속도는 다음과 같으며, 수단별로 모든 구간에서의 속도는 동일하다.

교통수단	지하철	버스	자가용
속도	50km/h	40km/h	30km/h

05 다음 중 A대리가 집에서 출발하여 자녀를 학교에 데려다준 후 직장에 도착하기까지 소요되는 시간이 가장 짧은 것은?

① 지하철 – 지하철　　　　　　　　　② 지하철 – 자가용

③ 버스 – 지하철　　　　　　　　　　④ 자가용 – 자가용

06 인근 지하철 역사 공사 및 도심 교통 통제로 인해 다음과 같이 교통수단별 속도가 변하였다. 이를 고려할 때, 다음 중 A대리가 집에서 출발하여 자녀를 학교에 데려다준 후 직장에 도착하기까지 소요되는 시간이 가장 짧은 것은?

교통수단	지하철	버스	자가용
속도	30km/h	30km/h	25km/h

① 지하철 – 자가용　　　　　　　　　② 버스 – 지하철

③ 자가용 – 지하철　　　　　　　　　④ 자가용 – 자가용

※ 다음은 P시의 A ~ I마을의 위치 및 경로이다. 이어지는 질문에 답하시오. [7~8]

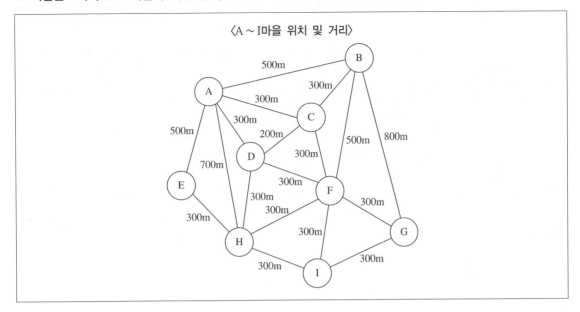

〈A ~ I마을 위치 및 거리〉

07 E마을에서 C마을을 거쳐 G마을로 도착할 때, 다음 중 이동거리가 가장 짧은 경로는?

① E－A－C－B－G

② E－A－D－C－F－G

③ E－H－D－C－B－G

④ E－H－D－C－F－G

08 P시는 세 마을을 연결하는 길에 화분을 배치하여 길을 꾸미고자 한다. 길을 선정하는 조건이 다음과 같을 때, 화분을 배치할 수 있는 세 마을은?

─〈조건〉─

• A－B길에는 화분을 배치하지 않는다.
• 각 마을을 잇는 모든 길의 합은 1km 이상이어야 한다.
• 각 마을을 잇는 길 하나의 거리는 500m 이하여야 한다.
• 세 마을은 반드시 직접 연결되어 있어야 한다.

① A, C, D

② A, D, E

③ B, C, F

④ B, G, F

제시된 규칙에 따라 시침과 분침이 변화한다. 〈보기〉의 시계에 제시된 규칙을 적용할 때, 시계가 가리키는 시각으로 옳은 것은?

- 시침과 분침은 다음 규칙에 따라 위치가 변한다(단, 시침과 분침은 정확한 숫자만을 가리키며 서로 영향을 주지 않는다).

구분	규칙
○	분침을 반시계 방향으로 10분, 시침을 시계 방향으로 2시간 진행시킨다.
●	시침을 반시계 방향으로 3시간, 분침을 시계 방향으로 40분 진행시킨다.
◆	시침의 위치를 시계 방향으로 180° 회전한다.
◇	분침의 위치를 반시계 방향으로 90° 회전한다.

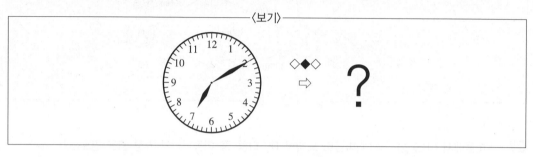

〈보기〉

① 1시 10분

② 1시 40분

③ 2시 10분

④ 2시 20분

10 제시된 규칙에 따라 시침과 분침이 변화한다. 〈보기〉의 시계가 왼쪽에서 오른쪽으로 변화했을 때, 적용된 규칙으로 옳은 것은?

• 시침과 분침은 다음 규칙에 따라 위치가 변한다(단, 시침과 분침은 정확한 숫자만을 가리키며 서로 영향을 주지 않는다).

구분	규칙
○	분침을 반시계 방향으로 30분, 시침을 시계 방향으로 4시간 진행시킨다.
●	시침을 반시계 방향으로 1시간, 분침을 시계 방향으로 25분 진행시킨다.
◆	시침의 위치를 시계 방향으로 60° 회전한다.
◇	분침의 위치를 반시계 방향으로 240° 회전한다.

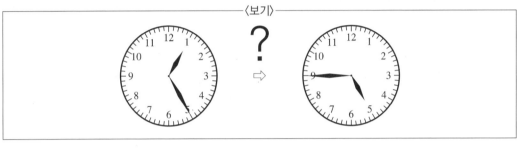

〈보기〉

① ○○◆

② ●●○

③ ◇◆◆

④ ◆◆○

※ 도형을 이동 및 변환시키는 작동 단추의 기능은 다음과 같다. 이어지는 질문에 답하시오. **[11~12]**

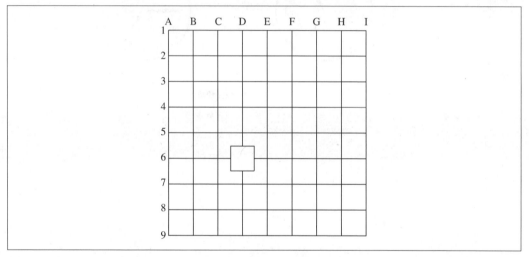

작동 단추	기능
◁ / ▷	도형을 왼쪽 / 오른쪽으로 1칸 옮긴다.
△ / ▽	도형을 위쪽 / 이래쪽으로 1칸 옮긴디.
◈	도형의 색을 반전시킨다.
★ / ☆	다음과 같은 규칙으로 도형을 변환시킨다.

11 도형이 다음과 같이 놓여 있을 때, 단추를 〈보기〉의 순서대로 누른 후 도형의 색, 모양, 위치로 옳은 것은?

─────〈보기〉─────

◁ ◁ ◈ △ △ ☆ ▷ ◈ △ ★

① ▲(C, 5)   ② ■(C, 3)
③ △(C, 5)   ④ □(C, 3)

12 검은색 원이 (G, 4)에 놓여 있다. 흰색 사각형이 (B, 7)에 놓이도록 단추를 누를 때, 눌러야 하는 단추의 순서는?

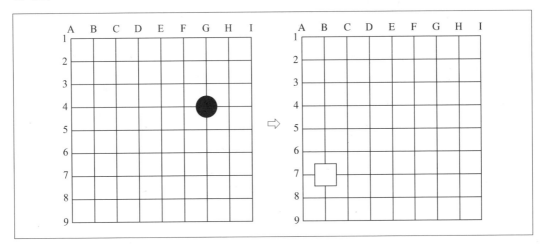

① ◁ ◁ ◁ ◈ ◁ ◁ ☆ ▽ ▽ ▽

② ▽ ◁ ▽ ◁ ◈ ◁ ◁ ☆ ▽ ▽

③ ★ ▽ ▽ ◁ ◁ ◈ ◁ ◁ ▽ ◁

④ ◈ △ ◁ ◁ ▽ ◁ ▽ ▽ ★ ◁

※ 다음 〈보기〉는 그래프 구성 명령어 실행 예시이다. 이어지는 질문에 답하시오. [13~15]

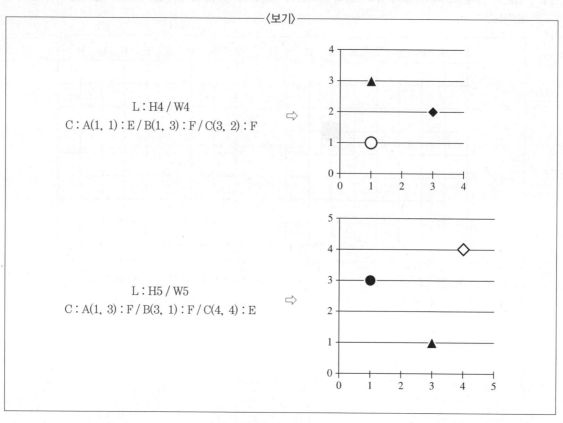

13 다음 그래프에 알맞은 명령어는 무엇인가?

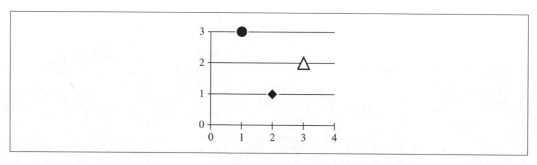

① L : H4 / W3
   C : A(1, 3) : F / B(3, 2) : E / C(2, 1) : F

② L : H3 / W4
   C : A(1, 3) : F / B(2, 3) : E / C(2, 1) : F

③ L : H3 / W4
   C : A(1, 3) : F / B(2, 3) : E / C(1, 2) : F

④ L : H3 / W4
   C : A(1, 3) : F / B(3, 2) : E / C(2, 1) : F

14 다음 그래프에 알맞은 명령어는 무엇인가?

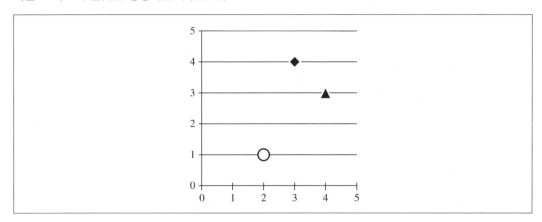

① L : H5 / W5
   C : A(2, 1) : E / B(3, 4) : E / C(4, 3) : F

② L : H5 / W5
   C : A(2, 1) : F / B(3, 4) : F / C(4, 3) : E

③ L : H5 / W5
   C : A(2, 1) : E / B(3, 4) : F / C(4, 3) : F

④ L : H5 / W5
   C : A(2, 1) : E / B(4, 3) : F / C(3, 4) : F

15 L : H5 / W6, C : A(5, 2) : E / B(4, 3) : E / C(1, 3) : F의 그래프를 산출할 때, 오류가 발생하여 다음과 같은 그래프가 산출되었다. 오류가 발생한 값은?

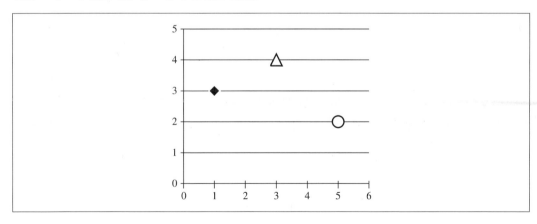

① H5 / W6

② A(5, 2) : E

③ B(4, 3) : E

④ C(1, 3) : F

※ 제시된 단어를 일정 기준에 따라 연관 지을 수 있다고 할 때, 빈칸에 들어갈 단어로 옳은 것을 고르시오.
[1~2]

01

다람쥐 상수리 ( )

① 묵   ② 밤
③ 녹말   ④ 나무

02

흑백 졸업 ( )

① 서명   ② 서류
③ 추억   ④ 증명

※ 다음은 일정한 규칙에 따라 나열된 수열이다. 빈칸에 들어갈 수로 알맞은 것을 고르시오. **[3~5]**

03

-2 -3 -5 ( ) -13 -21

① -6 ② -7
③ -8 ④ -9

04

Triangle 1: 4, 7, 7, 21
Triangle 2: 12, 4, ( ), 28
Triangle 3: 5, 3, 2, 13

① − 20
② − 10
③ 10
④ 20

05

Triangle 1: −2, 17, 12, 21
Triangle 2: 12, 71, ( ), −2
Triangle 3: 35, −6, 10, 1

① 20
② 24
③ 27
④ 30

06 P사 직원 7명 A~G는 일주일에 2명씩 돌아가며 당직을 선다. 다음의 〈조건〉을 따를 때, 이번 주에 반드시 당직을 서는 직원의 조합으로 가장 적절한 것은?

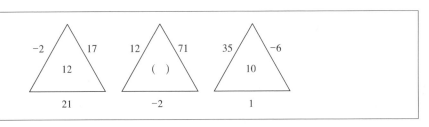

───────〈조건〉───────
- A가 당직을 서면 B와 F도 당직을 선다.
- C나 A가 당직을 서지 않으면 E는 당직을 선다.
- G가 당직을 서면 E와 D도 당직을 서지 않는다.
- F가 당직을 서면 G는 당직을 선다.
- D는 이번 주에 당직을 선다.

① D, A
② D, C
③ D, E
④ D, F

07 A~G 7명이 원형 테이블에 〈조건〉과 같이 앉아 있을 때, 다음 중 직급이 사원인 사람과 대리인 사람이 바르게 연결된 것은?(단, A~G는 사원, 대리, 과장, 차장, 팀장, 부부장, 부장 중 하나의 직급에 해당하며, 이 중 동일한 직급인 직원은 없다)

〈조건〉
- A의 왼쪽에는 부장이, 오른쪽에는 차장이 앉아 있다.
- E는 사원과 이웃하여 앉지 않았다.
- B는 부장과 이웃하여 앉아 있다.
- C의 직급은 차장이다.
- G는 차장과 과장 사이에 앉아 있다.
- D는 A와 이웃하여 앉아 있다.
- 사원은 부장, 대리와 이웃하여 앉아 있다.

	사원	대리
①	A	F
②	B	E
③	B	F
④	D	E

08 김대리는 건강관리를 위해 일주일 치 식단에 야채 및 과일을 포함시키고자 한다. 제시된 〈조건〉에 따라 식단을 구성할 때, 다음 중 반드시 참인 명제는?

〈조건〉
- 바나나를 넣지 않으면 사과를 넣는다.
- 무순을 넣지 않으면 청경채를 넣지 않는다.
- 무순과 당근 중 하나만 넣는다.
- 청경채는 반드시 넣는다.
- 당근을 넣지 않으면 바나나를 넣지 않는다.
- 무순을 넣으면 배를 넣지 않는다.
---

① 무순과 바나나 중 하나만 식단에 포함된다.
② 사과와 청경채는 식단에 포함되지 않는다.
③ 배와 당근 모두 식단에 포함된다.
④ 무순은 식단에 포함되나, 사과는 포함되지 않는다.

09 다음 도형 내부의 기호들은 일정한 패턴을 가지고 변화한다. 다음 중 ?에 들어갈 도형으로 알맞은 것은?

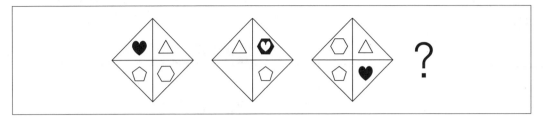

①

②

③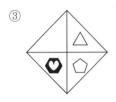

④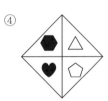

※ 다음 도형들은 일정한 규칙으로 변화하고 있다. ?에 들어갈 도형으로 알맞은 것을 고르시오. [10~11]

10

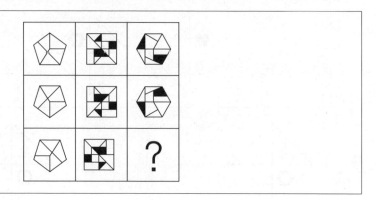

 ①

 ②

 ③

 ④

11

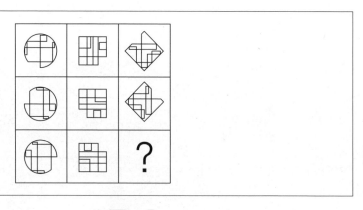

 ①

 ②

 ③

 ④

※ 다음 규칙을 바탕으로 이어지는 질문에 답하시오. [12~13]

작동 버튼	기능
○	도형을 180° 회전한다.
□	홀수가 적힌 곳의 색을 바꾼다(흰색 ↔ 회색).
■	짝수가 적힌 곳의 색을 바꾼다(흰색 ↔ 회색).
▲	숫자를 1씩 더한다(단, 4의 경우 1로 바꾼다).

12 〈보기〉의 왼쪽 도형에서 버튼을 눌렀더니 오른쪽 도형으로 변형되었다. 다음 중 작동 버튼의 순서를 바르게 나열한 것은?

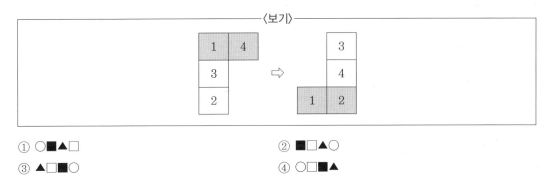

① ○■▲□   ② ■□▲○

③ ▲□■○   ④ ○□■▲

13 〈보기〉의 왼쪽 도형에서 버튼을 눌렀더니 오른쪽 도형으로 변형되었다. 다음 중 작동 버튼의 순서를 바르게 나열한 것은?

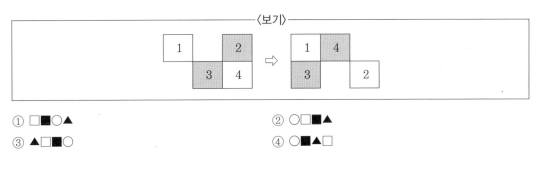

① □■○▲   ② ○□■▲

③ ▲□■○   ④ ○■▲□

※ 다음 규칙을 바탕으로 이어지는 질문에 답하시오. [14~15]

작동 버튼	기능
☆	도형을 시계 반대 방향으로 90° 회전한다.
★	홀수가 적힌 곳의 색를 바꾼나(흰색 ↔ 회색).
□	3번과 4번이 적힌 곳의 색을 바꾼다(흰색 ↔ 회색).
■	2번과 4번의 숫자를 바꾼다.

14 〈보기〉의 왼쪽 도형에서 버튼을 눌렀더니 오른쪽 도형으로 변형되었다. 다음 중 작동 버튼의 순서를 바르게 나열한 것은?

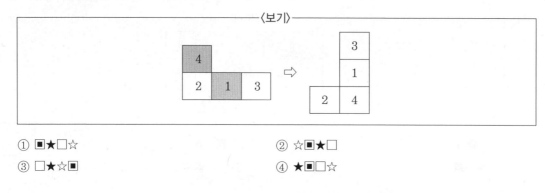

① ■★□☆
② ☆■★□
③ □★☆■
④ ★■□☆

15 〈보기〉의 왼쪽 도형에서 버튼을 눌렀더니 오른쪽 도형으로 변형되었다. 다음 중 작동 버튼의 순서를 바르게 나열한 것은?

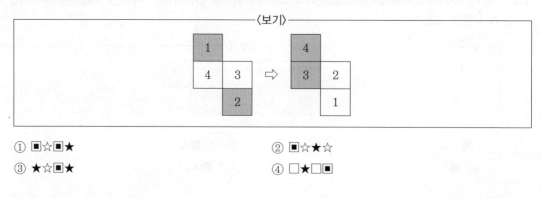

① ■☆■★
② ■☆★☆
③ ★☆■★
④ □★□■

2일 차
기출응용 모의고사

〈문항 수 및 시험시간〉

포스코그룹 PAT 온라인 적성검사		
영역	문항 수	시험시간
언어이해	15문항	
자료해석	15문항	60분
문제해결	15문항	
추리	15문항	

2일 차 기출응용 모의고사

문항 수 : 60문항
시험시간 : 60문

제1영역 언어이해

01 다음 밑줄 친 단어와 같거나 유사한 의미를 가진 것을 고르면?

> 지금 상황을 그 문제와 <u>연관 짓다</u>.

① 결처　　　　　　　　② 결과
③ 결제　　　　　　　　④ 결부

02 다음 문장의 수정 방안으로 옳은 것은?

> • 빨리 도착하려면 저 산을 ㉠ <u>넘어야</u> 한다.
> • 장터는 저 산 ㉡ <u>넘어</u>에 있소.
> • 나는 대장간 일을 ㉢ <u>어깨너머로</u> 배웠다.
> • 자동차는 수많은 작은 부품들로 ㉣ <u>나뉜다</u>.

① ㉠ – 목적지에 대해 설명하고 있으므로 '너머'로 수정한다.
② ㉡ – 산으로 가로막힌 반대쪽 장소를 의미하기 때문에 '너머'로 수정한다.
③ ㉢ – 남몰래 보고 배운 것을 뜻하므로 '어깨넘어'로 수정한다.
④ ㉣ – 피동 표현을 사용해야 하므로 '나뉘어진다'로 수정한다.

03 다음 글의 내용으로 가장 적절한 것은?

우리는 '재활용'이라고 하면 생활 속에서 자주 접하는 종이, 플라스틱, 유리 등을 다시 활용하는 것만을 생각한다. 하지만, 에너지 역시도 재활용이 가능하다고 한다.

에너지는 우리가 인지하지 못하는 일상생활 속 움직임을 통해 매 순간 만들어지고 또 사라진다. 문제는 이렇게 생산되고 또 사라지는 에너지의 양이 적지 않다는 것이다. 이처럼 버려지는 에너지를 수집해 우리가 사용할 수 있도록 하는 기술이 에너지 하베스팅이다.

에너지 하베스팅은 열, 빛, 운동, 바람, 진동, 전자기 등 주변에서 버려지는 에너지를 모아 전기를 얻는 기술을 의미한다. 이처럼 우리 주위 자연에 존재하는 청정에너지를 반영구적으로 사용하기 때문에 공급의 안정성, 보안성 및 지속 가능성이 높고, 이산화탄소를 배출하는 화석연료를 사용하지 않기 때문에 환경공해를 줄일 수 있어 친환경 에너지 활용 기술로도 각광받고 있다.

이처럼 에너지원의 종류가 많은 만큼, 에너지 하베스팅의 유형도 매우 다양하다. 체온, 정전기 등 신체의 움직임을 이용하는 신체 에너지 하베스팅, 태양광을 이용하는 광 에너지 하베스팅, 진동이나 압력을 가해 이용하는 진동 에너지 하베스팅, 산업 현장에서 발생하는 수많은 폐열을 이용하는 열에너지 하베스팅, 방송전파나 휴대전화 전파 등의 전자파 에너지를 이용하는 전자파 에너지 하베스팅 등이 폭넓게 개발되고 있다.

영국의 어느 에너지기업은 사람의 운동 에너지를 전기 에너지로 바꾸는 기술을 개발했다. 사람이 많이 다니는 인도 위에 버튼식 패드를 설치하여 사람이 밟을 때마다 전기가 생산되도록 하는 것이다. 이 장치는 2012년 런던올림픽에서 테스트를 한 이후 현재 영국의 12개 학교 및 미국 뉴욕의 일부학교에서 설치하여 활용 중이다. 이처럼 전 세계적으로 화석 연료에서 신재생 에너지로 전환하려는 노력이 계속되고 있는 만큼, 에너지 전환 기술인 에너지 하베스팅에 대한 관심은 계속 될 것이며 다양한 분야에 적용될 것으로 예상하고 있다.

① 재활용은 유체물만 가능하다.
② 태양광과 폐열은 같은 에너지원에 속한다.
③ 에너지 하베스팅은 버려진 에너지를 또 다른 에너지로 만든다.
④ 에너지 하베스팅을 통해 열, 빛, 전기 등 여러 에너지를 얻을 수 있다.

04 다음 글의 내용으로 적절하지 않은 것은?

낭만주의의 초석이라 할 수 있는 칸트는 인간 정신에 여러 범주들이 내재하기 때문에 이것들이 우리가 세계를 지각하는 방식을 선험적으로 결정한다고 주장한 바 있다. 이 범주들은 공간, 시간, 원인, 결과 등의 개념들이다. 우리는 이 개념들을 '배워서' 아는 것이 아니다. 즉, 경험에 앞서 이미 아는 것이다. 경험에 앞서는 범주를 제시했다는 점에서 혁명적 개념이었고, 경험을 강조한 베이컨주의에 대한 강력한 반동인 셈이다.

칸트 스스로도 이것을 철학에 있어 '코페르니쿠스적 전환'이라고 보았다. "따라서 우리는 자신의 인식에 부분적으로 책임이 있고, 자기 존재의 부분적 창조자다." 인간이라는 존재는 백지에 쓴 경험의 총합체가 아니며, 그만큼 우리는 권리와 의무를 가진 주체적인 결정권자라는 선언이었다. 세상은 결정론적이지 않고 인간은 사회의 기계적 부품 같은 존재가 아님을 강력히 암시하고 있다.

칸트가 건설한 철학적 관념론은 우리 외부에서 지각되는 대상은 사실 우리 정신의 내용과 연관된 관념일 뿐이라는 것을 명백히 했다. 현실적인 것은 근본적으로 심리적이라는 것이라는 신념으로서, 객관적이고 물질적인 것에서 근본을 찾는 유물론과는 분명한 대척점에 있는 관점이다.

그 밖에도 "공간과 시간은 경험적으로 실재적이지만 초월적으로는 관념적이다.", "만일 우리가 주관을 제거해 버리면 공간과 시간도 사라질 것이다. 현상으로서 공간과 시간은 그 자체로서 존재할 수 없고 단지 우리 안에서만 존재할 수 있다."처럼 시간과 공간의 실재성에도 의문을 품었던 칸트의 생각들은 독일 철학의 흐름 속에 이어지다가 후일 아인슈타인에게도 결정적 힌트가 되었다. 그리고 결국 아인슈타인은 상대성이론으로 뉴턴의 세계를 무너뜨린다.

① 칸트에 의하면 공간, 시간 등의 개념들은 태어나면서부터 아는 것이다.
② 칸트에 의하면 현실의 공간과 시간은 인간에 의해 존재한다.
③ 낭만주의와 베이컨주의는 상반된 견해를 가지고 있다.
④ 칸트와 아인슈타인의 견해는 같다고 볼 수 있다.

05 다음 글의 주제로 가장 적절한 것은?

> 쇼펜하우어에 따르면 우리가 살고 있는 세계의 진정한 본질은 의지이며 그 속에 있는 모든 존재는 맹목적인 삶에의 의지에 의해서 지배당하고 있다. 쇼펜하우어는 우리가 일상적으로 또는 학문적으로 접근하는 세계는 단지 표상의 세계일뿐이라고 주장하는데, 인간의 이성은 단지 이러한 표상의 세계만을 파악할 수 있을 뿐이다. 그에 따르면 존재하는 세계의 모든 사물들은 우선적으로 표상으로서 드러나게 된다. 시간과 공간 그리고 인과율에 의해서 파악되는 세계가 나의 표상인데, 이러한 표상의 세계는 오직 나에 의해서, 즉 인식하는 주관에 의해서만 파악되는 세계이다. 쇼펜하우어에 따르면 이러한 주관은 모든 현상의 세계, 즉 표상의 세계에서 주인의 역할을 하는 '나'이다.
>
> 이러한 주관을 이성이라고 부를 수도 있는데, 이성은 표상의 세계를 이끌어가는 주인공의 역할을 하는 것이다. 그러나 쇼펜하우어는 여기서 한발 더 나아가 표상의 세계에서 주인의 역할을 하는 주관 또는 이성은 의지의 지배를 받는다고 주장한다. 즉, 쇼펜하우어는 이성에 의해서 파악되는 세계의 뒤편에는 참된 본질적 세계인 의지의 세계가 있으므로 표상의 세계는 제한적이며 표면적인 세계일 뿐, 결코 이성에 의해서 또는 주관에 의해서 결코 파악될 수 없다고 주장한다. 오히려 그는 그동안 인간이 진리를 파악하는 데 최고의 도구로 칭송받던 이성이나 주관을 의지에 끌려 다니는 피지배자일 뿐이라고 비판한다.

① 세계의 본질로서 의지의 세계
② 표상 세계의 극복과 그 해결 방안
③ 의지의 세계와 표상의 세계 간의 차이
④ 표상 세계 안에서의 이성의 역할과 한계

06 다음 문단을 논리적 순서대로 바르게 나열한 것은?

> (가) 이와 같이 임베디드 금융의 개선을 위해서는 효과적인 보안 시스템과 프라이버시 보호 방안을 도입하여 사용자의 개인정보를 안전하게 관리하는 것이 필요하다. 또한 디지털 기기의 접근성을 개선하고 사용자들이 편리하게 이용할 수 있는 환경을 조성해야 한다.
>
> (나) 임베디드 금융은 기업과 소비자 모두에게 이점을 제공한다. 기업은 제품과 서비스에 금융 기능을 통합함으로써 자사 플랫폼 의존도를 높이고, 수집한 고객의 정보를 통해 매출을 증대시킬 수 있으며 고객들에게 편리한 금융 서비스를 제공할 수 있다. 소비자의 경우는 모바일 앱을 통해 간편하게 금융 거래를 할 수 있고, 스마트기기 하나만으로 다양한 금융 상품에 접근할 수 있어 편의성과 접근성이 크게 향상된다.
>
> (다) 그러나 임베디드 금융은 개인정보 보호와 안전성에 대한 관리가 필요하다. 사용자의 금융 데이터와 개인정보가 디지털 플랫폼이나 기기에 저장되므로 해킹이나 데이터 유출과 같은 사고가 발생할 수 있다. 이는 사용자의 프라이버시 침해와 금융 거래 안전성에 대한 심각한 위협이 될 수 있다. 또한 모든 사람이 안정적인 인터넷 연결과 임베디드 금융이 포함된 최신 기기를 보유하고 있지는 않기 때문에 디지털 기기에 익숙하지 않은 사람들은 임베디드 금융 서비스를 제공받는 데 제한을 받을 수 있다.
>
> (라) 임베디드 금융은 비금융 기업이 자신의 플랫폼이나 디지털 기기에 금융 서비스를 탑재하는 것을 뜻한다. S페이나 A페이 같은 결제 서비스부터 대출이나 보험까지 임베디드 금융은 제품과 서비스에 금융 기능을 통합하여 사용자에게 편의성과 접근성을 높여준다.

① (가) – (다) – (라) – (나)　　　　② (나) – (가) – (다) – (라)

③ (나) – (라) – (다) – (가)　　　　④ (라) – (나) – (다) – (가)

07 다음 글에서 〈보기〉의 문장이 들어갈 위치로 가장 적절한 곳은?

게임 중독세는 세금 징수의 당위성이 인정되지 않는다. 세금으로 특별 목적 기금을 조성하려면 검증을 통해 그 당위성을 인정할 수 있어야 한다. (가) 담배에 건강 증진 기금을 위한 세금을 부과하는 것은 담배가 건강에 유해한 요소들로 이루어져 있다는 것이 의학적으로 증명되어 세금 징수의 당위성이 인정되기 때문이다. (나) 하지만 게임은 유해한 요소들로 이루어져 있다는 것이 의학적으로 증명되지 않았다.

게임 중독세는 게임 업체에 조세 부담을 과도하게 지우는 것이다. 게임 업체는 이미 매출에 상응하는 세금을 납부하고 있는데, 여기에 게임 중독세까지 내도록 하는 것은 지나치다. (다) 또한 스마트폰 사용 중독 등에 대해서는 세금을 부과하지 않는데, 유독 게임 중독에 대해서만 세금을 부과하는 것은 형평성에 맞지 않는다.

게임 중독세는 게임에 대한 편견을 강화하여 게임 업체에 대한 부정적 이미지만을 공식화한다. 게임 중독은 게임 이용자의 특성이나 생활환경 등이 원인이 되어 발생하는 것이지, 게임 자체에서 비롯되는 것은 아니다. (라) 게임 중독이 이용자 개인의 책임이 큰 문제임에도 불구하고 게임 업체에 징벌적 세금을 물리는 것은 게임을 사회악으로 규정하고 게임 업체에 사회 문제를 조장하는 기업이라는 낙인을 찍는 것이다.

─────────────〈보기〉─────────────

카지노, 복권 등 사행 산업을 대상으로 연 매출의 일부를 세금으로 추가 징수하는 경우가 있긴 하지만, 게임 산업은 문화 콘텐츠 산업이지, 사행 산업이 아니다.

① (가)　　　　　　　　　　② (나)
③ (다)　　　　　　　　　　④ (라)

08 다음 글에 대한 반론으로 가장 적절한 것은?

어떤 경제 주체의 행위가 자신과 거래하지 않는 제3자에게 의도하지 않게 이익이나 손해를 주는 것을 '외부성'이라 한다. 과수원의 과일 생산이 인접한 양봉업자에게 벌꿀 생산과 관련한 이익을 준다든지, 공장의 제품 생산이 강물을 오염시켜 주민들에게 피해를 주는 것 등이 대표적인 사례이다.

외부성은 사회 전체로 보면 이익이 극대화되지 않는 비효율성을 초래할 수 있다. 개별 경제 주체가 제3자의 이익이나 손해까지 고려하여 행동하지는 않을 것이기 때문이다. 예를 들어, 과수원의 이윤을 극대화하는 생산량이 Qa라고 할 때, 생산량을 Qa보다 늘리면 과수원의 이윤은 줄어든다. 하지만 이로 인한 과수원의 이윤 감소보다 양봉업자의 이윤 증가가 더 크다면, 생산량을 Qa보다 늘리는 것이 사회적으로 바람직하다. 하지만 과수원이 자발적으로 양봉업자의 이익까지 고려하여 생산량을 Qa보다 늘릴 이유는 없다.

전통적인 경제학은 이러한 비효율성의 해결책이 보조금이나 벌금과 같은 정부의 개입이라고 생각한다. 보조금을 받거나 벌금을 내게 되면 제3자에게 주는 이익이나 손해가 더 이상 자신의 이익과 무관하지 않게 되므로, 자신의 이익에 충실한 선택이 사회적으로 바람직한 결과로 이어진다는 것이다.

① 일반적으로 과수원은 양봉업자의 입장을 고려하지 않는다.
② 정부의 개입을 통해 외부성으로 인한 비효율성을 줄일 수 있다.
③ 과수원자에게 보조금을 지급한다면 생산량을 Qa보다 늘리려 할 것이다.
④ 정부의 개입 과정에서 시간과 노력이 많이 들게 되면 비효율성이 늘어날 수 있다.

※ 다음 글을 읽고 이어지는 질문에 답하시오. [9~10]

무공해 에너지의 공급원으로 널리 알려진 수력발전소가 실제로는 기후 변화에 악영향을 미친다는 주장이 제기됐다고 영국의 옵서버 인터넷판이 보도했다.

프랑스와 브라질 과학자들은 이번 주 프랑스 파리에서 열리는 유네스코(UNESCO) 회의에서 수력발전을 위해 건설된 댐과 발전소에서 많은 양의 메탄이 배출돼 지구온난화를 야기한다는 내용을 발표할 것으로 알려졌다.

메탄이 지구온난화에 미치는 영향은 이산화탄소의 20배에 달한다. 이들은 댐이 건설되면서 저수지에 갇힌 유기물들이 부패 과정에서 이산화탄소는 물론 메탄을 생성한다며, 이러한 현상은 특히 열대 지방에서 극심하게 나타난다고 주장했다.

필립 펀사이드 아마존 국립연구소(NIRA)를 포함한 과학자들은 이번 주 영국 과학 전문지 네이처를 통해 수력발전소가 가동 후 첫 10년 동안 화력발전소의 4배에 달하는 이산화탄소를 배출하였다는 견해를 밝힐 예정이다.

그러나 이들의 주장에 반대하는 의견을 표명하는 과학자들도 있다. 반론을 제기한 학자들은 메탄 배출은 댐 운영 첫해에만 발생하는 현상으로 수력발전소가 안정적으로 운영되면 상대적으로 적은 양의 메탄과 이산화탄소만 나오게 된다고 지적했다.

09 다음 중 윗글의 내용과 어울리는 한자성어는?

① 고식지계(姑息之計)

② 결자해지(結者解之)

③ 일장일단(一長一短)

④ 과유불급(過猶不及)

10 다음 중 윗글의 내용으로 적절하지 않은 것은?

① 수력발전은 이산화탄소를 배출한다.

② 유기물들이 부패하면 유해물질이 생성된다.

③ 이산화탄소보다 메탄이 환경에 더 큰 악영향을 끼친다.

④ 일부 과학자들은 수력발전소 운영 초기에만 유해물질이 생성된다고 주장한다.

※ 다음 글을 읽고 이어지는 질문에 답하시오. [11~12]

(가) 경영학 측면에서도 메기 효과는 한국, 중국 등 고도 경쟁사회인 동아시아 지역에서만 제한적으로 사용되며 영미권에서는 거의 사용되지 않는다. 기획재정부의 조사에 따르면 메기에 해당하는 해외 대형 가구업체인 이케아(IKEA)가 국내에 들어오면서 청어에 해당하는 중소 가구업체의 입지가 더욱 좁아졌다고 한다. 이처럼 경영학 측면에서도 메기 효과는 과학적으로 검증되지 않은 가설이다.

(나) 결국 메기 효과는 과학적으로 증명되진 않았지만 '경쟁'의 양면성을 보여주는 가설이다. 기업의 경영에서 위험이 발생하였을 때, 위기감에 의한 성장 동력을 발현시킬 수는 있을 것이다. 그러나 무한 경쟁사회에서 규제 등의 방법으로 적정 수준을 유지하지 못한다면 거미의 등장으로 인해 폐사한 메뚜기와 토양처럼 거대한 위협이 기업과 사회를 항상 좋은 방향으로 이끌어나가지는 않을 것이다.

(다) 그러나 메기 효과가 전혀 시사점이 없는 것은 아니다. 이케아가 국내에 들어오면서 도산할 것으로 예상되었던 일부 국내 가구 업체들이 오히려 성장하는 현상 또한 관찰되고 있다. 강자의 등장으로 약자의 성장 동력이 어느 정도는 발현되었다는 것을 보여주는 사례라고 할 수 있다.

(라) 그러나 최근에는 메기 효과가 검증되지 않고 과장되어 사용되거나 심지어 거짓이라고 주장하는 사람들이 있다. 먼저 메기 효과의 기원부터 의문점이 있다. 메기는 민물고기로 바닷물고기인 청어는 메기와 연관점이 없으며, 북유럽의 어부들이 수조에 메기를 넣어 실질적으로 효과가 있었는지 검증되지 않았다. 실제로 2012년 『사이언스』에서 제한된 공간에 메뚜기와 거미를 두었을 때 메뚜기들은 포식자인 거미로 인해 스트레스의 수치가 증가하고 체내 질소 함량이 줄어들었고, 죽은 메뚜기에 포함된 질소 함량이 줄어들면서 토양 미생물이 줄어들고 황폐화되었다.

(마) 우리나라에서 '경쟁'과 관련된 이론 중 가장 유명한 것은 영국의 역사가 아널드 토인비가 주장했다고 하는 '메기 효과(Catfish Effect)'이다. 메기 효과란 냉장시설이 없었던 과거에 북유럽의 어부들이 잡은 청어를 싱싱하게 운반하기 위하여 수조 속에 천적인 메기를 넣어 끊임없이 움직이게 했다는 것이다. 이 가설은 경영학계에서 비유적으로 사용되어 기업의 경쟁력을 키우기 위해서는 적절한 위협과 자극이 필요하다고 주장하고 있다.

11 다음 중 윗글을 논리적 순서대로 바르게 나열한 것은?

① (가) – (라) – (나) – (다) – (마)
② (다) – (마) – (가) – (나) – (라)
③ (마) – (가) – (라) – (다) – (나)
④ (마) – (라) – (가) – (다) – (나)

12 다음 중 윗글의 내용을 이해한 것으로 적절하지 않은 것은?

① 거대기업의 출현은 해당 시장의 생태계를 파괴할 수도 있다.
② 메기 효과는 과학적으로 검증되지 않았으므로 낭설에 불과하다.
③ 발전을 위해서는 기업 간 경쟁을 적정 수준으로 유지해야 한다.
④ 메기 효과는 경쟁을 장려하는 사회에서 널리 사용되고 있다.

※ 다음 글을 읽고 이어지는 질문에 답하시오. [13~15]

동양 사상이라 해서 언어와 개념을 무조건 무시하는 것은 결코 아니다. 만약 그렇다면 동양 사상은 경전이나 저술을 통해 언어화되지 않고 순전히 침묵 속에서 전수되어 왔을 것이다. 물론 이것은 사실이 아니다. 동양 사상도 끊임없이 언어적으로 다듬어져 왔으며 논리적으로 전개되어 왔다.

흔히 동양 사상은 신비적이라고 말하지만, 이것은 동양 사상의 한 면만을 특징짓는 것이지, 결코 동양의 철인(哲人)들이 사상을 전개함에 있어 논리를 무시했다거나 항시 어떤 신비적인 체험에 호소해서 자신의 주장들을 폈다는 것을 뜻하지는 않는다.

그러나 역시 동양 사상은 신비주의적임에 틀림없다. 거기서는 지고(至高)의 진리란 언제나 언어화될 수 없는 어떤 신비한 체험의 경지임이 늘 강조되어 왔기 때문이다. ⊙ 최고의 진리는 언어 이전 혹은 언어 이후의 무언(無言)의 진리이다. 엉뚱하게 들리겠지만, 동양 사상의 정수(精髓)는 말로써 말이 필요 없는 경지를 가리키려는 데에 있다고 해도 과언이 아니다. 말이 스스로를 부정하고 초월하는 경지를 나타내도록 사용된 것이다. 언어로써 언어를 초월하는 경지를 나타내고자 하는 것이야말로 동양 철학이 지닌 가장 특징적인 정신이다.

동양에서는 인식의 주체를 심(心)이라는 매우 애매하면서도 포괄적인 말로 이해해 왔다. 심(心)은 물(物)과 항시 자연스러운 교류를 하고 있으며, 이성은 단지 심(心)의 일면일 뿐인 것이다. 동양은 이성의 오만이라는 것을 모른다. 지고의 진리, 인간을 살리고 자유롭게 하는 생동적 진리는 언어적 지성을 넘어선다는 의식이 있었기 때문일 것이다. 언어는 언제나 마음을 못 따르며 둘 사이에는 항시 괴리가 있다는 생각이 동양인들의 의식의 저변에 깔려 있는 것이다.

13 다음 중 윗글의 중심 내용으로 가장 적절한 것은?

① 동양 사상은 신비주의적인 요소가 많다.
② 언어와 개념을 무시하면 동양 사상을 이해할 수 없다.
③ 동양 사상은 언어적 지식을 초월하는 진리를 추구한다.
④ 인식의 주체를 심(心)으로 표현하는 동양 사상은 이성적이라 할 수 없다.

14 다음 중 윗글에 나타난 동양 사상의 언어관(言語觀)이 가장 잘 반영된 것은?

① 말 많은 집은 장맛도 쓰다.
② 말 한마디에 천 냥 빚 갚는다.
③ 말을 적게 하는 사람이 일은 많이 하는 법이다.
④ 아는 사람은 말 안하고, 말하는 사람은 알지 못한다.

15 다음 중 밑줄 친 ⊙과 같이 말한 이유로 가장 적절한 것은?

① 진리는 언어를 초월하는 경지이기 때문에
② 언어는 언제나 추상성에 중심을 두기 때문에
③ 언어는 신빙성이 부족하므로
④ 인식의 주체는 언제나 물(物)에 있으므로

01　다음은 2024년 6월 기준 지역별 공사 완료 후 미분양된 민간부분 주택 현황이다. 이에 대한 〈보기〉의 설명 중 옳은 것을 모두 고르면?

〈지역별 공사 완료 후 미분양된 민간부문 주택 현황〉

(단위 : 가구)

구분	면적별 주택유형			합계
	$60m^2$ 미만	$60 \sim 85m^2$	$85m^2$ 초과	
전국	3,438	11,297	1,855	16,590
서울	0	16	4	20
부산	70	161	119	350
대구	0	112	1	113
인천	5	164	340	509
광주	16	28	0	44
대전	148	125	0	273
울산	36	54	14	104
세종	0	0	0	0
경기	232	604	1,129	1,965
기타 지역	2,931	10,033	248	13,212

─〈보기〉─

ㄱ. 면적이 넓은 유형의 주택일수록 공사 완료 후 미분양된 민간부문 주택이 많은 지역은 두 곳뿐이다.

ㄴ. 부산의 공사 완료 후 미분양된 민간부문 주택 중 면적이 $60 \sim 85m^2$에 해당하는 주택이 차지하는 비중은 면적이 $85m^2$를 초과하는 주택이 차지하는 비중보다 10%p 이상 높다.

ㄷ. 면적이 $60m^2$ 미만인 공사 완료 후 미분양된 민간부문 주택 수 대비 면적이 $60 \sim 85m^2$에 해당하는 공사 완료 후 미분양된 민간부문 주택 수의 비율은 광주가 울산보다 높다.

① ㄱ

② ㄱ, ㄷ

③ ㄴ, ㄷ

④ ㄱ, ㄴ, ㄷ

02 다음은 각종 암 환자의 육식률 대비 사망률에 대한 자료이다. 이에 대한 설명으로 옳지 않은 것은?

<각종 암 환자의 육식률 대비 사망률>

(단위 : %)

암 구분	육식률 80% 이상	육식률 50% 이상 80% 미만	육식률 30% 이상 50% 미만	육식률 30% 미만	채식률 100%
전립선암	42	33	12	5	8
신장암	62	48	22	11	5
대장암	72	64	31	15	8
방광암	66	52	19	12	6
췌장암	68	49	21	8	5
위암	85	76	27	9	4
간암	62	48	21	7	3
구강암	52	42	18	11	10
폐암	48	41	17	13	11
난소암	44	37	16	14	7

※ 육식률 30% 미만에는 채식률 100%가 속하지 않음

① 육식률 80% 이상의 사망률과 채식률 100%에서의 사망률의 차이가 가장 큰 암은 위암이다.

② 육식률 80% 이상에서의 사망률이 50% 미만인 암과 육식률 50% 이상 80% 미만에서 사망률이 50% 이상인 암의 수는 동일하다.

③ 채식률이 100%여도 육식하는 사람보다 사망률이 항상 낮지 않다.

④ 육식률 30% 이상 구간에서의 사망률이 1위인 암은 모두 동일하다.

03 다음은 연도별 지역의 한 가구당 평균 자녀 수에 대한 자료이다. 이에 대한 설명으로 옳지 않은 것은?

<연도별 한 가구당 평균 자녀 수>

(단위 : 명)

구분	2003년	2008년	2013년	2018년	2023년
서울	4.2	2.9	2.2	1.5	0.8
경기	5.8	4.4	3	2.4	1.3
인천	5.5	4.8	3.6	2.8	1.1
대구	6.4	5	3.8	3	1.8
부산	5.2	4.9	4.1	2	1.5
광주	6.8	5.5	4	3.1	2.2
대전	5	4.2	3.6	2.1	1.4
울산	4.8	4	3.5	2.5	2
강원	7.2	5.5	4.8	3.6	2.4
제주	7.4	5.8	5	3.8	2.5

※ 수도권 : 서울, 경기, 인천

① 모든 지역에서 5년 간격으로 한 가구당 평균 자녀 수는 감소하고 있다.

② 모든 연도에서 제주 지역의 한 가구당 평균 자녀 수는 다른 지역보다 항상 많다.

③ 모든 연도에서 경기 지역의 한 가구당 평균 자녀 수는 2003년을 제외하고는 인천보다 항상 적다.

④ 2008년 한 가구당 평균 자녀 수가 가장 많은 지역의 평균 자녀 수는 가장 적은 지역 평균 자녀 수의 2배이다.

04 다음은 2021 ~ 2023년 주요 지역별 기온에 대한 자료이다. 이에 대한 설명으로 옳지 않은 것은?

〈2021 ~ 2023년 주요 지역별 기온〉

(단위 : ℃)

구분	2021년			2022년			2023년		
	최고 기온	최저 기온	평균 기온	최고 기온	최저 기온	평균 기온	최고 기온	최저 기온	평균 기온
서울	28.5	−2.8	13.8	30.1	−0.5	14.2	31.4	0.9	14.8
경기	29.2	−5.2	13.5	31.4	−1.2	13.9	31.9	−0.3	14.1
인천	28.9	−3.4	14.1	30.5	−0.9	14.2	31.5	0.5	15.2
부산	33.5	3.3	16.6	34.1	3.5	17.1	34.8	4.2	17.5
대구	31.8	2.1	16.2	33.2	2.4	16.8	35.2	2.9	17.9
광주	30.2	2.2	16.5	30.6	2.1	16.9	30.8	2.7	17.2
대전	27.9	−1.1	14.4	28.2	0.2	15.1	28.8	0.9	15.4
울산	29.3	1.2	15.5	29.5	1.4	15.9	30.4	2.1	16.1
제주	28.8	5.8	18.2	29.9	6.2	18.8	31.1	6.9	19.2

※ 수도권 : 서울, 경기, 인천

① 2021년부터 2023년까지 수도권의 최고 기온은 '경기 – 인천 – 서울' 순으로 높고, 최저 기온은 역순으로 높다.

② 2021 ~ 2023년에 영하 기온이 있는 지역의 수는 매년 감소하고 있다.

③ 2021 ~ 2023년에 대구의 최고 기온이 부산의 최고 기온보다 높은 해는 2023년이다.

④ 2022년과 2023년의 모든 지역에서 최고 기온과 최저 기온은 전년 대비 증가했다.

05 다음은 2023년 공항철도를 이용한 월별 여객 수송실적에 대한 자료이다. (A), (B), (C)에 들어갈 수를 바르게 나열한 것은?

<공항철도 이용 여객 현황>

(단위 : 명)

구분	수송인원	승차인원	유입인원
1월	287,923	117,532	170,391
2월	299,876	(A)	179,743
3월	285,200	131,250	153,950
4월	272,345	152,370	119,975
5월	(B)	188,524	75,796
6월	268,785	203,557	65,228
7월	334,168	234,617	99,551
8월	326,394	215,890	110,504
9월	332,329	216,866	115,463
10월	312,208	224,644	(C)

※ 유입인원은 환승한 인원임
※ (승차인원)=(수송인원)-(유입인원)

	(A)	(B)	(C)
①	120,133	251,310	97,633
②	120,133	264,320	87,564
③	102,211	251,310	97,633
④	102,211	264,320	97,633

※ 다음은 20,000명을 대상으로 조사한 연령대별 운전면허 보유현황에 대한 자료이다. 이어지는 질문에 답하시오.
[6~7]

<연령대별 운전면허 소지현황>

구분		20대	30대	40대	50대	60대	70대
남성	소지비율	38%	55%	75%	68%	42%	25%
	조사인원	1,800명	2,500명	2,000명	1,500명	1,500명	1,200명
여성	소지비율	22%	35%	54%	42%	24%	12%
	조사인원	2,000명	1,400명	1,600명	1,500명	2,000명	1,000명

06 다음 중 위 자료에 대한 설명으로 옳지 않은 것은?

① 운전면허 소지현황 비율이 가장 높은 연령대는 남성과 여성이 동일하다.
② 전체 조사자 중 20·30대가 차지하는 비율은 40% 이상이다.
③ 70대 여성의 운전면허 소지비율은 남성의 절반 이하이다.
④ 50대 운전면허 소지자는 1,500명 이상이다.

07 다음 중 위 자료에 대한 설명으로 옳은 것은?

① 조사에 참여한 60·70대는 남성이 여성보다 많다.
② 20대 남성의 운전면허 소지자는 70대 남성의 2.5배 이상이다.
③ 20·30대 여성의 운전면허 소지자는 전체 조사자의 5% 미만이다.
④ 40대 여성의 운전면허 소지자는 40대 남성의 운전면허 소지자의 55% 이하이다.

※ 다음은 2019 ~ 2023년의 교통수단별 사고건수에 대한 자료이다. 이어지는 질문에 답하시오. **[8~9]**

〈2019 ~ 2023년 교통수단별 사고건수〉

(단위 : 건)

구분	2019년	2020년	2021년	2022년	2023년
전동킥보드	8	12	54	81	162
원동기장치 자전거	5,450	6,580	7,480	7,110	8,250
이륜자동차	12,400	12,900	12,000	11,500	11,200
택시	158,800	175,200	168,100	173,000	177,856
버스	222,800	210,200	235,580	229,800	227,256
전체	399,458	404,892	423,214	421,491	424,724

※ 2019년에 이륜자동차 면허에 대한 법률이 개정되었고, 2020년부터 시행됨

08 다음 중 위 자료에 대한 설명으로 옳은 것은?

① 2020년부터 2023년까지 원동기장치 자전거의 사고건수는 매년 증가하고 있다.

② 2020년부터 2023년까지 전동킥보드 사고건수 증가율이 전년 대비 가장 높은 해는 2023년이다.

③ 이륜자동차의 2020년과 2021년의 사고건수의 합은 2019 ~ 2023년 이륜자동차 총 사고건수의 40% 이상이다.

④ 2019년 대비 2023년 택시의 사고건수 증가율은 2019년 대비 2023년 버스의 사고건수 증가율보다 낮다.

09 위 자료에 대한 〈보기〉의 설명 중 옳은 것을 모두 고르면?

─〈보기〉─

ㄱ. 전동킥보드만 매년 사고건수가 증가하는 것으로 보아 이에 대한 대책이 필요하다.

ㄴ. 원동기장치 자전거의 사고건수가 가장 적은 해에 이륜자동차의 사고건수는 가장 많았다.

ㄷ. 2021 ~ 2023년 이륜자동차의 사고건수가 전년 대비 감소한 것에는 법률 개정도 영향이 있었을 것이다.

ㄹ. 택시와 버스의 사고건수 증감추이는 해마다 서로 반대이다.

① ㄱ, ㄷ

② ㄴ, ㄹ

③ ㄱ, ㄴ, ㄷ

④ ㄱ, ㄷ, ㄹ

※ 다음은 수출입 형태별 화물실적에 대한 자료이다. 이어지는 질문에 답하시오. [10~11]

〈수출입 형태별 화물실적〉

(단위 : 천 건/톤)

구분		합계		해상		항공	
		건수	중량	건수	중량	건수	중량
2022년	수출	10,703	285,064,036	4,425	283,593,835	6,278	1,470,201
	수입	46,503	703,990,001	10,120	702,549,928	36,383	1,440,073
2023년	수출	10,927	294,387,693	4,577	292,913,521	6,350	1,474,172
	수입	58,180	723,976,388	14,178	722,516,908	44,002	1,459,480

10 2022년과 2023년에 해상을 통해 수입한 화물실적의 총 건수와 항공을 통해 수입한 총 건수의 차는?

① 31,991천 건
② 41,477천 건
③ 47,910천 건
④ 56,087천 건

11 위 자료에 대한 〈보기〉의 설명 중 옳지 않은 것을 모두 고르면?

───〈보기〉───
ㄱ. 2022년 수출 건수 및 수입 건수의 총합은 60,000천 건 이상이다.
ㄴ. 해상을 통한 수출 중량은 2022년과 2023년 모두 20억 톤 미만이다.
ㄷ. 2022년 대비 2023년에 해상을 통한 수출은 건수와 중량 모두 증가하였다.

① ㄱ
② ㄴ
③ ㄱ, ㄴ
④ ㄴ, ㄷ

※ 다음은 국유재산 종류별 규모현황에 대한 자료이다. 이어지는 질문에 답하시오. [12~13]

〈국유재산 종류별 규모현황〉

(단위 : 억 원)

구분	2019년	2020년	2021년	2022년	2023년
토지	4,374,692	4,485,830	4,670,080	4,630,098	4,677,016
건물	580,211	616,824	652,422	677,188	699,211
공작물	2,615,588	2,664,379	2,756,345	2,821,660	2,887,831
입목죽	108,049	110,789	80,750	128,387	88,025
선박·항공기	21,775	20,882	23,355	23,178	25,524
기계·기구	4,124	4,096	6,342	9,252	10,524
무체재산	10,432	10,825	11,334	11,232	11,034
유가증권	1,670,031	1,988,350	2,243,460	2,456,556	2,418,389
합계	9,384,902	9,901,975	10,444,088	10,757,551	10,817,554

12 다음 중 2021년에 국유재산의 규모가 10조 원을 넘는 국유재산의 개수는?

① 2개 ② 3개
③ 4개 ④ 5개

13 위 자료에 대한 〈보기〉의 설명 중 옳은 것을 모두 고르면?

─〈보기〉─
ㄱ. 2021년과 2023년에 국유재산 종류별로 규모가 큰 순서는 동일하다.
ㄴ. 2019년과 2020년에 규모가 가장 작은 국유재산은 동일하다.
ㄷ. 2020년 국유재산 중 건물과 무체재산, 유가증권 규모의 합계는 260조 원보다 크다.
ㄹ. 2019년부터 2022년까지 국유재산 중 선박·항공기와 기계·기구의 전년 대비 증감추이는 동일하다.

① ㄴ, ㄷ ② ㄴ, ㄹ
③ ㄱ, ㄴ, ㄷ ④ ㄱ, ㄷ, ㄹ

※ 다음은 P초등학교 남학생과 여학생의 도서 선호 분야를 비율로 나타낸 그래프이다. 이어지는 질문에 답하시오.
[14~15]

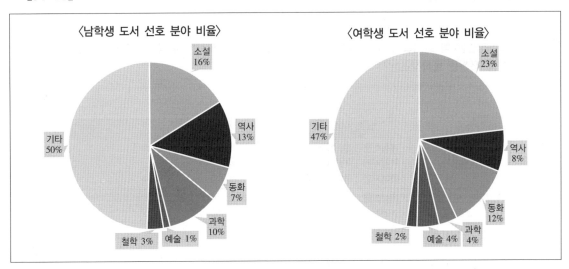

14 그래프가 P초등학교 남학생 470명, 여학생은 450명을 대상으로 조사한 결과라면 남학생과 여학생 중에서 과학 분야를 선호하는 총 학생 수는 몇 명인가?

① 60명   ② 65명

③ 70명   ④ 75명

15 다음 중 자료에 대한 내용으로 옳은 것은?

① 남학생과 여학생은 예술 분야보다 철학 분야를 더 선호한다.

② 과학 분야는 여학생 비율이 남학생 비율보다 높다.

③ 역사 분야는 남학생 비율이 여학생 비율의 2배 미만이다.

④ 동화 분야는 여학생 비율이 남학생 비율의 2배 이상이다.

01 P사의 S직원은 팀 회식을 위해 회식장소를 예약하고자 한다. 제시된 회식장소 정보와 〈조건〉을 참고할 때, 가장 적절한 회식장소는?

〈회식장소 정보〉

구분	상세정보
A수산	• 예상비용 : 총 377,200원 • 영업시간 : 11:00 ~ 23:00 • 특이사항 : 하루 전 예약 필요
B치킨	• 예상비용 : 총 292,000원 • 영업시간 : 19:00 ~ 02:00 • 특이사항 : 예약 필요 없음
C갈비	• 예상비용 : 총 375,300원 • 영업시간 : 11:00 ~ 23:00 • 특이사항 : 하루 전 예약 필요
D뷔페	• 예상비용 : 총 388,700원 • 영업시간 : 17:30 ~ 21:00 • 특이사항 : 일주일 전 예약 필요

─〈조건〉─

- 회식은 팀의 모든 직원(13명)이 참여한다.
- 책정된 회식비는 1인당 3만 원이다.
- 회식은 3일 뒤인 9월 22일 18시에 진행한다.
- 팀원 중 해산물을 먹지 못하는 사람이 있다.

① A수산   ② B치킨
③ C갈비   ④ D뷔페

02 P사의 인력 등급별 임금이 다음과 같을 때, 〈조건〉에 따라 P사가 2주 동안 근무한 근로자에게 지급해야 할 임금의 총액은?

〈인력 등급별 임금〉

구분	초급인력	중급인력	특급인력
시간당 기본임금	45,000원	70,000원	95,000원
주중 초과근무수당	시간당 기본임금의 1.5배		시간당 기본임금의 1.7배

※ 기본 1일 근무시간은 8시간이며, 주말 및 공휴일에는 근무하지 않음
※ 각 근로자가 주중 근무일 동안 결근 없이 근무한 경우, 주당 1일(8시간)의 임금에 해당하는 금액을 주휴수당으로 각 근로자에게 추가로 지급함
※ 주중에 근로자가 기본 근무시간을 초과로 근무하는 경우, 초과한 근무한 시간에 대하여 시간당 주중 초과근무수당을 지급함

─── 〈조건〉 ───

• 모든 인력은 결근 없이 근무하였다.
• P사는 초급인력 5명, 중급인력 3명, 특급인력 2명을 고용하였다.
• 초급인력 1명, 중급인력 2명, 특급인력 1명은 근무기간 동안 2일은 2시간씩 초과로 근무하였다.
• P사는 1개월 전 월요일부터 그다음 주 일요일까지 2주 동안 모든 인력을 투입하였으며, 근무기간 동안 공휴일은 없다.

① 47,800,000원

② 55,010,500원

③ 61,756,000원

④ 71,080,000원

※ P은행 T지점에 근무하는 S주임은 T지점 내부 인테리어 리모델링을 추진하는 업무를 맡게 되었다. 이어지는 질문에 답하시오. [3~5]

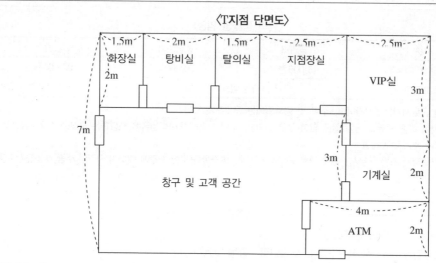

〈T지점 단면도〉

※ 벽의 높이는 모두 3m로 동일함

〈R인테리어 업체 문의 결과〉

인테리어 항목		가격	비고
바닥	데코 타일(25×25cm)	장당 6,000원	–
	폴리싱 타일(50×50cm)	장당 20,000원	
	포쉐린 타일(50×50cm)	장당 35,000원	
벽	일반 페인트	50,000cm²당 350,000원	50,000cm² 이하의 경우 5,000cm²당 일반 페인트는 40,000원, 친환경 페인트는 50,000원이 추가됨
	친환경 페인트	50,000cm²당 450,000원	
문	ABS 문(100×250cm)	350,000원	–
	원목 문(100×250cm)	450,000원	
	일반 유리문(100×250cm)	600,000원	
	자동식 유리문(100×250cm)	800,000원	

03 창구 및 고객 공간의 바닥을 가장 저렴한 비용으로 바꾸려고 할 때의 리모델링 비용은?(단, 장당 가격이 가장 싼 타일을 사용한다)

① 2,880,000원
② 2,988,000원
③ 3,192,000원
④ 3,312,000원

04 창구 및 고객 공간의 벽을 페인트로 칠하려고 한다. 일반 페인트로 칠했을 때와 친환경 페인트로 칠했을 때의 비용 차이는?(단, 벽에서 문이 차지하는 부분은 페인트칠에서 제외한다)

① 1,200,000원
② 1,250,000원
③ 1,300,000원
④ 1,350,000원

05 S주임이 문의 결과를 정리하여 보고하자, K과장은 다음과 같이 말했다. K과장의 지시에 따라 업체에서 견적을 받았을 때, 총견적은?

> K과장 : 창구 및 고객 공간은 벽면 인테리어를 세로 한 지가 몇 년 되지 않아서 바닥만 새로 하면 될 것 같아요. 예산은 충분하니까 폴리싱 타일로 한번 알아봐 주세요. 그리고 벽에 칠하는 페인트는 친환경 페인트로 할 건데요, VIP실은 벽만 칠하고, 탕비실은 페인트칠하고 데코 타일도 깔려고 해요. 마지막으로 문은 전부 새로 달아야 하는데, ATM기에서 바깥으로 향하는 출입구는 자동식 유리문, ATM기에서 안쪽으로 들어오는 출입구랑 창구에서 바깥으로 향하는 출입구는 일반 유리문, 나머지 문들은 ABS 문으로 합시다. 이렇게 해서 총견적 좀 알아봐 주세요.

① 10,245,000원
② 10,890,000원
③ 11,494,000원
④ 12,420,000원

※ 다음은 S우유회사의 지점 사이의 유통로 거리에 대한 자료이다. 이어지는 질문에 답하시오. **[6~7]**

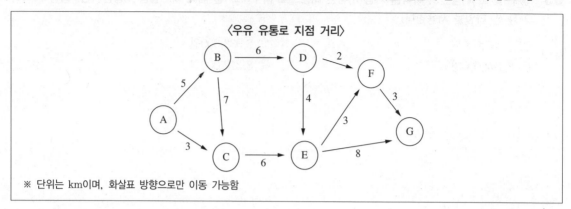

〈우유 유통로 지점 거리〉

※ 단위는 km이며, 화살표 방향으로만 이동 가능함

06 S우유회사는 유제품의 신선도를 위해 최대한 빠른 길로 가려고 한다. A지점에서 G지점까지 가는 가장 짧은 경로의 거리는?

① 18km
② 17km
③ 16km
④ 15km

07 E지점에서 F지점 도로에서 교통사고가 발생하여 다른 경로를 거쳐야 한다. A지점에서 출발하여 E지점에 우유를 납품하고 G지점으로 가야 할 때, 가장 짧은 경로는?

① A − C − E − F − G
② A − C − E − G
③ A − B − D − F − G
④ A − B − D − E − G

※ 다음은 A ~ H도시의 위치 및 경로 및 도로별 연료소비량이다. 이어지는 질문에 답하시오. **[8~9]**

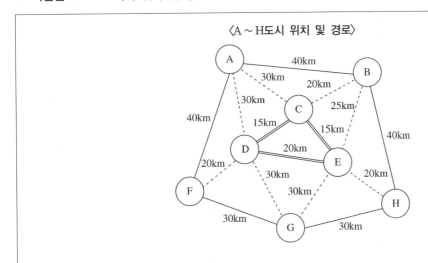

⟨A ~ H도시 위치 및 경로⟩

⟨도로별 연료소비량⟩

구분	도로명	연료소비량(L / km)
———————	외곽순환도로	3.8L / 100km
- - - - - - - - - - - -	국도	4.2L / 100km
═══════════	일반도로	4.5L / 100km

08 다음 중 A도시에서 출발하여 H도시를 거쳐 F도시로 도착할 때, 이동거리가 가장 짧은 경로는?(단, 한 번 지나간 도시는 다시 지나가지 않는다)

① A − B − H − G − F
② A − B − E − H − G − F
③ A − C − E − H − G − F
④ A − D − E − H − G − F

09 K씨가 자동차를 타고 A도시에서 출발하여 G도시까지 외곽순환도로로 이동한 후 국도와 일반도로로 이동하여 C도시를 거쳐 다시 A도시로 돌아왔다. 다음 ⟨조건⟩에 따라 이동했을 때 소비한 연료의 양은?

⟨조건⟩

• 한 번 지나간 도시는 다시 지나가지 않는다.
• B도시와 H도시는 거치지 않는다.
• A도시에서 G도시로 갈 때에는 외곽순환도로만 이동한다.
• G도시에서 C도시를 거쳐 A도시로 돌아올 때에는 외곽순환도로를 이동하지 않는다.
• 일반도로로 두 번 이상 이동하지 않는다.

① 4.655L
② 5.055L
③ 5.455L
④ 5.855L

10 제시된 규칙에 따라 시침과 분침이 변화한다. 〈보기〉의 시계에 제시된 규칙을 적용할 때, 시계가 가리키는 시각으로 옳은 것은?

- 시침과 분침은 다음 규칙에 따라 위치가 변한다(단, 시침과 분침은 정확한 숫자만을 가리키며 서로 영향을 주지 않는다).

구분	규칙
△	시침을 시계 방향으로 210° 회전한다.
▲	분침을 반시계 방향으로 240° 회전한다.
▽	시침과 분침이 가리키는 위치를 서로 바꾼다.
▼	시침과 분침 모두 시계 방향으로 90° 회전한다.

─〈보기〉─

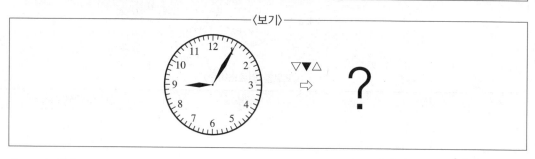

① 11시 정각
② 4시 정각
③ 5시 45분
④ 1시 15분

11 제시된 규칙에 따라 시침과 분침이 변화한다. 〈보기〉의 시계가 왼쪽에서 오른쪽으로 변화했을 때, 적용된 규칙으로 옳은 것은?

- 시침과 분침은 다음 규칙에 따라 위치가 변한다(단, 시침과 분침은 정확한 숫자만을 가리키며 서로 영향을 주지 않는다).

구분	규칙
△	시침을 시계 방향으로 210° 회전한다.
▲	분침을 반시계 방향으로 240° 회전한다.
▽	시침과 분침이 가리키는 위치를 서로 바꾼다.
▼	시침과 분침 모두 시계 방향으로 90° 회전한다.

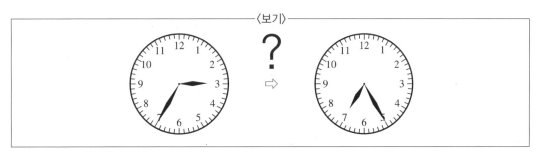
〈보기〉

① △△▽
③ ▲▽▼
② ▽▼▼
④ △△▲

※ 다음 〈보기〉는 그래프 구성 명령어 실행 예시이다. 이어지는 질문에 답하시오. [12~14]

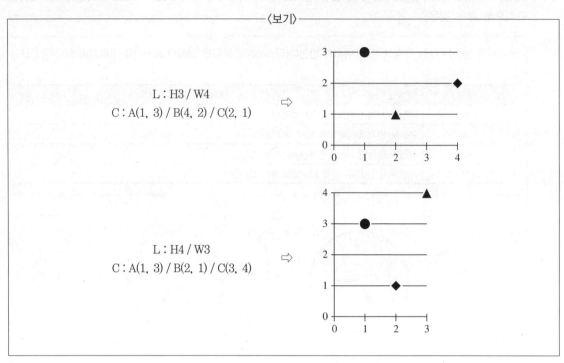

12 다음 그래프에 알맞은 명령어는 무엇인가?

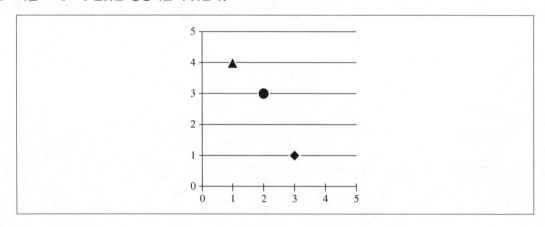

① L : H5 / W5
　C : A(2, 3) / B(3, 1) / C(1, 4)

② L : H5 / W5
　C : A(2, 3) / B(3, 1) / C(4, 1)

③ L : H5 / W5
　C : A(3, 3) / B(3, 1) / C(1, 4)

④ L : H5 / W5
　C : A(3, 2) / B(1, 3) / C(4, 1)

13 다음 그래프에 알맞은 명령어는 무엇인가?

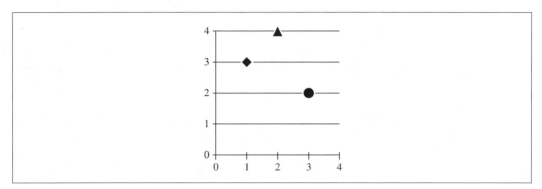

① L : H4 / W4
   C : A(2, 3) / B(3, 1) / C(4, 2)

② L : H4 / W4
   C : A(2, 3) / B(3, 1) / C(2, 4)

③ L : H4 / W4
   C : A(2, 3) / B(1, 3) / C(2, 4)

④ L : H4 / W4
   C : A(3, 2) / B(1, 3) / C(2, 4)

14 L : H4 / W4, C : A(2, 3) / B(1, 4) / C(3, 2)의 그래프를 산출할 때, 오류가 발생하여 다음과 같은 그래프가 산출되었다. 오류가 발생한 값은?

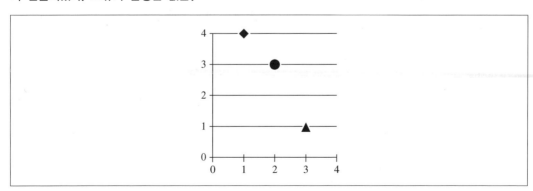

① H4 / W4

② A(2, 3)

③ B(1, 4)

④ C(3, 2)

15 도형을 이동 및 변환시키는 작동 단추의 기능은 다음과 같다. 〈보기〉의 순서대로 작동 단추를 눌렀을 때, 도형이 있는 위치로 옳지 않은 것은?

작동 단추	기능			
	○	△	□	⬠
◈	위쪽으로 1칸 이동한다.	아래쪽으로 1칸 이동한다.	왼쪽으로 1칸 이동한다.	오른쪽으로 1칸 이동한다.
♡	아래쪽으로 1칸 이동한다.	위쪽으로 1칸 이동한다.	오른쪽으로 1칸 이동한다.	왼쪽으로 1칸 이동한다.
◎	왼쪽으로 1칸 이동한다.	오른쪽으로 1칸 이동한다.	위쪽으로 1칸 이동한다.	아래쪽으로 1칸 이동한다.
♣	오른쪽으로 1칸 이동한다.	왼쪽으로 1칸 이동한다.	아래쪽으로 1칸 이동한다.	위쪽으로 1칸 이동한다.
★	원 >삼각형>사각형 >오각형>원>삼각형>사각형>오각형> … 순서로 도형을 변환한다.			
☆	원>오각형>사각형>삼각형>원>오각형>사각형>삼각형> … 순서로 도형을 변환한다.			

예 '♡' 단추를 누르면 원은 아래쪽으로 1칸, 삼각형은 위쪽으로 1칸, 사각형은 오른쪽으로 1칸, 오각형은 왼쪽으로 1칸 이동한다.

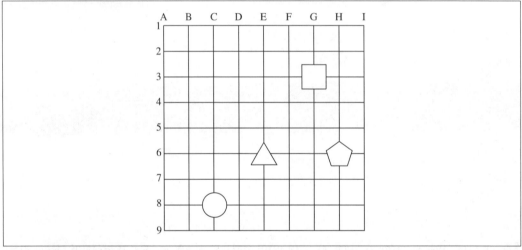

〈보기〉

◈ ◎ ☆ ♣ ♣ ◈ ☆ ◎ ♡ ★ ◈

① (E, 4)　　　　　　　　② (F, 5)

③ (C, 5)　　　　　　　　④ (H, 8)

※ 제시된 단어를 일정 기준에 따라 연관 지을 수 있다고 할 때, 빈칸에 들어갈 단어로 옳은 것을 고르시오.
[1~2]

01

강강술래   보름   (   )

① 이순신   ② 술
③ 보리   ④ 가배

02

물   장사   (   )

① 평양감사   ② 대동강
③ 개성공단   ④ 백두산

※ 다음과 같이 일정한 규칙으로 수를 나열할 때, 빈칸에 들어갈 수로 알맞은 것을 고르시오. **[3~5]**

03

2   5   3   −2   −5   −3   (   )

① −1   ② 0
③ 1   ④ 2

<u>10</u>	6	4	<u>15</u>	9	6	<u>20</u>	12	( )

① 5   ② 8

③ 10   ④ 14

05

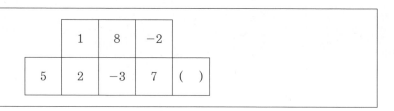

	1	8	−2	
5	2	−3	7	( )

① 0   ② 1

③ 2   ④ 3

06 다음 명제가 모두 참일 때, 반드시 참인 명제는?

- A가 외근을 나가면 B도 외근을 나간다.
- A가 외근을 나가면 D도 외근을 나간다.
- D가 외근을 나가면 E도 외근을 나간다.
- C가 외근을 나가지 않으면 B도 외근을 나가지 않는다.
- D가 외근을 나가지 않으면 C도 외근을 나가지 않는다.

① B가 외근을 나가면 A도 외근을 나간다.

② D가 외근을 나가면 C도 외근을 나간다.

③ A가 외근을 나가면 E도 외근을 나간다.

④ C가 외근을 나가지 않으면 D도 외근을 나가지 않는다.

07 다음 〈조건〉을 통해 추론할 때, 항상 거짓인 것은?

〈조건〉
- 6대를 주차할 수 있는 2행 3열로 구성된 주차장이 있다.
- 주차장에는 A ~ D자동차가 주차되어 있다.
- 1행과 2행에 빈자리가 한 곳씩 있다.
- A자동차는 대각선을 제외하고 주변에 주차된 차가 없다.
- B자동차와 C자동차는 같은 행 바로 옆에 주차되어 있다.
- D자동차는 1행에 주차되어 있다.

① B자동차의 앞 주차공간은 비어있다.
② C자동차의 옆 주차공간은 빈자리가 없다.
③ A자동차는 2열에 주차되어 있다.
④ C자동차와 D자동차는 같은 열에 주차되어 있지 않다.

08 A ~ D 네 개의 상자 중 어느 하나에 두 개의 진짜 열쇠가 들어 있고, 다른 어느 한 상자에 두 개의 가짜 열쇠가 들어 있다. 또한 각 상자에는 다음과 같이 두 개의 안내문이 쓰여 있는데, 각 상자의 안내문 중 하나는 참이고, 다른 하나는 거짓이다. 다음 중 항상 옳은 것은?

〈조건〉
- A상자 – 어떤 진짜 열쇠도 순금으로 되어 있지 않다.
  – C상자에 진짜 열쇠가 들어 있다.
- B상자 – 가짜 열쇠는 이 상자에 들어 있지 않다.
  – A상자에는 진짜 열쇠가 들어 있다.
- C상자 – 이 상자에 진짜 열쇠가 들어 있다.
  – 어떤 가짜 열쇠도 구리로 되어 있지 않다.
- D상자 – 이 상자에 진짜 열쇠가 들어 있다.
  – 가짜 열쇠 중 어떤 것은 구리로 되어 있다.

① B상자에 가짜 열쇠가 들어 있지 않다.
② C상자에 진짜 열쇠가 들어 있지 않다.
③ D상자의 첫 번째 안내문은 거짓이다.
④ 모든 가짜 열쇠는 구리로 되어 있다.

09 다음 도형 내부의 기호들은 일정한 패턴을 가지고 변화한다. 다음 중 ?에 들어갈 도형으로 알맞은 것은?

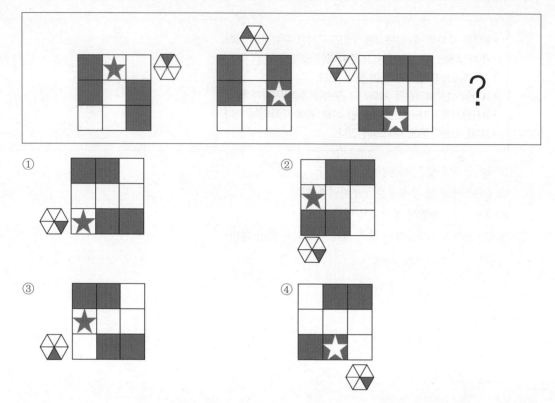

①

②

③

④

※ 다음 도형들은 일정한 규칙으로 변화하고 있다. ?에 들어갈 알맞은 도형을 고르시오. [10~11]

10

①

②

③

④

11

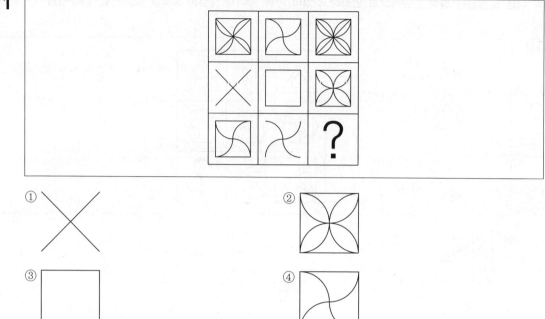

①

②

③

④

※ 다음 규칙을 바탕으로 〈보기〉에 제시된 도형을 변환하려 한다. 이어지는 질문에 답하시오. **[12~13]**

작동 버튼	기능
△	모든 숫자를 1씩 더한다(단, 4의 경우 1로 바꾼다).
●	2번과 3번의 숫자를 바꾼다.
◇	1번과 3번이 적힌 곳의 색을 바꾼다(흰색 ↔ 회색).
◆	도형을 상하로 반전한다.

12 〈보기〉의 왼쪽 도형에서 버튼을 눌렀더니 오른쪽 도형으로 변형되었다. 다음 중 누른 버튼의 순서를 바르게 나열한 것은?

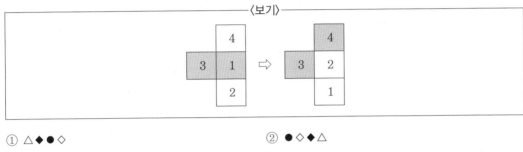

① △◆●◇

② ●◇◆△

③ ●△◆◇

④ ◇△●◆

13 〈보기〉의 왼쪽 도형에서 버튼을 눌렀더니 오른쪽 도형으로 변형되었다. 다음 중 누른 버튼의 순서를 바르게 나열한 것은?

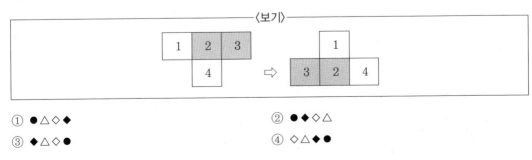

① ●△◇◆

② ●◆◇△

③ ◆△◇●

④ ◇△◆●

※ 다음 규칙을 바탕으로 제시된 도형을 변환하려 한다. 이어지는 질문에 답하시오. **[14~15]**

작동 버튼	기능
◎	도형을 상하 반전한다.
∞	짝수가 적힌 곳의 색을 바꾼다(흰색 ↔ 회색).
♡	3번과 5번이 적힌 곳의 색을 바꾼다(흰색 ↔ 회색).
▷	도형을 180° 회전한다.

14 〈보기〉의 왼쪽 도형에서 버튼을 눌렀더니 오른쪽 도형으로 변형되었다. 다음 중 누른 버튼의 순서를 바르게 나열한 것은?

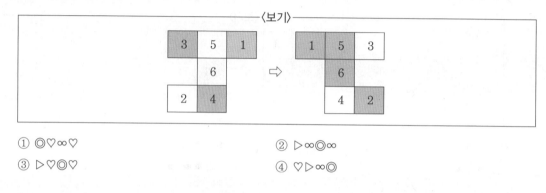

① ◎♡∞♡   ② ▷∞◎∞

③ ▷♡◎♡   ④ ♡▷∞◎

15 〈보기〉의 왼쪽 도형에서 버튼을 눌렀더니 오른쪽 도형으로 변형되었다. 다음 중 누른 버튼의 순서를 바르게 나열한 것은?

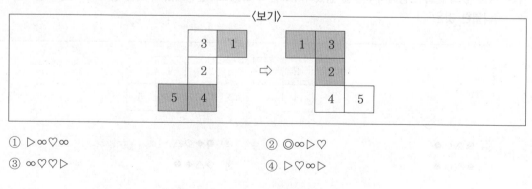

① ▷∞♡∞   ② ◎∞▷♡

③ ∞♡♡▷   ④ ▷♡∞▷

3일 차
기출응용 모의고사

〈문항 수 및 시험시간〉

포스코그룹 PAT 온라인 적성검사		
영역	문항 수	시험시간
언어이해	15문항	60분
자료해석	15문항	
문제해결	15문항	
추리	15문항	

3일 차 기출응용 모의고사

문항 수 : 60문항
시험시간 : 60분

제 1 영역 언어이해

01 다음 밑줄 친 부분과 같은 의미로 쓰인 단어는?

> 취업을 위한 자격증을 <u>가지기</u> 위해서, 학원을 방문하는 사람들이 증가하고 있다.

① 새로운 국적을 <u>가지다</u>.
② 환송회를 <u>가지다</u>.
③ 우리 집 고양이가 새끼를 <u>가졌다</u>.
④ 너의 행동에 자부심을 <u>가져라</u>.

02 다음 글에서 어법상 틀린 단어의 개수는?

> 프랑스 리옹대학 심리학과 스테파니 마차 교수팀은 학습 시간 사이에 잠을 자면 복습 시간이 줄어들고 더 오랜동안 기억할 수 있다는 점을 발명했다고 발표했다. 마차 교수팀은 성인 40명을 두 집단으로 나누어 단어 학습과 기억력을 검사했는데, 한 집단은 오전에 1차 학습을 한 후 오후에 복습을 시켰고 다른 한 집단은 저녁에 1차 학습을 한 후 잠을 자고 다음 날 오전 복습을 시킨 결과 수면 집단이 비수면 집단에 비해 획기적으로 학습 효과가 올라간 것을 볼 수 있었다. 이는 수면 집단이 상대적으로 짧은 시간에 좋은 성과를 얻은 것으로 '수면이 기억을 어떤 방식으로인가 전환한 것으로 보인다.'고 설명했다. 학령기 자녀를 둔 부모라면 수면과 학습 효과의 상관성을 더욱 관심 있게 지켜봐야 할 것 같다.

① 1개
② 2개
③ 3개
④ 4개

03 다음 글의 내용으로 적절하지 않은 것은?

일반적으로 문화는 '생활양식' 또는 '인류의 진화로 이룩된 모든 것'이라는 포괄적인 개념을 갖고 있다. 이렇게 본다면 언어는 문화의 하위 개념에 속하는 것이다. 그러나 언어는 문화의 하위 개념에 속하면서도 문화 자체를 표현하여 그것을 전파전승하는 기능도 한다. 이로 보아 언어에는 그것을 사용하는 민족의 문화와 세계 인식이 녹아있다고 할 수 있다. 가령 '사촌'이라고 할 때, 영어에서는 'Cousin'으로 이를 통칭(通稱)하는 것을 우리말에서는 친・외, 고종・이종 등으로 구분하고 있다. 친족 관계에 대한 표현에서 우리말이 영어보다 좀 더 섬세하게 되어 있는 것이다. 이것은 친족 관계를 좀 더 자세히 표현하여 차별 내지 분별하려 한 우리 문화와 그것을 필요로 하지 않는 영어권 문화의 차이에서 기인한 것이다.

문화에 따른 이러한 언어의 차이는 낱말에서만이 아니라 어순(語順)에서도 나타난다. 우리말은 영어와 주술 구조가 다르다. 우리는 주어 다음에 목적어, 그 뒤에 서술어가 온다. 이에 비해 영어에서는 주어 다음에 서술어, 그 뒤에 목적어가 온다. 우리말의 경우 '나는 너를 사랑한다.'라고 할 때, '나'와 '너'를 먼저 밝히고, 그 다음에 '나의 생각'을 밝히는 것에 비하여, 영어에서는 '나'가 나오고, 그 다음에 '나의 생각'이 나온 뒤에 목적어인 '너'가 나온다. 이러한 어순의 차이는 결국 나의 의사보다 상대방에 대한 관심을 먼저 보이는 우리의 문화와 나의 의사를 밝히는 것이 먼저인 영어를 사용하는 사람들의 문화 차이에서 기인한 것이다. 대화를 할 때 다른 사람을 대우하는 것에서도 이런 점을 발견할 수 있다.

손자가 할아버지에게 무엇을 부탁하는 경우를 생각해 보자. 이 경우 영어에서는 'You do it, please.'라고 하고, 우리말에서는 '할아버지께서 해주세요.'라고 한다. 영어에서는 상대방이 누구냐에 관계없이 상대방을 가리킬 때 'You'라는 지칭어를 사용하고, 서술어로는 'do'를 사용한다. 그런데 우리말에서는 상대방을 가리킬 때, 무조건 영어의 'You'에 대응하는 '당신(너)'이라는 말만을 쓰는 것은 아니고 상대에 따라 지칭어를 달리 사용한다. 뿐만 아니라, 영어의 'do'에 대응하는 서술어도 상대에 따라 '해 주어라, 해 주게, 해 주오, 해 주십시오, 해 줘, 해 줘요'로 높임의 표현을 달리한다. 이는 우리말이 서열을 중시하는 전통적인 유교 문화를 반영하고 있기 때문이다. 언어는 단순한 음성기호 이상의 의미를 지니고 있다. 앞의 예에서 알 수 있듯이 언어에는 그 언어를 사용하는 민족의 문화가 용해되어 있다. 따라서 우리 민족이 한국어라는 구체적인 언어를 사용한다는 것은 단순히 지구상에 있는 여러 언어 가운데 개별 언어 한 가지를 쓴다는 사실만을 의미하지는 않는다. 한국어에는 우리 민족의 문화와 세계 인식이 녹아있기 때문이다. 따라서 우리말에 대한 애정은 우리 문화에 대한 사랑이요, 우리의 정체성을 살릴 수 있는 길일 것이다.

① 언어는 문화를 표현하고 전파전승하는 기능을 한다.
② 문화의 하위 개념인 언어는 문화와 밀접한 관련이 있다.
③ 영어에 비해 우리말은 친족 관계를 나타내는 표현이 다양하다.
④ 우리말의 문장 표현에서는 상대방에 대한 관심보다는 나의 생각을 우선시한다.

04 다음 글의 빈칸에 들어갈 내용으로 가장 적절한 것은?

MZ세대 직장인을 중심으로 '조용한 사직'이 유행하고 있다. '조용한 사직'이라는 신조어는 한 미국인이 SNS에 소개하면서 큰 호응을 얻은 것으로 실제로 퇴사하진 않지만 최소한의 일만 하는 업무 태도를 말한다. 실제로 MZ세대 직장인은 적당히 하자라는 생각으로 주어진 업무는 하되 더 찾아서 하거나 스트레스 받을 수준으로 많은 일을 맡지 않고, 사내 행사도 꼭 필요할 때만 참여해 일과 삶을 철저히 분리하고 있다.

한 채용플랫폼의 설문조사 결과에 따르면 직장인 10명 중 7명이 '월급받는 만큼만 일하면 끝'이라고 답했고, 20대 응답자 중 78.5%, 30대 응답자 중 77.1%가 '받은 만큼만 일한다.'라고 답했다.

설문조사 결과 연령대가 높아질수록 그 비율은 감소해 젊은 층을 중심으로 이 같은 인식이 확산하고 있음을 짐작할 수 있다.

이러한 인식이 확산하는 데는 인플레이션으로 인한 임금 감소, '돈을 많이 모아도 집 한 채를 살 수 있을까?' 등 전반적인 경제적 불만이 기저에 있다고 전문가들은 말했다. 또 MZ세대가 '노력에 상응하는 보상을 받고 있는지'에 민감하게 반응하는 특성을 가지고 있는 것도 한몫하고 있다.

문제점은 이러한 '조용한 사직' 분위기가 기업의 전반적인 생산성 저하로 이어지고 있는 것이다. 이에 맞서 기업도 '조용한 사직'으로 대응해 게으른 직원에게 업무를 주지 않는 '조용한 해고'를 하는 상황이 발생하고 있다. 이에 전문가들은 MZ세대 직장인을 나태하다고 구분 짓는 사고방식은 잘못되었다고 지적하며, 기업 차원에서는 "_____"이, 개인 차원에서는 "스스로 일과 삶을 잘 조율하는 현명함을 만드는 것"이 필요하다고 언급했다.

① 직원이 일한 만큼 급여를 올려주는 것
② 직원이 스트레스를 받지 않게 적당량의 업무를 배당하는 것
③ 젊은 세대의 채용을 신중히 하는 것
④ 젊은 세대가 함께할 수 있도록 분위기를 만드는 것

05 다음 글의 제목으로 가장 적절한 것은?

> 일반적으로 소비자들은 합리적인 경제 행위를 추구하기 때문에 최소 비용으로 최대 효과를 얻으려 한다는 것이 소비의 기본 원칙이다. 그들은 '보이지 않는 손'이라고 일컬어지는 시장 원리 아래에서 생산자와 만난다. 그러나 이러한 일차적 의미의 합리적 소비가 언제나 유효한 것은 아니다. 생산보다는 소비가 화두가 된 소비 자본주의 시대에 소비는 단순히 필요한 재화, 그리고 경제학적으로 유리한 재화를 구매하는 행위에 머물지 않는다. 최대 효과 자체에 정서적이고 사회 심리학적인 요인이 개입하면서, 이제 소비는 개인이 세계와 만나는 다분히 심리적인 방법이 되어버린 것이다. 곧 인간의 기본적인 생존 욕구를 충족시켜 주는 합리적 소비 수준에 머물지 않고, 자신을 표현하는 상징적 행위가 된 것이다. 이처럼 오늘날의 소비문화는 물질적 소비 차원이 아닌 심리적 소비 형태를 띠게 된다.
>
> 소비 자본주의의 화두는 과소비가 아니라 '과시 소비'로 넘어간 것이다. 과시 소비의 중심에는 신분의 논리가 있다. 신분의 논리는 유용성의 논리, 나아가 시장의 논리로 설명되지 않는 것들을 설명해 준다. 혈통으로 이어지던 폐쇄적 계층 사회는 소비 행위에 대해 계급에 근거한 제한을 부여했다. 먼 옛날 부족 사회에서 수장들만이 걸칠 수 있었던 장신구에서부터 제아무리 권문세가의 정승이라도 아흔아홉 칸을 넘을 수 없던 집이 좋은 예이다. 권력을 가진 자는 힘을 통해 자기의 취향을 주위 사람들과 분리시킴으로써 경외감을 강요하고, 그렇게 자기 취향을 과시함으로써 잠재적 경쟁자들을 통제한 것이다.
>
> 가시적 신분 제도가 사라진 현대 사회에서도 이러한 신분의 논리는 여전히 유효하다. 이제 개인은 소비를 통해 자신의 물질적 부를 표현함으로써 신분을 과시하려 한다.

① 계층별 소비 규제의 필요성

② 신분사회에서 의복 소비와 계층의 관계

③ 소비가 곧 신분이 되는 과시 소비의 원리

④ 소득을 고려하지 않은 무분별한 과소비의 폐해

06 다음 문단을 논리적 순서대로 바르게 나열한 것은?

> (가) 베커는 "주말이나 저녁에는 회사들이 문을 닫기 때문에 활용할 수 있는 시간의 길이가 길어지고 이에 따라 특정 행동의 시간 비용이 줄어든다."라고도 지적한다. 시간의 비용이 가변적이라는 개념은, 기대수명이 늘어나서 사람들에게 더 많은 시간이 주어지는 것이 시간의 비용에 영향을 미칠 수 있다는 점에서 의미가 있다.
>
> (나) 베커와 린더는 사람들에게 주어진 시간을 고정된 양으로 전제했다. 1965년 당시의 기대수명은 약 70세였다. 하루 24시간 중 8시간을 수면에 쓰고 나머지 시간에 활동이 가능하다면 평생 408,800시간의 활동가능 시간이 주어지는 셈이다. 하지만 이 방정식에서 변수 하나가 바뀌면 어떻게 될까? 기대수명이 크게 늘어난다면 시간의 가치 역시 달라져서, 늘 시간에 쫓기는 조급한 마음에도 영향을 주게 되지 않을까?
>
> (다) 시간의 비용이 가변적이라고 생각한 이는 베커만이 아니었다. 스웨덴의 경제학자 스테판 린더는 서구인들이 엄청난 경제성장을 이루고도 여유를 누리지 못하는 이유를 논증한다. 경제가 성장하면 사람들의 시간을 쓰는 방식도 달라진다. 임금이 상승하면 직장 밖 활동에 들어가는 시간의 비용이 늘어난다. 일하는 데 쓸 수 있는 시간을 영화나 책을 보는 데 소비하면 그만큼의 임금을 포기하는 것이다. 따라서 임금이 늘어난 만큼 일 이외의 활동에 들어가는 시간의 비용도 함께 늘어난다는 것이다.
>
> (라) 1965년 노벨상 수상자 게리 베커는 '시간의 비용'이 시간을 소비하는 방식에 따라 변화한다고 주장하였다. 예를 들어 수면이나 식사 활동은 영화 관람에 비해 단위 시간당 시간의 비용이 작다. 그 이유는 수면과 식사가 생산적인 활동에 기여하기 때문이다. 잠을 못 자거나 식사를 제대로 하지 못해 체력이 떨어진다면, 생산적인 활동에 제약을 받기 때문에 수면과 식사 활동에 들어가는 시간의 비용이 영화관람에 비해 작다고 할 수 있다.

① (라) – (가) – (나) – (다)   ② (라) – (가) – (다) – (나)

③ (라) – (나) – (다) – (가)   ④ (라) – (다) – (가) – (나)

흔히 어떤 대상이 반드시 가져야만 하고 그것을 다른 대상과 구분해 주는 속성을 본질이라고 한다. X의 본질이 무엇인지 알고 싶으면 X에 대한 필요 충분한 속성을 찾으면 된다. 다시 말해서 모든 X에 대해 그리고 오직 X에 대해서만 해당되는 것을 찾으면 된다. 예컨대 모든 까투리가 그리고 오직 까투리만이 꿩이면서 동시에 암컷이므로 '암컷인 꿩'은 까투리의 본질이라고 생각된다. 그러나 암컷인 꿩은 애초부터 까투리의 정의라고 우리가 규정한 것이므로 그것을 본질이라고 말하기에는 허망하다. 다시 말해서 본질은 따로 존재하여 우리가 발견한 것이 아니라 까투리라는 낱말을 만들면서 사후적으로 구성된 것이다.

서로 다른 개체를 동일한 종류의 것이라고 판단하고 의사소통에 성공하기 위해서는 개체들이 공유하는 무엇인가가 필요하다. 본질주의는 그것이 우리와 무관하게 개체 내에 본질로서 존재한다고 주장한다. (가) 반면에 반(反)본질주의는 그런 본질이란 없으며, 인간이 정한 언어 약정이 본질주의에서 말하는 본질의 역할을 충분히 달성할 수 있다고 주장한다. (나)

'본질'이 존재론적 개념이라면 거기에 언어적으로 상관하는 것은 '정의'이다. 그런데 어떤 대상에 대해서 약정적이지 않으면서 완벽하고 정확한 정의를 내리기 어렵다는 사실은 반본질주의의 주장에 힘을 실어준다. (다) 사람을 예로 들어 보자. '이성적 동물'은 사람에 대한 정의로 널리 알려져 있다. 그러면 이성적이지 않은 갓난아이를 사람의 본질에 대한 반례로 제시할 수 있다. 이번에는 '사람은 사회적 동물이다.'라고 정의를 제시할 수도 있다. 그러나 사회를 이루고 산다고 해서 모두 사람인 것은 아니다. 개미나 벌도 사회를 이루고 살지만 사람은 아니다.

서양의 철학사는 본질을 찾는 과정이라고 말할 수 있다. 본질주의는 사람뿐만 아니라 자유나 지식 등의 본질을 찾는 시도를 계속해 왔지만, 대부분의 경우 아직까지 본질적인 것을 명확히 찾는 데 성공하지 못했다. (라) 우리가 본질을 명확히 찾지 못하는 까닭은 우리의 무지 때문이 아니라 그런 본질이 있다는 잘못된 가정에서 출발했기 때문이라는 것이다. 사물의 본질이라는 것은 단지 인간의 가치가 투영된 것에 지나지 않는다는 것이 반본질주의의 주장이다.

─────〈보기〉─────

㉠ 이른바 본질은 우리가 관습적으로 부여하는 의미를 표현한 것에 불과하다는 것이다.

㉡ 그래서 숨겨진 본질을 밝히려는 철학적 탐구는 실제로는 부질없는 일이라고 반본질주의로부터 비판을 받는다.

	㉠	㉡			㉠	㉡
①	(가)	(나)		②	(가)	(다)
③	(나)	(가)		④	(나)	(라)

08 다음 글에 대한 반론으로 가장 적절한 것은?

어떤 모델이든지 상품의 특성에 적합한 이미지를 갖는 인물이어야 광고 효과가 제대로 나타날 수 있다. 예를 들어 자동차, 카메라, 공기 청정기, 치약과 같은 상품의 경우에는 자체의 성능이나 효능이 중요하므로 대체로 전문성과 신뢰성을 갖춘 모델이 적합하다. 이와 달리 상품이 주는 감성적인 느낌이 중요한 보석, 초콜릿, 여행 등과 같은 상품은 매력성과 친근성을 갖춘 모델이 잘 어울린다. 그런데 유명인이 그들의 이미지에 상관없이 여러 유형의 상품 광고에 출연하면 모델의 이미지와 상품의 특성이 어울리지 않는 경우가 많아 광고 효과가 나타나지 않을 수 있다.

유명인의 중복 출연이 소비자가 모델을 상품과 연결시켜 기억하기 어렵게 한다는 점도 광고 효과에 부정적인 영향을 미친다. 유명인의 이미지가 여러 상품으로 분산되면 광고 모델과 상품 간의 결합력이 약해질 것이다. 이는 유명인 광고 모델의 긍정적인 이미지를 광고 상품에 전이하여 얻을 수 있는 광고 효과를 기대하기 어렵게 만든다.

또한 유명인의 중복 출연 광고는 광고 메시지에 대한 신뢰를 얻기 힘들다. 유명인 광고 모델이 여러 광고에 중복하여 출연하면, 그 모델이 경제적인 이익만을 추구한다는 이미지가 소비자에게 강하게 각인된다. 그러면 소비자들은 유명인 광고 모델의 진실성을 의심하게 되어 광고 메시지가 객관성을 결여하고 있다고 생각하게 될 것이다.

유명인 모델의 광고 효과를 높이기 위해서는 유명인이 자신과 잘 어울리는 한 상품의 광고에만 지속적으로 나오는 것이 좋다. 이렇게 할 경우 상품의 인지도가 높아지고, 상품을 기억하기 쉬워지며 광고 메시지에 대한 신뢰도가 제고된다. 유명인의 유명세가 상품에 전이되고 소비자가 유명인이 진실하다고 믿게 되기 때문이다.

① 광고 효과를 높이기 위해서는 제품의 이미지와 맞는 모델을 골라야 한다.
② 연예인이 여러 광고의 모델일 경우 소비자들은 광고 브랜드에 대한 신뢰를 잃게 된다.
③ 유명 연예인이 많은 광고에 출연하게 되면 소비자들은 모델과 상품 간의 연관성을 찾지 못한다.
④ 사람들은 특정 인물이 광고에 출연한 것만으로 브랜드를 선택하는 경향이 있다.

맹사성은 고려 시대 말 문과에 급제하여 정계에 진출해 조선이 세워진 후 황희 정승과 함께 조선 전기의 문화 발전에 큰 공을 세운 인물이다. 맹사성은 성품이 맑고 깨끗하며, 단정하고 묵직해서 재상으로 지내면서 재상으로서의 품위를 지켰다. 또 그는 청렴하고 검소하여 늘 ㉠ 남루한 행색으로 다녔는데, 이로 인해 한 번은 어느 고을 수령의 야유를 받았다. 나중에서야 맹사성의 실체를 알게 된 수령이 후사가 두려워 도망을 가다가 관인을 못에 빠뜨렸고, 후에 그 못을 인침연(印沈淵)이라 불렀다는 일화가 남아 있다.

조선 시대의 학자 서거정은 『필원잡기』에서 이런 맹사성이 평소에 어떻게 살았는가를 소개했다. 서거정의 소개에 따르면 맹사성은 음률을 ㉡ 깨우쳐서 항상 하루에 서너 곡씩 피리를 불곤 했다. 그는 혼자 문을 닫고 조용히 앉아 피리 불기를 계속할 뿐 ㉢ 사사로운 손님을 받지 않았다. 일을 보고하러 오는 등 꼭 만나야 할 손님이 오면 잠시 문을 열어 맞이할 뿐 그 밖에는 오직 피리를 부는 것만이 그의 삶의 전부였다. 일을 보고하러 오는 사람은 동구 밖에서 피리 소리를 듣고 맹사성이 방 안에 있다는 것을 알 정도였다.

맹사성은 여름이면 소나무 그늘 아래에 앉아 피리를 불고, 겨울이면 방 안 부들자리에 앉아 피리를 불었다. 서거정의 표현에 의하면 맹사성의 방에는 '오직 부들자리와 피리만 있을 뿐 다른 물건은 없었다.'고 한다. 당시 한 나라의 정승까지 맡고 있었던 사람의 방이었건만 그곳에는 온갖 ㉣ 요란한 장신구나 수많은 장서가 쌓여 있지 않고 오직 피리 하나만 있었던 것이다.

옛 왕조의 끝과 새 왕조의 시작이라는 격동기를 살면서 급격한 변화를 경험해야 했던 맹사성이 방에 오직 부들자리와 피리만을 두면서 생각한 것은 무엇일까? 그는 어떤 생각을 하며 어떤 삶을 살아갔을까? 피리 소리만 남겨둔 채 늘 비우는 방과 같이 늘 마음을 비우려 노력했던 것은 아닐까.

09 다음 중 윗글의 내용으로 가장 적절한 것은?

① 맹사성은 조선 전기 과거에 급제하여 조선의 문화 발전에 큰 공을 세웠다.
② 맹사성은 자신을 야유한 고을 수령의 뒤를 쫓다 인침연에 빠졌다.
③ 맹사성은 자신의 평소 생활 모습을 『필원잡기』에 담았다.
④ 맹사성은 여름과 겨울을 가리지 않고 피리를 불었다.

10 윗글의 밑줄 친 ㉠~㉣의 의미로 적절하지 않은 것은?

① ㉠ : 옷 따위가 낡아 해지고 차림새가 너저분한
② ㉡ : 깨달아 알아서
③ ㉢ : 보잘것없이 작거나 적은
④ ㉣ : 정도가 지나쳐 어수선하고 야단스러운

※ 다음 글을 읽고 이어지는 질문에 답하시오. [11~13]

리튬은 원자번호 3번으로 알칼리 금속이다. 리튬은 아르헨티나와 칠레 등 남미와 호주에서 대부분 생산된다. 소금호수로 불리는 염호에서 리튬을 채굴하는 것이다. 리튬을 비롯한 알칼리 금속은 쉽게 전자를 잃어버리고 양이온이 되는 특성이 있다. 전자를 잃은 리튬은 리튬이온(Li^+) 상태로 존재한다.

리튬의 가장 큰 장점은 가볍다는 점이다. 이는 스마트폰이나 노트북 등 이동형 기기가 등장할 수 있었던 이유이다. 이동형 기기에 전원을 공급하는 전지가 무겁다면 들고 다니기 쉽지 않다. 경량화를 통해 에너지 효율을 ㉠ 지양하는 전기차도 마찬가지다. 또 양이온 중 수소를 제외하면 이동속도가 가장 빠르다. 리튬이온의 이동속도가 빠르면 더 큰 전기에너지를 내는 전지로 만들 수 있기 때문에 리튬이온전지 같은 성능을 내는 2차 전지는 현재로서는 없다고 할 수 있다.

리튬이온전지는 양극과 음극, 그리고 전지 내부를 채우는 전해질로 ㉡ 구상된다. 액체로 구성된 전해질은 리튬이온이 이동하는 경로 역할을 한다. 일반적으로 리튬이온전지의 음극에는 흑연을, 양극에는 금속산화물을 쓴다.

충전은 외부에서 전기에너지를 가해 리튬이온을 음극재인 흑연으로 이동시키는 과정이며, 방전은 음극에 모인 리튬이온이 양극으로 이동하는 과정을 말한다. 양극재로 쓰이는 금속산화물에는 보통 리튬코발트산화물이 쓰인다. 충전과정을 통해 음극에 삽입돼 있던 리튬이온이 빠져나와 전해질을 통해 양극으로 이동한다. 이때 리튬이온이 잃은 전자가 외부 도선을 통해 양극으로 이동하게 되는데, 이 과정에서 전기에너지가 만들어진다. 리튬이온이 전부 양극으로 이동하면 방전 상태가 된다. 다시 외부에서 전기에너지를 가하면 리튬이온이 음극으로 모이면서 충전된다. 이 같은 충·방전 과정을 반복하며 전기차나 스마트폰, 노트북 등에 전원을 공급하는 역할을 하는 것이다.

리튬이온전지와 같은 2차 전지 기술의 발달로 전기차 대중화를 바라보고 있다. 하지만 전기차에 집어넣을 수 있는 2차전지의 양을 무작정 ㉢ 늘리기는 어렵다. 전지의 양이 많아지면 무게가 그만큼 무거워져 에너지 효율이 낮아지기 때문이다. 크게 무거운 일반 내연기관차가 경차보다 단위 연료(가솔린, 디젤)당 주행거리를 의미하는 연비가 떨어지는 것과 같은 이치다.

전기차를 움직이는 리튬이온전지의 용량 단위는 보통 킬로와트시(kWh)를 쓴다. 이때 와트는 전기에너지 양을 나타내는 일반적인 단위로 1볼트(V)의 전압을 가해 1암페어(A)의 전류를 내는 양을 말한다. 와트시(Wh)는 1시간 동안 ㉣ 소모할 수 있는 에너지의 양을 의미한다. 1시간 동안 1W의 전력량을 소모하면 1Wh가 된다.

전지의 용량은 전기차를 선택하는 핵심 요소인 완전 충전 시 주행거리와 연결된다. 테슬라 모델3 스탠더드 버전의 경우 공개된 자료에 따르면 1kWh당 6.1km를 주행할 수 있다. 이를 기준으로 50킬로와트시의 전지 용량을 곱하게 되면 약 300km를 주행하는 것으로 계산된다. 물론 운전자의 주행 습관이나 기온, 도로 등 주행 환경에 따라 주행거리는 달라진다.

보편적으로 쓰이는 2차전지인 리튬이온전지의 성능을 개선하려는 연구 노력도 이어지고 있다. 대표적인 것이 양극에 쓰이는 금속산화물을 개선하는 것이다. 현재 리튬이온전지 양극재는 리튬에 니켈, 코발트, 망간, 알루미늄을 섞은 금속산화물이 쓰인다. 리튬이온전지 제조사마다 쓰이는 성분이 조금씩 다른데 각 재료의 함유량에 따라 성능이 달라지기 때문이다. 특히 충·방전을 많이 하면 전지 용량이 감소하는 현상과 리튬이온을 양극에 잘 붙들 수 있는 소재 조성과 구조를 개선하는 연구가 이뤄지고 있다.

11 윗글의 내용을 바르게 이해한 사람을 〈보기〉에서 모두 고르면?

─────〈보기〉─────

- A : 리튬의 장점은 가볍다는 것이며, 양이온 중에서도 이동속도가 가장 빠르다.
- B : 리튬이온은 충전 과정을 통해 전지의 양극에 모이게 된다.
- C : 내연기관차는 무게가 무겁기 때문에 에너지 효율이 그만큼 떨어진다.
- D : 테슬라 모델3 스탠더드 버전이 20kWh로 달리면 약 20km를 주행하게 된다.
- E : 전지의 충전과 방전이 계속되면 전지 용량이 줄어들게 된다.

① A, B   ② B, C
③ C, E   ④ D, E

12 다음 중 윗글의 전개 방식으로 가장 적절한 것은?

① 대상이 지난 문제점을 파악하고 이를 해결하기 위한 방안을 제시하고 있다.
② 대상과 관련된 논쟁을 비유적인 표현을 통해 묘사하고 있다.
③ 구체적인 예시를 통해 대상의 특징을 설명하고 있다.
④ 시간의 흐름에 따른 대상의 변화를 설명하고 있다.

13 윗글의 밑줄 친 ㉠~㉣의 수정 방안으로 적절하지 않은 것은?

① ㉠ : '추구하는'으로 수정한다.
② ㉡ : '구성된다'로 수정한다.
③ ㉢ : '늘이기는'으로 수정한다.
④ ㉣ : '소모할'로 수정한다.

※ 다음 글을 읽고 이어지는 질문에 답하시오. [14~15]

(가) 이처럼 최근 들어 남북한의 문화적 교류가 확대되면서 다양한 문화적 차이를 확인하고, 이에 대한 간극을 줄이기 위한 목소리가 높아지고 있다. 또한 세계적으로 점차 문화의 경계가 모호해지면서 문화는 나라별 고유 영역에 국한되지 않고 하나의 큰 세계 속에서 공존, 융합, 동화, 접변되는 과정을 거치며 또 다른 모습을 구현해 내고 있다.

(나) 우리는 흔히 선진국의 문화가 국제적인 것이라고 착각하고 있다. 그러나 앞선 사례에서 확인할 수 있듯이 한국의 문화가 미국과 같은 강대국에 영향을 주며 국제적으로 문화를 형성해 가고 있는 모습을 통해 강대국에서 상대적으로 국력이 강하지 않은 국가의 문화를 받아들이는 경우도 심심치 않게 확인할 수 있다.

(다) 다음으로 남한과 북한은 교통문화에서도 차이를 보인다. 그중 가장 눈에 띄는 것은 교통 법규이다. 남한의 경우 도로 건설에 관한 법규가 도로법, 고속도로법, 한국도로공사법, 사도법 등으로 다양하지만 북한은 도로법 단 하나이다. 그 이유로는 여러 가지가 있으나, 결정적으로 북한에는 아스팔트가 깔린 고속도로가 6개로 아직 보편화되지 않아 이와 관련된 법규 역시 아직 다양하게 마련되지 못한 것이다. 또한 남한의 경우 관련 법규가 1960년대에 제정되어 지속적으로 개정이 이뤄졌지만, 북한의 경우 비교적 늦은 1990~2000년대 사이에 관련 법규가 제정되어 아직 그 역사가 짧다.

(라) 한국의 문화는 더 이상 한국만의 것이 아니다. K-POP과 한식에 대한 관심이 급증하면서 한국의 다양한 문화가 해외로 뻗어가고 있다. 미국 드라마에는 S사 휴대전화를 이용하여 영상통화를 하는 장면, 서울과 포항을 소개하는 장면 등이 등장하고 있다. 또한 C사 만두의 경우 해외 매출이 국내 매출을 넘어서는 등 더 이상 한국의 문화는 한반도에 국한되지 않는다.

(마) 이는 남한과 북한의 경우에서도 예외가 아니다. 남한과 북한이 분단된 지 어언 70년에 이른 지금, 교류 없이 다른 환경 속에서 살다 보니 문화적으로 차이가 있다. 대표적으로 언어의 차이가 두드러진다. 북한에서는 '아내' 또는 '아내의 친정'을 일컫는 말로 '가시-'를 활용한다. 반면 남한에서는 '어른'을 의미하는 '장(丈)'을 활용한다. 따라서 남한에서는 아내의 아버지와 어머니를 '장인, 장모'로, 북한에서는 '가시아버지, 가시어머니'라고 지칭한다.

(바) 또한 국력이 강하지 않은 국가라 하여 선진국의 문화를 무분별적으로 수용하는 것도 아니다. 일명 개발도상국의 범주에 속하는 에티오피아는 '야생'의 나라일 것이라는 선입견과는 달리, 자연 생태 환경을 잘 보존하면서도 유럽과 아시아에 뒤지지 않는 자산을 보유하고 있다. 이렇듯 선진국과 견주어 볼 때, 상대적으로 국력이 강하지 않은 나라가 고유의 문화를 유지하고 이에 대한 영향력을 행사하는 것을 통해 문화란 선진국이 주도하는 것이 아님을 추론할 수 있다. 이처럼 어느 한 방향에서의 ___㉠___ 가 아닌 상호 간 ___㉡___ 하는 과정 속에서 문화의 국제화가 이루어진다.

14 윗글의 문단을 논리적 순서대로 바르게 나열한 것은?

① (나) – (라) – (바) – (다) – (가) – (마)
② (나) – (바) – (라) – (마) – (다) – (가)
③ (라) – (가) – (나) – (마) – (다) – (바)
④ (라) – (나) – (바) – (마) – (다) – (가)

15 윗글의 빈칸 ㉠, ㉡에 들어갈 단어로 가장 적절한 것은?

	㉠	㉡		㉠	㉡
①	이화	교체	②	이화	교류
③	동화	교류	④	동화	교체

01 다음은 2021 ~ 2024년 주요 국가별 자국 영화 점유율을 나타낸 자료이다. 이에 대한 설명으로 옳지 않은 것은?

〈주요 국가별 자국 영화 점유율〉

(단위 : %)

구분	2021년	2022년	2023년	2024년
한국	50	42	48	46
일본	47	51	58	53
영국	28	31	16	25
프랑스	36	45	36	35
미국	90	91	92	91

① 자국 영화 점유율에서 프랑스가 한국을 앞지른 해는 2022년뿐이다.
② 4년간 자국 영화 점유율이 매년 꾸준히 상승한 국가는 하나도 없다.
③ 2021년 대비 2024년 자국 영화 점유율이 가장 많이 하락한 국가는 한국이다.
④ 2023년 자국 영화 점유율이 해당 국가의 4년간 통계에서 가장 높은 경우가 절반이 넘는다.

02 다음은 2019 ~ 2023년 P사의 경제 분야 투자 규모에 대한 자료이다. 이에 대한 설명으로 옳지 않은 것은?

〈P사 경제 분야 투자 규모〉

(단위 : 억 원, %)

구분	2019년	2020년	2021년	2022년	2023년
경제 분야 투자 규모	16	20	15	12	16
총지출 대비 경제 분야 투자 규모 비중	6.5	7.5	8	7	5

① 2023년 총지출은 300억 원 이상이다.
② 2020년 경제 분야 투자 규모의 전년 대비 증가율은 25%이다.
③ 2019 ~ 2023년 동안 경제 분야에 투자한 금액은 79억 원이다.
④ 2021년과 2022년의 경제 분야 투자 규모의 전년 대비 감소율의 차이는 3%p이다.

03 다음은 P자격증 시험 응시자와 합격자에 대한 자료이다. 제1차 시험 대비 제2차 시험 합격률의 증가율은?

〈P자격증 시험 현황〉

구분	접수자(명)	응시자(명)	합격자(명)	응시율(%)
제1차 시험	250,000	155,000	32,550	62
제2차 시험	120,000	75,000	17,325	62.5

※ 응시율은 접수자 중 응시자의 비율을 의미하고, 합격률은 응시자 중 합격자의 비율을 의미함

① 1%
② 2%
③ 5%
④ 10%

04 다음은 P공항의 연도별 세관물품 신고 수에 대한 자료이다. 〈보기〉를 바탕으로 A ~ D에 들어갈 물품이 바르게 나열된 것을 고르면?

〈세관물품 신고 수〉

(단위 : 만 건)

구분	2019년	2020년	2021년	2022년	2023년
A	3,547	4,225	4,388	5,026	5,109
B	2,548	3,233	3,216	3,410	3,568
C	3,753	4,036	4,037	4,522	4,875
D	1,756	2,013	2,002	2,135	2,647

〈보기〉

ㄱ. 가전류와 주류의 2020 ~ 2022년까지 전년 대비 세관물품 신고 수는 증가와 감소가 반복되었다.
ㄴ. 2023년 담배류 세관물품 신고 수의 전년 대비 증가량은 두 번째로 많다.
ㄷ. 2020 ~ 2023년 동안 매년 세관물품 신고 수가 가장 많은 것은 잡화류이다.
ㄹ. 2022년 세관물품 신고 수의 전년 대비 증가율이 세 번째로 높은 것은 주류이다.

	A	B	C	D
①	잡화류	담배류	가전류	주류
②	담배류	주류	가전류	가전류
③	잡화류	가전류	담배류	주류
④	가전류	담배류	잡화류	주류

05 다음은 연도별 어린이 안전지킴이집 현황에 대한 자료이다. 이에 대한 〈보기〉의 설명 중 적절하지 않은 것을 모두 고르면?

〈어린이 안전지킴이집 현황〉

(단위 : 개)

구분		2019년	2020년	2021년	2022년	2023년
선정위치별	유치원	2,151	1,731	1,516	1,381	1,373
	학교	10,799	9,107	7,875	7,700	7,270
	아파트단지	2,730	2,390	2,359	2,460	2,356
	놀이터	777	818	708	665	627
	공원	1,044	896	893	958	918
	통학로	6,593	7,040	7,050	7,348	7,661
	합계	24,094	21,982	20,401	20,512	20,205
선정업소 형태별	24시 편의점	3,013	2,653	2,575	2,528	2,542
	약국	1,898	1,708	1,628	1,631	1,546
	문구점	4,311	3,840	3,285	3,137	3,012
	상가	9,173	7,707	6,999	6,783	6,770
	기타	5,699	6,074	5,914	6,433	6,335
	합계	24,094	21,982	20,401	20,512	20,205

〈보기〉

ㄱ. 선정위치별 어린이 안전지킴이집의 경우 통학로를 제외한 모든 곳에서 매년 감소하고 있다.

ㄴ. 선정업소 형태별 어린이 안전지킴이집의 수가 2019년 대비 2023년에 가장 많이 감소한 업소는 상가이다.

ㄷ. 2022년 대비 2023년의 학교 안전지킴이집의 감소율은 2022년 대비 2023년의 유치원 안전지킴이집의 감소율의 10배 이상이다.

ㄹ. 2023년 선정업소 형태별 안전지킴이집 중에서 24시 편의점의 개수가 차지하는 비중은 2022년보다 감소하였다.

① ㄱ, ㄴ
② ㄱ, ㄹ
③ ㄴ, ㄷ
④ ㄱ, ㄷ, ㄹ

다음은 2020 ~ 2024년까지 P사의 매출액과 원가 그리고 판관비를 조사한 자료이다. 이를 참고하여 그래프로 나타낸 것으로 옳은 것은?(단, 소수점 둘째 자리에서 반올림한다)

〈매출액과 원가 및 판관비〉

(단위 : 억 원)

구분	2020년	2021년	2022년	2023년	2024년
매출액	1,485	1,630	1,410	1,860	2,055
매출원가	1,360	1,515	1,280	1,675	1,810
판관비	30	34	41	62	38

※ (영업이익)=(매출액)－[(매출원가)＋(판관비)]
※ (영업이익률)=(영업이익)÷(매출액)×100

① 2020 ~ 2024년 영업이익

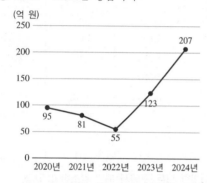

② 2020 ~ 2024년 영업이익

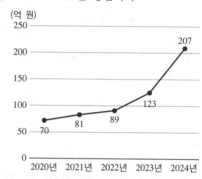

③ 2020 ~ 2024년 영업이익률

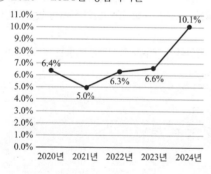

④ 2020 ~ 2024년 영업이익률

※ 다음은 우리나라 배기량별 승용차 수출액에 대한 자료이다. 이어지는 질문에 답하시오. **[7~8]**

〈배기량별 승용차 수출액〉

(단위 : 백만 달러)

구분			2022년 4분기	2023년 1분기	2023년 2분기	2023년 3분기	2023년 4분기
경차	1,000cc 이하	휘발유	257	214	208	142	229
소형	1,000cc 초과 1,500cc 이하	휘발유	1,649	1,463	1,466	1,253	1,688
	1,500cc 이하	경유	36	56	41	24	71
중대형	1,500cc 초과 2,000cc 이하	휘발유	4,554	3,907	3,958	2,888	4,540
		경유	645	577	585	549	595
	2,000cc 초과	휘발유	2,986	2,200	2,776	1,981	3,012
		경유	581	508	603	395	591

07 위 자료에 대한 설명으로 옳지 않은 것은?

① 2022년 4분기 수출액이 두 번째로 높은 승용차 종류는 배기량 2,000cc 초과 휘발유 중대형 승용차이다.

② 2023년 1분기에 전 분기보다 수출액이 증가한 승용차 종류는 한 종류이다.

③ 2023년 4분기의 모든 승용차 종류의 수출액은 전년 동분기보다 모두 증가했다.

④ 2023년 4분기의 소형 휘발유 승용차의 수출액은 전 분기 대비 약 34.7% 증가했다.

08 2023년 4분기 휘발유 승용차의 전체 매출액은 동년 1분기보다 얼마나 증가했는가?

① 1,685백만 달러　　　　　　② 1,785백만 달러

③ 1,885백만 달러　　　　　　④ 1,985백만 달러

※ 다음은 2019 ~ 2023년 연도별 기온 추이에 대한 자료이다. 이어지는 질문에 답하시오. [9~10]

〈연도별 기온 추이〉

(단위 : ℃)

구분	2019년	2020년	2021년	2022년	2023년
연평균	13.3	12.9	12.7	12.4	12.3
봄	12.5	12.6	10.8	(가)	12.2
여름	23.7	23.3	24.9	24.0	24.7
가을	15.2	14.8	14.5	15.3	13.7
겨울	1.9	0.7	−0.4	−0.4	−1.0

09 위 자료의 (가)에 들어갈 수로 옳은 것은?

① 8.5

② 9.7

③ 10.7

④ 12

10 위 자료에 대한 설명으로 옳지 않은 것은?

① 연평균 기온은 계속해서 하강하고 있다.

② 가을 평균 기온은 계속해서 하강하고 있다.

③ 2023년 봄 평균 기온은 2021년보다 1.4℃ 상승했다.

④ 2023년 가을 평균 기온이 전년에 비해 하강한 정도는 여름 평균 기온이 상승한 정도를 초과한다.

※ 다음은 시 · 도별 연령에 따른 인구 비중을 나타낸 그래프이다. 이어지는 질문에 답하시오. [11~12]

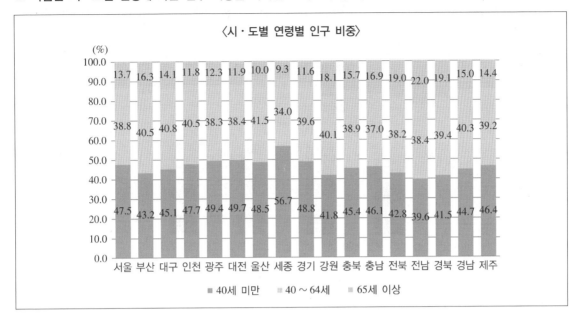

〈시 · 도별 연령별 인구 비중〉

11 다음 중 65세 이상 인구 비중이 세 번째로 높은 지역의 64세 이하의 비율은?

① 81%
② 80%
③ 79%
④ 78%

12 위 자료에 대한 설명으로 옳지 않은 것은?

① 울산의 40세 미만 비율과 대구의 40세 이상 64세 이하 비율 차이는 7.7%p이다.
② 인천 지역의 총인구가 300만 명일 때, 65세 이상 인구는 33.4만 명이다.
③ 40세 미만의 비율이 높은 다섯 지역 순서는 '세종 – 대전 – 광주 – 경기 – 울산'이다.
④ 조사 지역의 인구가 모두 같을 경우 40세 이상 64세 이하 인구가 두 번째로 많은 지역은 대구이다.

※ P사는 이번 달부터 직원들에게 자기개발 프로그램 신청 시 보조금을 지원해 준다고 한다. 다음은 이번 달에 부서별 프로그램 신청자 수 현황과 프로그램별 세부 사항에 대한 그래프이다. 이어지는 질문에 답하시오. **[13~15]**

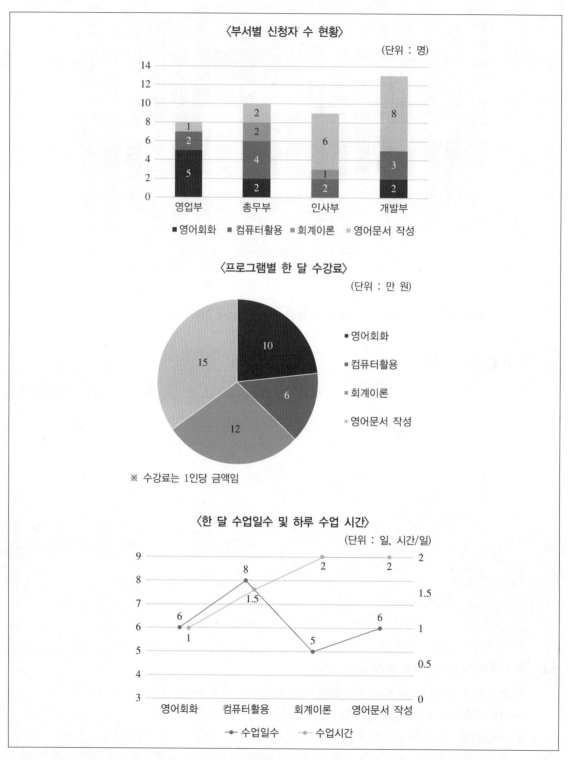

13 자기개발 프로그램 중 한 달에 가장 적은 시간을 수업해 주는 프로그램과 그 프로그램의 한 달 수강료를 바르게 나열한 것은?

① 영어문서 작성 – 15만 원

② 컴퓨터활용 – 6만 원

③ 영어회화 – 10만 원

④ 회계이론 – 12만 원

14 P사에서 '컴퓨터활용'을 신청한 직원은 전체 부서 직원 수에서 몇 %를 차지하는가?

① 25%

② 27.5%

③ 30%

④ 32.5%

15 P사에서 자기개발 프로그램 신청 시 수강료 전액을 지원해 준다고 할 때, 이번 달 '영어회화'와 '회계이론'에 지원해 주는 총금액은?

① 120만 원

② 122만 원

③ 124만 원

④ 126만 원

※ P사는 프로그램 내부의 보안 문서를 보관하기 위해 부서원들만 알 수 있는 비밀번호를 생성하려고 한다. 이를 위해 부서원에게 다음과 같은 메일을 보냈다. 이어지는 질문에 답하시오. **[1~2]**

〈신규 비밀번호 생성 방법〉

• 각자의 컴퓨터에 보안을 위해 새로운 비밀번호를 생성하십시오.

• 비밀번호 생성 방법은 다음과 같습니다.

  1. 앞 두 자리는 성을 제외한 이름의 첫 자음으로 합니다. → 마동석=ㄷㅅ
  2. 한글의 경우 대응되는 경우 알파벳으로 변형합니다. → ㄷ=C, ㅅ=G
  3. 세 번째와 네 번째 자리는 생년월일의 일로 합니다. → 10월 3일=03
  4. 다섯 번째와 여섯 번째 자리는 첫 번째와 두 번째 자리의 알파벳에 3을 더한 알파벳으로 합니다. → C=F, G=J
  5. 가장 마지막 자리에는 직급의 번호로 합니다. → (사원=01, 대리=11, 과장=12, 차장=22, 부장=03)

---

01 새로 발령을 받은 공효주 사원은 9월 13일생이다. 이 사원이 생성할 비밀번호로 적절한 것은?

① NI13QL11 ② NI13QL01

③ NI13JV01 ④ NI45QL01

02 다음 부서원들이 만든 비밀번호 중 잘못 만들어진 비밀번호는?

① 김민경 사원(12월 6일생) → EA06HD01

② 황희찬 부장(4월 8일생) → NJ08QN03

③ 손흥민 과장(3월 30일생) → NE30QH12

④ 김연경 차장(11월 14일생) → HA14KD22

※ P사는 승진 기준표에 따라 해당 요건을 모두 충족하는 사람을 승진 대상자에 포함시켜 1월 1일부터 승진한다. 이어지는 질문에 답하시오. [3~5]

<승진 기준표>

직급＼조건	직급 임기	인사고과 점수	보직	보직 기간
2급	5년	95점 이상	부장	5년
3급	4년	93점 이상	과장	4년
4급	4년	90점 이상	대리	4년
5급	3년	90점 이상	주임	3년

※ 2024년 1월 1일 승진 기준

<승진 대기자>

구분	현재 직급	직급 임기 시작일	인사고과 점수	보직	보직 기간
A부장	3급	2021. 01. 01. ~	96점	부장	5년
B과장	4급	2017. 04. 03. ~	92점	과장	4년
C대리	5급	2020. 01. 01. ~	93점	대리	4년

※ 작성일자 : 2023년 12월 31일

03 다음 중 B과장이 승진하기 위해서 추가로 충족해야 할 요건은?

① 없음 　　　　　　　　② 직급 임기
③ 인사고과 점수 　　　　④ 보직기간

04 다음 중 C대리가 승진하기 위해서 추가로 충족해야 할 요건은?

① 없음 　　　　　　　　② 직급 임기
③ 인사고과 점수 　　　　④ 보직기간

05 다음 중 A부장이 2급으로 승진하는 해는?

① 2026년 　　　　　　　② 2027년
③ 2028년 　　　　　　　④ 2029년

※ 김대리는 출장으로 인해 도시별로 5개 기업을 방문하게 되었다. 방문해야 할 기업의 위치와 도로의 길이는 다음과 같다. 이어지는 질문에 답하시오. **[6~8]**

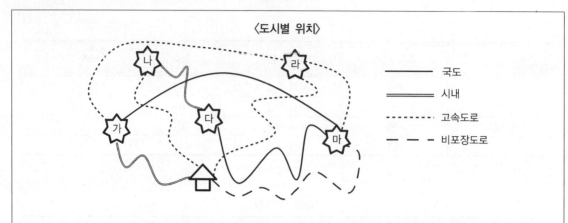

〈도시별 위치〉

———	국도
═══	시내
·······	고속도로
– – –	비포장도로

〈도로별 연결 길이〉

구분	거리
집 – 가	60km
집 – 나	70km
집 – 라	90km
집 – 마	80km
가 – 마	70km
가 – 라	100km
나 – 다	40km
다 – 마	70km
라 – 마	50km

〈도로별 연비〉

도로	연비
국도	10km/L
시내	4km/L
고속도로	20km/L
비포장도로	8km/L

06 다음 중 김대리가 이동할 수 있는 경로가 아닌 것은?

① 집 - 나 - 다 - 마 - 라 - 가   ② 집 - 나 - 다 - 마 - 가 - 라

③ 집 - 가 - 라 - 마 - 다 - 나   ④ 집 - 가 - 마 - 다 - 나 - 라

07 위 지도상에서 김대리가 5개 기업을 모두 방문할 수 있는 경로는 총 몇 가지인가?

① 3가지   ② 4가지

③ 5가지   ④ 6가지

08 여름철 폭우로 '나'로 가는 고속도로가 유실되어 교통이 차단되어 김대리는 할 수 없이 다른 경로 중에서 연료가 가장 적게 드는 방법을 선택하였다. 집에서 출발하여 모든 기업을 한 번씩 들렀을 때, 출장으로 사용한 연료비는?(단, 마지막 기업을 도착점으로 하고 중간에 집에 들르는 것도 가능하며 휘발유는 1L당 1,000원이다)

① 30,000원   ② 30,500원

③ 32,500원   ④ 33,500원

09 제시된 규칙에 따라 시침과 분침이 변화한다. 〈보기〉의 시계에 제시된 규칙을 적용할 때, 시계가 가리키는 시각으로 옳은 것은?

구분	규칙
☆	분침을 반시계 방향으로 60° 회전한다.
★	시침을 시계 방향으로 210° 회전한다.
□	시침과 분침 모두 반시계 방향으로 60° 회전한다.
■	시침과 분침이 가리키는 위치를 서로 바꾼다.

• 시침과 분침은 다음 규칙에 따라 위치가 변한다(단, 시침과 분침은 정확한 숫자만을 가리키며 서로 영향을 주지 않는다).

〈보기〉

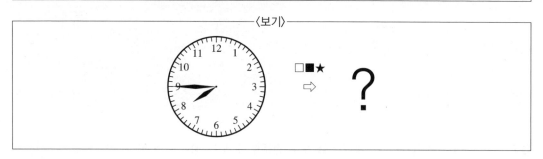

① 6시 35분   ② 7시 35분

③ 3시 15분   ④ 2시 30분

10 제시된 규칙에 따라 시침과 분침이 변화한다. 〈보기〉의 시계가 왼쪽에서 오른쪽으로 변화했을 때, 적용된 규칙으로 옳은 것은?

- 시침과 분침은 다음 규칙에 따라 위치가 변한다(단, 시침과 분침은 정확한 숫자만을 가리키며 서로 영향을 주지 않는다).

구분	규칙
☆	분침을 반시계 방향으로 60° 회전한다.
★	시침을 시계 방향으로 210° 회전한다.
□	시침과 분침 모두 반시계 방향으로 60° 회전한다.
■	시침과 분침이 가리키는 위치를 서로 바꾼다.

〈보기〉

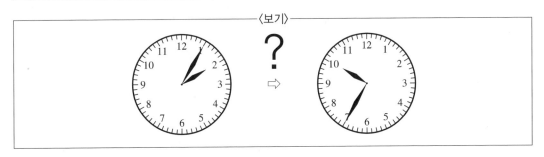

① ☆☆★　　　　　　　　　　　② □□☆

③ ☆□■　　　　　　　　　　　④ ★★□

〈보기〉

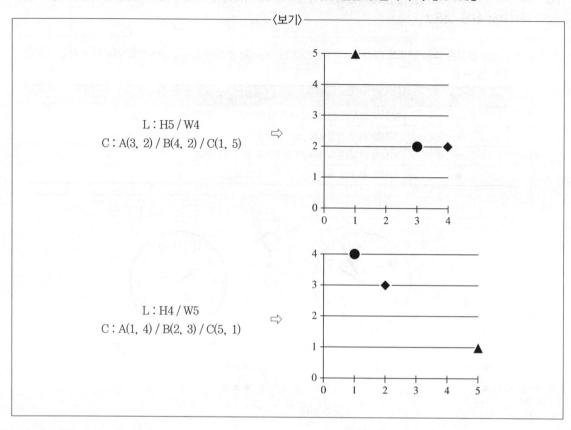

L : H5 / W4
C : A(3, 2) / B(4, 2) / C(1, 5)

L : H4 / W5
C : A(1, 4) / B(2, 3) / C(5, 1)

11 다음 그래프에 알맞은 명령어는 무엇인가?

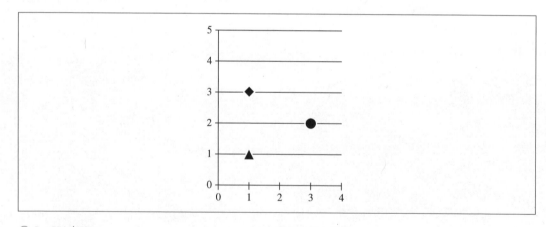

① L : H4 / W5
　 C : A(3, 2) / B(1, 1) / C(1, 3)

② L : H4 / W5
　 C : A(2, 3) / B(1, 3) / C(1, 1)

③ L : H5 / W4
　 C : A(3, 2) / B(3, 1) / C(1, 1)

④ L : H5 / W4
　 C : A(3, 2) / B(1, 3) / C(1, 1)

12 다음 그래프에 알맞은 명령어는 무엇인가?

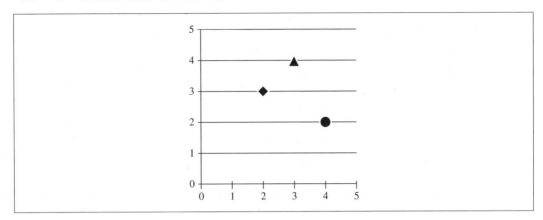

① L : H5 / W5

   C : A(4, 2) / B(3, 4) / C(3, 2)

② L : H5 / W5

   C : A(2, 4) / B(3, 4) / C(2, 3)

③ L : H5 / W5

   C : A(4, 2) / B(2, 3) / C(3, 4)

④ L : H5 / W5

   C : A(4, 2) / B(2, 3) / C(4, 3)

13 L : H5 / W4, C : A(1, 3) / B(2, 4) / C(4, 2)의 그래프를 산출할 때, 오류가 발생하여 다음과 같은 그래프가 산출되었다. 오류가 발생한 값은?

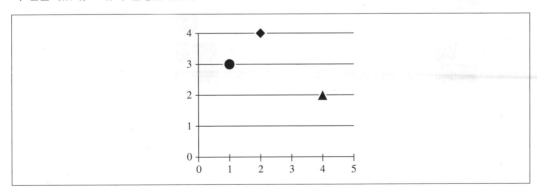

① H5 / W4

② A(1, 3)

③ B(2, 4)

④ C(4, 2)

※ 도형을 이동 및 변환시키는 작동 단추의 기능은 다음과 같다. 이어지는 질문에 답하시오. **[14~15]**

작동 단추	기능
◀ / ▶	도형을 왼쪽 / 오른쪽으로 1칸 옮긴다.
▲ / ▼	도형을 위쪽 / 아래쪽으로 1칸 옮긴다.
※	도형을 반시계 방향으로 90° 회전시킨다.
▣	도형의 색을 반전시킨다.
↔	도형의 열과 행의 위치를 바꾼다[예 (C, 2) → (B, 3)].

14 도형이 다음과 같이 놓여 있을 때, 단추를 〈보기〉의 순서대로 누른 후 도형의 모양과 위치로 옳은 것은?

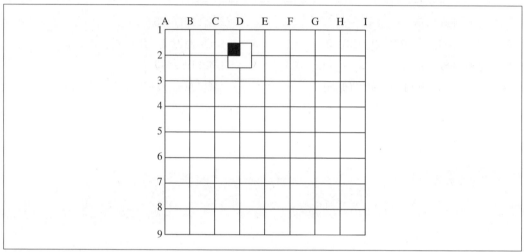

─〈보기〉─

↔ ▶ ▶ ▲ ※ ▼ ▼ ▣ ※ ↔

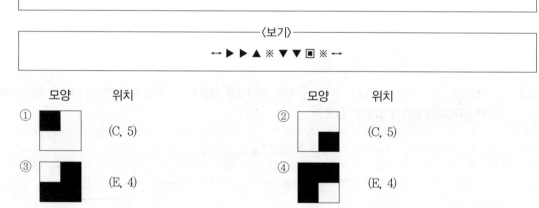

15 도형이 다음과 같이 놓여 있을 때, 단추를 〈보기〉의 순서대로 누른 후 도형의 모양과 위치로 옳은 것은?

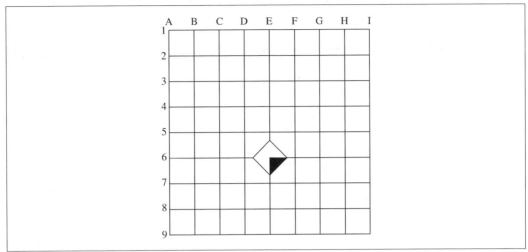

①
모양   위치

(C, 5)

②
모양   위치

(C, 5)

③
(B, 3)

④
(B, 3)

※ 제시된 단어를 일정 기준에 따라 연관 지을 수 있다고 할 때, 빈칸에 들어갈 단어로 옳은 것을 고르시오.
[1~2]

01

포장   대표   (   )

① 선물   ② 임원
③ 사외   ④ 사장

02

빨간색   파란색   (   )

① 하얀색   ② 검은색
③ 보라색   ④ 초록색

※ 다음과 같이 일정한 규칙에 따라 수를 나열할 때, 빈칸에 들어갈 수로 알맞은 것을 고르시오. [3~5]

03

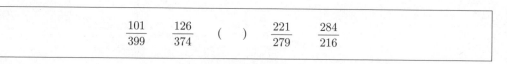

$\frac{101}{399}$ $\frac{126}{374}$ (   ) $\frac{221}{279}$ $\frac{284}{216}$

① $\frac{112}{578}$ ② $\frac{67}{312}$

③ $\frac{19}{481}$ ④ $\frac{77}{223}$

04

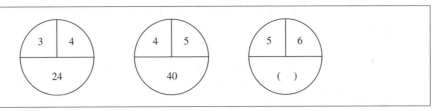

① 55
② 60
③ 90
④ 120

05

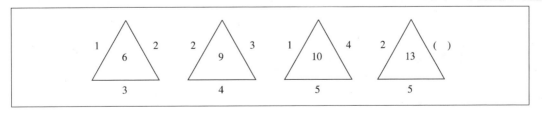

① 6
② 8
③ 10
④ 12

※ P사에 지원한 A ~ D 4명은 모두 필기전형에 합격했고, 최종 합격까지 면접만 남겨두고 있다. 이어지는 질문에 답하시오. **[6~7]**

- 면접은 월요일 ~ 수요일까지 진행되며, 각 지원자는 해당하는 요일에 면접을 본다.
- A ~ D 중 1명은 월요일에, 2명은 화요일에 면접을 보며, 나머지 1명은 수요일에 면접을 본다.
- A와 B는 같은 요일에 면접을 보지 않는다.
- A와 C는 같은 요일에 면접을 보지 않는다.
- D는 3명과 같은 요일에 면접을 보지 않는다.

06 다음 중 반드시 참인 것은?

① A는 월요일에 면접을 본다.
② C는 수요일에 면접을 본다.
③ D는 수요일에 면접을 본다.
④ B는 화요일에 면접을 본다.

07 A가 4명 중 가장 먼저 면접을 본다고 할 때, 참이 아닌 것은?

① B는 화요일에 면접을 본다.
② C는 화요일에 면접을 본다.
③ D는 화요일에 면접을 본다.
④ B와 C는 같은 요일에 면접을 본다.

08 P사 신입사원인 A ~ E 5명은 각각 영업팀, 기획팀, 홍보팀 중 한 곳에 속해있다. 각 팀은 모두 같은 날, 같은 시간에 회의가 있고, P사는 3층과 5층에 회의실이 두 개씩 있다. 따라서 세 팀이 모두 한 층에서 회의를 할 수는 없다. 다음 5명의 진술 중 2명은 참을, 3명은 거짓을 말할 때, 〈보기〉 중 항상 참인 것을 모두 고르면?

- A사원 : 기획팀은 3층에서 회의를 한다.
- B사원 : 영업팀은 5층에서 회의를 한다.
- C사원 : 홍보팀은 5층에서 회의를 한다.
- D사원 : 나는 3층에서 회의를 한다.
- E사원 : 나는 3층에서 회의를 하지 않는다.

〈보기〉

ㄱ. 영업팀과 홍보팀이 같은 층에서 회의를 한다면 E는 기획팀이다.
ㄴ. 기획팀이 3층에서 회의를 한다면, D사원과 E사원은 같은 팀일 수 있다.
ㄷ. 두 팀이 5층에서 회의를 하는 경우가 3층에서 회의를 하는 경우보다 많다.

---

① ㄱ

② ㄴ

③ ㄱ, ㄷ

④ ㄴ, ㄷ

※ 다음 기호들은 일정한 규칙에 따라 도형을 변화시킨다. 기호에 해당하는 규칙을 파악하여 ?에 들어갈 도형으로 알맞은 것을 고르시오. [9~11]

09

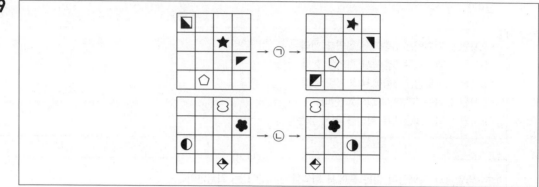

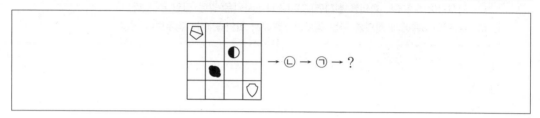

①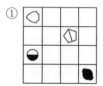

②

③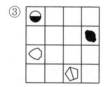

④

10

①

②

③

④

11

①

②

③

④

작동 버튼	기능
◇	1번과 4번의 숫자를 바꾼다.
◆	짝수가 적힌 곳의 색을 바꾼다(흰색 ↔ 회색).
☆	3번과 4번이 적힌 곳의 색을 바꾼다(흰색 ↔ 회색).
★	도형을 좌우로 반전한다.

12 〈보기〉의 왼쪽 도형에서 버튼을 눌렀더니 오른쪽 도형으로 변형되었다. 다음 중 작동 버튼의 순서를 바르게 나열한 것은?

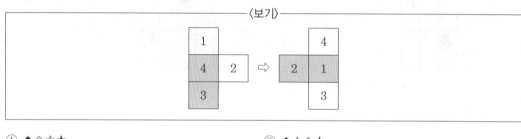

① ◆◇☆★   ② ◆☆◇★

③ ☆◇◆★   ④ ★☆◇◆

13 〈보기〉의 왼쪽 도형에서 버튼을 눌렀더니 오른쪽 도형으로 변형되었다. 다음 중 작동 버튼의 순서를 바르게 나열한 것은?

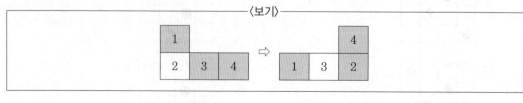

① ◆◇☆★   ② ★◆◇☆

③ ◆★☆◇   ④ ☆◇◆★

14 다음은 체스 게임에서 사용하는 기물의 행마법이다. 제시된 그림에서 백색 나이트(♘)가 흑색 킹(♚)을 잡으려면 최소한 몇 번 움직여야 하는가?(단, 움직일 기물을 제외한 다른 기물은 움직이지 않는다)

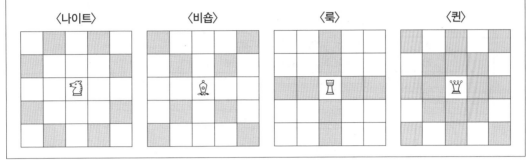

- 다음은 체스의 나이트(♘), 비숍(♗), 룩(♖), 퀸(♕)의 행마법이다.
- 나이트(♘)는 직선으로 2칸 이동 후 양 옆으로 1칸 이동하며, 다른 기물을 뛰어 넘을 수 있다.
- 비숍(♗)은 대각선으로, 룩(♖)은 직선으로, 퀸(♕)은 대각선과 직선 모두 끝까지 이동할 수 있으며, 다른 기물은 뛰어 넘을 수 없다.

〈나이트〉　　〈비숍〉　　〈룩〉　　〈퀸〉

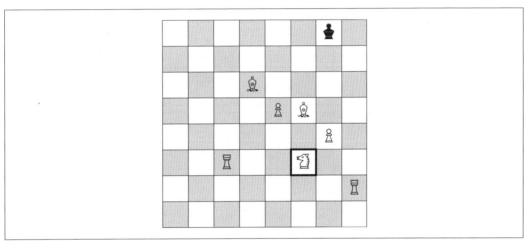

① 1번　　　　　　　　　　② 2번
③ 3번　　　　　　　　　　④ 4번

15 다음 규칙을 바탕으로 A에서 B까지 길을 이으려고 할 때, 눌러야 할 버튼의 순서를 바르게 나열한 것은?

- ⇨는 A에서 B까지 이어지는 길의 입구와 출구이다.
- 서로 떨어져 있지 않은 4×4=16개의 칸을 1개의 타일로 가정하고, 길은 회색으로 표시한다.
- 타일 사이 떨어져 있는 부분은 맞닿아 있는 양쪽 칸이 모두 길인 경우 이어진 것으로 가정한다.
- 각 타일은 다음 작동 버튼에 따라 위치와 모양이 바뀐다.

작동 버튼	기능
△	모든 타일을 1개씩 위로 이동한다(가장 위쪽의 타일은 가장 아래쪽으로 이동).
▷	모든 타일을 1개씩 오른쪽으로 이동한다(가장 오른쪽의 타일은 가장 왼쪽으로 이동).
⊙	짝수 행의 타일을 시계 방향으로 90° 회전한다.
■	짝수 열의 타일을 시계 방향으로 90° 회전한다.

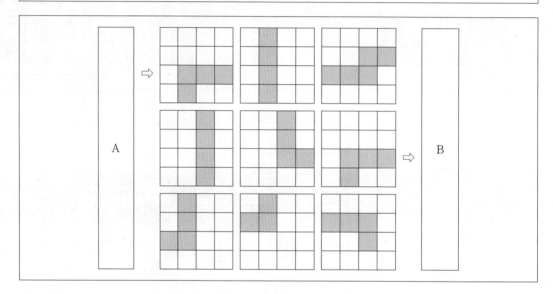

① △■⊙　　　　　　② ■▷⊙

③ ▷■⊙　　　　　　④ ▷△■

4일 차
기출응용 모의고사

www.sdedu.co.kr

〈문항 수 및 시험시간〉

포스코그룹 PAT 온라인 적성검사		
영역	문항 수	시험시간
언어이해	15문항	60분
자료해석	15문항	
문제해결	15문항	
추리	15문항	

01 다음 밑줄 친 부분과 같은 의미로 쓰인 단어는?

> 인간만이 말을 한다는 주장은 인간 중심적 사고이다.

① 제가 먼저 말을 꺼냈습니다.
② 말은 생각을 표현하는 수단입니다.
③ 감정이 격해지니까 말도 거칠어지는데요.
④ 벌써 말이 퍼져서 이 일은 포기해야겠어요.

02 다음 중 어법상 옳은 문장은?

① 단편 소설은 길이가 짧은 대신, 장편 소설이 제공할 수 없는 강한 인상이다.
② 모든 청소년은 자연을 사랑하고 그 속에서 심신을 수련해야 한다.
③ 신문은 우리 주변의 모든 일이 기사 대상이다.
④ 거칠은 솜씨로 정교한 작품을 만들기는 어렵다.

03 다음 글의 주제로 가장 적절한 것은?

유전학자들의 최종 목표는 결함이 있는 유전자를 정상적인 유전자로 대체하는 것이다. 이렇게 가장 기본적인 세포 내 차원에서 유전병을 치료하는 것을 '유전자 치료'라 일컫는다. 유전자 치료를 하기 위해서는 이상이 있는 유전자를 찾아야 한다. 이를 위해 과학자들은 DNA의 특성을 이용한다.

DNA는 두 가닥이 나선형으로 꼬여 있는 이중 나선 구조로 이루어진 분자이다. 그런데 이 두 가닥에 늘어서 있는 염기들은 임의적으로 배열되어 있는 것이 아니다. 한쪽에 늘어선 염기에 따라 다른 쪽 가닥에 늘어선 염기들의 배열이 결정되는 것이다. 즉, 한쪽에 A염기가 존재하면 거기에 연결되는 반대쪽에는 반드시 T염기가 그리고 C염기에 대응해서는 반드시 G염기가 존재하게 된다. 염기들이 짝을 지을 때 나타나는 이러한 선택적 특성을 이용하여 유전병을 일으키는 유전자를 찾아낼 수 있다.

유전자를 찾기 위해 사용하는 첫 번째 도구는 DNA 한 가닥 중 극히 일부이다. '프로브(Probe)'라 불리는 이 DNA 조각은 염색체상의 위치가 알려져 있는 이십여 개의 염기들로 이루어진다. 한 가닥으로 이루어져 있는 특성으로 인해 프로브는 자신의 염기 배열에 대응하는 다른 쪽 가닥의 DNA 부분에 가서 결합할 것이다. 대응하는 두 가닥의 DNA가 이렇게 결합하는 것을 '교잡'이라고 일컫는다. 조사 대상인 염색체로부터 추출한 많은 한 가닥의 염색체 조각들과 프로브를 섞어 놓았을 때 프로브는 신비스러울 정도로 자신의 짝을 정확하게 찾아 교잡한다. 두 번째 도구는 '겔 전기영동'이라는 방법이다. 생물을 구성하고 있는 단백질·핵산 등 많은 분자들은 전하를 띠고 있어서 전기장 속에서 각 분자는 독특하게 이동한다. 이러한 성질을 이용해 생물을 구성하고 있는 물질의 분자량, 각 물질의 전하량이나 형태의 차이를 이용하여 물질을 분리하는 것이 전기영동법이다. 이를 활용하여 DNA를 분리하려면 우선 DNA 조각들을 전기장에서 이동시키고, 이것을 젤라틴 판을 통과하게 함으로써 분리하면 된다.

이러한 조사 도구들을 갖추고서, 유전학자들은 유전병을 일으키는 유전자를 추적하는 데 나섰다. 유전학자들은 먼저 겔 전기영동법으로 유전병을 일으키는 유전자로 의심되는 부분과 동일한 부분에 존재하는 프로브를 건강한 사람에게서 떼어내었다. 그리고 건강한 사람에게서 떼어낸 프로브에 방사성이나 형광성을 띠게 하였다. 그 후에 유전병 환자들에게서 채취한 DNA 조각들과 함께 교잡 실험을 반복하였다. 유전병과 관련된 유전 정보가 담긴 부분의 염기 서열이 정상인과 다르므로 이 부분은 프로브와 교잡하지 않는다는 점을 이용하는 것이다. 교잡이 일어난 후 프로브가 위치하는 곳은 X선 필름을 통해 쉽게 찾아낼 수 있고, 이로써 DNA의 특정 조각은 염색체상에서 프로브와 같은 위치에 존재한다는 것을 알 수 있다.

언뜻 보기에는 대단한 진보를 이룬 것 같지 않지만, 유전자 치료는 최근 들어 공상 과학을 방불케 하는 첨단 의료 기술의 대표적인 주자로 부각되고 있다. DNA 연구 결과로 인해 우리는 지금까지 절망적이라고 여겨 온 질병들을 치료할 수 있다는 희망을 갖게 되었다.

① 유전자 추적의 도구와 방법
② 유전자 치료의 의의와 한계
③ 유전자 치료의 상업적 가치
④ 유전 질환의 종류와 발병 원인

04 다음 글의 내용으로 가장 적절한 것은?

> 기준금리는 중앙은행이 경제를 조절하고 통화정책을 시행하기 위해 설정하는 핵심적인 금리이다. 중앙은행은 경제의 안정과 성장을 도모하기 위해 노력하며, 기준금리는 이를 위한 주요한 도구로 사용된다.
>
> 기준금리는 경제의 주요 지표와 금융시장의 조건 등을 고려하여 결정된다. 주로 인플레이션, 경제성장, 고용 상황 등과 같은 경제 지표를 분석하고, 금융시장의 유동성과 안정성을 고려하여 중앙은행이 적절한 수준의 기준금리를 결정한다. 이를 통해 중앙은행은 경기 변동에 따른 위험을 완화하고 금융시장의 원활한 운영을 돕는 역할을 수행한다.
>
> 또한 기준금리는 주로 중앙은행이 자금공급 및 대출을 조절하여 경제의 동향을 조절하기 위해 설정된다. 일반적으로 경제가 성장하고 인플레이션이 심해지면 중앙은행은 기준금리를 인상시켜 자금을 제한하고 대출을 어렵게 만든다. 이는 소비와 투자를 저하시키는 효과를 가지며, 경기 과열을 억제하는 역할을 한다.
>
> 반대로 경제가 침체되면 중앙은행은 기준금리를 낮춰 자금을 유동성 있게 공급하고 대출을 유도한다. 이는 경기 활성화와 경제 확장을 촉진하며 기업과 개인의 대출 활동을 유도하여 경제에 활력을 불어넣는 효과를 가진다.
>
> 중앙은행은 기준금리를 결정할 때 정책 목표와 관련된 다양한 요소를 고려한다. 대표적으로 인플레이션 목표율, 경제 성장률, 고용률, 외환 시장 상황, 금융시장 안정성 등 다양한 요인이 있으며 국제 경제 상황과 금융시장의 변동성, 정책 변화의 시너지 효과 등도 고려한다.
>
> 기준금리는 중앙은행의 중요한 정책 수단으로서 정부와 기업, 개인들의 경제 활동에 직간접적인 영향을 준다. 따라서 중앙은행은 신중하고 적절한 기준금리 조정을 통해 경제의 안정과 균형을 유지하려는 노력을 계속해야 한다. 이를 위해 경제 지표와 금융시장의 변동을 면밀히 관찰하고, 정책 목표에 맞는 조치를 취하며, 투명한 커뮤니케이션을 통해 경제 주체들에게 예측 가능한 환경을 제공해야 한다.

① 경기가 과열될 경우 중앙은행은 기준금리를 인하한다.
② 중앙은행이 기준금리를 인상하면 개인과 기업의 소비와 투자가 촉진된다.
③ 기준금리는 경기 변동에 따른 위험을 완화하는 장치이다.
④ 기준금리 설정에서 가장 중요한 요인은 국제 경제 상황이다.

05 다음 문단을 논리적 순서대로 바르게 나열한 것은?

> (가) 하지만 막상 앱을 개발하려 할 때 부딪히는 여러 난관이 있다. 여행지나 주차장에 한 정보를 모으는 것도 문제이고, 정보를 지속적으로 갱신하는 것도 문제이다. 이런 문제 때문에 결국 아이디어를 포기하는 경우가 많다.
>
> (나) 그러나 이제는 아이디어를 포기하지 않아도 된다. 바로 공공 데이터가 있기 때문이다. 공공 데이터는 공공 기관에서 생성, 취득하여 관리하고 있는 정보 중 전자적 방식으로 처리되어 누구나 이용할 수 있도록 국민들에게 제공된 것을 말한다.
>
> (다) 현재 정부에서는 공공 데이터 포털 사이트를 개설하여 국민들이 쉽게 이용할 수 있도록 하고 있다. 공공 데이터 포털 사이트에서는 800여 개 공공 기관에서 생성한 15,000여 건의 공공 데이터를 제공하고 있으며, 제공하는 공공 데이터의 양을 꾸준히 늘리고 있다.
>
> (라) 앱을 개발하려는 사람들은 아이디어가 넘친다. 사람들이 여행 준비를 위해 많은 시간을 허비하는 것을 보면 한 번에 여행 코스를 짜 주는 앱을 만들어 보고 싶어 하고, 도심에 주차장을 못 찾아 헤매는 사람들을 보면 주차장을 쉽게 찾아 주는 앱을 만들어 보고 싶어 한다.

① (가) – (라) – (나) – (다)
② (다) – (나) – (가) – (라)
③ (라) – (가) – (나) – (다)
④ (라) – (다) – (나) – (가)

06 다음 제시된 문단을 읽고 이어질 문장을 논리적 순서대로 바르게 나열한 것은?

> 선택적 함묵증(Selective Mutism)은 정상적인 언어발달 과정을 거쳐서 어떤 상황에서는 말을 하면서도 말을 해야 하는 특정한 사회적 상황에서는 말을 지속적으로 하지 않거나 다른 사람의 말에 언어적으로 반응하지 않는 것을 말한다. 이렇게 말을 하지 않는 증상이 1개월 이상 지속되고 교육적, 사회적 의사소통을 저해하는 요소로 작용할 때 선택적 함묵증으로 진단할 수 있으며, 이를 불안장애로 분류하고 있다.

> (가) 이러한 불안을 잠재우기 위해서는 발생 원인에 따라서 적절한 심리치료 방법을 선택해 치료과정을 관찰하면서 복합적인 치료 방법을 혼용하여야 한다.
>
> (나) 아동은 굳이 말을 사용하지 않고서도 자신의 생각을 자연스럽게 표현하는 긍정적인 경험을 갖게 되어 이는 부정적 정서로 인한 긴장과 위축을 이완시킬 수 있다.
>
> (다) 그중 하나인 미술치료는 아동의 저항을 줄이고, 언어의 한계성을 벗어나며, 육체적 활동을 통해 창조성을 생활화하고 미술표현이 사고와 감정을 객관화한다고 볼 수 있다.
>
> (라) 불안장애의 한 유형인 선택적 함묵증은 불안이 표면화되어 행동으로 나타나는 경우라고 볼 수 있으며, 대체로 심한 부끄러움, 사회적 상황에 대한 두려움, 사회적 위축, 강박적 특성, 거절증, 반항 등의 행동으로 표출된다.

① (가) – (다) – (라) – (나)
② (가) – (라) – (나) – (다)
③ (라) – (가) – (나) – (다)
④ (라) – (가) – (다) – (나)

07 다음 글에 대한 반론으로 가장 적절한 것은?

어느 관현악단의 연주회장에서 연주가 한창 진행되는 도중에 휴대 전화의 벨 소리가 울려 음악의 잔잔한 흐름과 고요한 긴장이 깨져버렸다. 청중들은 객석 여기저기를 둘러보았다. 그런데 황급히 호주머니에서 휴대 전화를 꺼내 전원을 끄는 이는 다름 아닌 관현악단의 비이올린 연주자였다. 연주는 계속되었시만 연수회의 분위기는 엉망이 되었고, 음악을 감상하던 많은 사람에게 찬물을 끼얹었다. 이와 같은 사고는 극단적인 사례이지만 공공장소의 소음이 심각한 사회 문제가 될 수 있다는 사실을 보여주고 있다.

소음 문제는 물질문명의 발달과 관련이 있다. 산업화가 진행됨에 따라 우리의 생활 속에는 '개인적 도구'가 증가하고 있다. 그러한 도구들 덕분에 우리의 생활은 점점 편리해지고 합리적이며 효율적으로 변해가고 있다. 그러나 그러한 이득은 개인과 그가 소유하고 있는 물건 사이의 관계에서 성립하는 것으로 그 관계를 넘어서면 전혀 다른 문제가 된다. 제한된 공간 속에서 개인적 도구가 넘쳐남에 따라, 개인과 개인, 도구와 도구, 그리고 자신의 도구와 타인과의 관계 등이 모순을 일으키는 것이다. 소음 문제도 마찬가지이다. 개인의 차원에서는 편리와 효율을 제공하는 도구들이, 전체의 차원에서는 불편과 비효율을 빚어내는 것이다. 그래서 많은 사회에서 개인적 도구가 타인의 권리를 침해하는 것을 방지하기 위하여 공공장소의 소음을 규제하고 있다.

① 사람들은 소음을 통해 자신의 권리를 침해받기도 한다.
② 문명이 발달함에 따라 소음 문제도 대두되고 있다.
③ 소음 문제는 보통 제한된 공간 속에서 개인적 도구가 과도함에 따라 발생한다.
④ 엿장수의 가위 소리와 같이 소리는 단순한 물리적 존재가 아닌 문화적 가치를 담은 존재가 될 수 있다.

문화가 발전하려면 저작자의 권리 보호와 저작물의 공정 이용이 균형을 이루어야 한다. 저작물의 공정 이용이란 저작권자의 권리를 일부 제한하여 저작권자의 허락이 없어도 저작물을 자유롭게 이용하는 것을 말한다. 비영리적인 사적 복제를 허용하는 것이 그 예이다. (가) 우리나라의 저작권법에서는 오래전부터 공정 이용으로 볼 수 있는 저작권 제한 규정을 두었다.

그런데 디지털 환경에서 저작물의 공정 이용은 여러 장애에 부딪혔다. 디지털 환경에서는 저작물을 원본과 동일하게 복제할 수 있고 용이하게 개작할 수 있다. (나) 그 결과 디지털화된 저작물의 이용 행위가 공정 이용의 범주에 드는 것인지 가늠하기가 더 어려워졌고 그에 따른 처벌 위험도 커졌다. (다)

이러한 문제를 해소하기 위한 시도의 하나로 포괄적으로 적용할 수 있는 '저작물의 공정한 이용' 규정이 저작권법에 별도로 신설되었다. 그리하여 저작권자의 동의가 없어도 저작물을 공정하게 이용할 수 있는 영역이 확장되었다. 그러나 공정 이용 여부에 대한 시비가 자율적으로 해소되지 않으면 예나 지금이나 법적인 절차를 밟아 갈등을 해소해야 한다. (라) 저작물 이용의 영리성과 비영리성, 목적과 종류, 비중, 시장 가치 등이 법적인 판단의 기준이 된다.

저작물 이용자들이 처벌에 대한 불안감을 여전히 느낀다는 점에서 저작물의 자유 이용 허락 제도와 같은 '저작물의 공유' 캠페인이 주목을 받고 있다. 이 캠페인은 저작권자들이 자신의 저작물에 일정한 이용 허락 조건을 표시해서 이용자들에게 무료로 개방하는 것을 말한다. 누구의 저작물이든 개별적인 저작권을 인정하지 않고 모두가 공동으로 소유하자고 주장하는 사람들과 달리, 이 캠페인을 펼치는 사람들은 기본적으로 자신과 타인의 저작권을 존중한다. 캠페인 참여자들은 저작권자와 이용자들의 자발적인 참여를 통해 자유롭게 활용할 수 있는 저작물의 양과 범위를 확대하려고 노력한다. (마) 그러나 캠페인에 참여한 저작물을 이용할 때 허용된 범위를 벗어난 경우 법적 책임을 질 수 있다.

───────〈보기〉───────

㉠ 따라서 저작물이 개작되더라도 그것이 원래 창작물인지 이차적 저작물인지 알기 어렵다.

㉡ 이들은 저작물의 공유가 확산되면 디지털 저작물의 이용이 활성화되고 그 결과 인터넷이 더욱 창의적이고 풍성한 정보 교류의 장(場)이 될 것이라고 본다.

	㉠	㉡		㉠	㉡
①	(가)	(나)	②	(가)	(마)
③	(나)	(다)	④	(나)	(마)

※ 다음은 매슬로우의 인간 욕구 5단계 이론을 설명한 글이다. 이어지는 질문에 답하시오. [9~11]

(가) 이러한 인간 욕구 5단계는 경영학에서 두 가지 의미로 널리 사용된다. 하나는 인사 분야에서 인간의 심리를 다루는 의미로 쓰인다. 그 예로는 승진이나 보너스, 주택 전세금 대출 등 사원들에게 동기부여를 위한 다양한 보상의 방법을 만드는 데 사용한다. 사원들이 회사 생활을 좀 더 잘할 수 있도록 동기를 부여할 때 주로 사용한다 하여 '매슬로우의 동기부여론'이라고도 부른다.

(나) 인간의 욕구는 치열한 경쟁 속에서 살아남으려는 생존 욕구부터 시작해 자아실현 욕구에 이르기까지 끝이 없다. 그런데 이런 인간의 욕구는 얼마나 다양하고 또 욕구 간에는 어떤 순차적인 단계가 있는 걸까? 이런 본질적인 질문에 대해 에이브러햄 매슬로우(Abraham Maslow)는 1943년 인간 욕구에 관한 학설을 제안했다. 이른바 '매슬로우의 인간 욕구 5단계 이론(Maslow's Hierarchy of Needs)'이다. 이 이론에 의하면 사람은 누구나 다섯 가지 욕구를 가지고 태어나며, 이들 다섯 가지 욕구에는 우선순위가 있어서 단계가 구분된다.

(다) 좀 더 자세히 보자. 첫 번째 단계는 생리적 욕구이다. 숨 쉬고, 먹고, 자고, 입는 등 우리 생활에 있어서 가장 기본적인 요소들이 포함된 단계이다. 사람이 하루 세끼 밥을 먹는 것, 때마다 화장실에 가는 것, 그리고 종족 번식 본능 등이 이 단계에 해당한다. 두 번째 단계는 ㉠ 안전 욕구이다. 우리는 흔히 놀이동산에서 롤러코스터를 탈 때 '혹시 이 기구가 고장이 나서 내가 다치지는 않을까?'하는 염려를 한다. 이처럼 안전 욕구는 신체적, 감정적, 경제적 위험으로부터 보호받고 싶은 욕구이다. 세 번째 단계는 소속과 애정의 욕구이다. 누군가를 사랑하고 싶은 욕구, 어느 한 곳에 소속되고 싶은 욕구, 친구들과 교제하고 싶은 욕구, 가족을 이루고 싶은 욕구 등이 여기에 해당한다. 네 번째 단계는 존경 욕구이다. 우리가 흔히들 말하는 명예욕, 권력욕 등이 이 단계에 해당한다. 즉, 누군가로부터 높임을 받고 싶고, 주목과 인정을 받으려 하는 욕구이다. 마지막으로 다섯 번째 단계는 자아실현 욕구이다. 존경 욕구보다 더 높은 욕구로 역량, 통달, 자신감, 독립심, 자유 등이 있다. 매슬로우는 최고 수준의 욕구로 이 자아실현 욕구를 강조했다. 모든 단계가 기본적으로 충족돼야만 이뤄질 수 있는 마지막 단계로 자기 발전을 이루고 자신의 잠재력을 끌어내어 극대화할 수 있는 단계라 주장한 것이다.

(라) 사람은 가장 기초적인 욕구인 생리적 욕구(Physiological Needs)를 제일 먼저 채우려 하며, 이 욕구가 어느 정도 채워지면 안전해지려는 욕구(Safety Needs)를, 안전 욕구가 어느 정도 채워지면 사랑과 소속 욕구(Love & Belonging)를, 그리고 더 나아가 존경 욕구(Esteem)와 마지막 욕구인 자아실현 욕구(Self-Actualization)를 차례대로 채우려 한다. 즉, 사람은 5가지 욕구를 채우려 하되 우선순위에 있어서 가장 기초적인 욕구부터 차례로 채우려 한다는 것이다.

(마) 다른 하나는 마케팅 분야에서 소비자의 욕구를 채우기 위해 단계별로 다른 마케팅 전략을 적용하는 데 사용한다. 예를 들면, 채소를 구매하려는 소비자가 안전의 욕구를 갖고 있다고 가정하자. 마케팅 전략을 짜는 사람이라면 '건강'에 기초한 마케팅 전략을 구상해야 할 것이다. 마케팅 담당자가 고객의 욕구보다 더 높은 수준의 가치를 제공한다면, 고객 만족을 실현할 수 있는 지름길이자 기회인 것이다.

09 다음 중 윗글을 논리적 순서대로 바르게 나열한 것은?

① (나) – (라) – (다) – (가) – (마)
② (라) – (다) – (가) – (마) – (나)
③ (나) – (다) – (가) – (마) – (라)
④ (라) – (다) – (나) – (마) – (가)

10 다음 중 윗글의 내용으로 적절하지 않은 것은?

① 배고플 때 맛있는 음식이 생각나는 것은 인간 욕구 5단계 중 첫 번째 단계에 해당한다.
② 사람은 가장 기초적인 욕구부터 차례로 채우려 한다.
③ 우수한 사원을 위한 성과급은 매슬로우의 동기부여론 사례로 볼 수 있다.
④ 행복한 가정을 이루고 싶어 하는 것은 존경 욕구에 해당한다.

11 다음 중 밑줄 친 ㉠에 해당하는 사례로 가장 적절한 것은?

① 돈을 벌어 부모에게서 독립하고 싶은 A씨
② 야근에 지쳐 하루 푹 쉬고 싶어 하는 B씨
③ 노후 대비를 위해 연금보험에 가입한 C씨
④ 동호회 활동을 통해 다양한 사람들을 만나고 싶은 D씨

※ 다음 글을 읽고 이어지는 질문에 답하시오. [12~13]

세계적으로 저명한 미국의 신경과학자들은 '의식에 관한 케임브리지 선언'을 통해 동물에게도 의식이 있다고 선언했다. 이들은 포유류와 조류 그리고 문어를 포함한 다른 많은 생물도 인간처럼 의식을 생성하는 신경학적 기질을 갖고 있다고 주장하였다. 즉, 동물도 인간과 같이 의식이 있는 만큼 합당한 대우를 받아야 한다는 이야기이다. 그러나 이들과 달리 아직도 동물에게 의식이 있다는 데 회의적인 과학자가 많다.

인간의 동물관은 고대부터 두 가지로 나뉘어 왔다. 그리스의 철학자 피타고라스는 윤회설에 입각하여 동물에게 경의를 표해야 한다는 것을 주장했으나, 아리스토텔레스는 '동물에게는 이성이 없으므로 동물은 인간의 이익을 위해서만 존재한다.'라고 주장했다. 이러한 동물관의 대립은 근세에도 이어졌다. 17세기 철학자 데카르트는 '동물은 정신을 갖고 있지 않으며, 고통을 느끼지 못하므로 심한 취급을 해도 좋다.'라고 주장한 반면, 18세기 계몽철학자 루소는 '인간불평등 기원론'을 통해 인간과 동물은 동등한 자연의 일부라는 주장을 처음으로 제기했다.

그러나 인간은 오랫동안 동물의 본성이나 동물답게 살 권리를 무시한 채로 소와 돼지, 닭 등을 사육해 왔다. 오로지 더 많은 고기와 달걀을 얻기 위해 '공장식 축산' 방식을 도입한 것이다. 공장식 축산이란 가축 사육 과정이 공장에서 규격화된 제품을 생산하는 것과 같은 방식으로 이루어지는 것을 말하며, 이러한 환경에서는 소와 돼지, 닭 등이 몸조차 자유롭게 움직일 수 없는 좁은 공간에 갇혀 자라게 된다. 가축은 스트레스를 받아 면역력이 ㉠ 떨어지게 되고, 이는 결국 항생제 대량 투입으로 이어질 수밖에 없다. 우리는 그렇게 생산된 고기와 달걀을 맛있다고 먹고 있는 것이다.

이와 같은 공장식 축산의 문제를 인식하고, 이를 개선하려는 동물 복지 운동은 1960년대 영국을 중심으로 유럽에서 처음 시작되었다. 인간이 가축의 고기 등을 먹더라도 최소한의 배려를 함으로써 항생제 사용을 줄이고, 고품질의 고기와 달걀을 생산하자는 것이다. 한국도 올해부터 먼저 산란계를 시작으로 '동물 복지 축산농장 인증제'를 시행하고 있다. 배고픔·영양 불량·갈증으로부터의 자유, 두려움·고통으로부터의 자유 등의 5대 자유를 보장하는 농장만이 동물 복지 축산농장 인증을 받을 수 있다.

동물 복지는 가축뿐만이 아니라 인간의 건강을 위한 것이기도 하다. 따라서 정부와 소비자 모두 동물 복지에 좀 더 많은 관심을 가져야 한다.

12 다음 중 인간의 동물관에 대한 의견이 다른 하나는?

① 데카르트
② 피타고라스
③ 인간불평등 기원론
④ 동물 복지 축산농장 인증제

13 다음 중 밑줄 친 ㉠과 같은 의미로 사용된 것은?

① 생산비와 운송비 등을 제외하면 농민들 손에 떨어지는 돈이 거의 없다.
② 주하병은 더위로 인해 기력이 없어지며 입맛이 떨어지는 여름의 대표 질환이다.
③ 아침을 자주 먹지 않으면 학교에서 시험 성적이 떨어질 수 있다는 연구 결과가 나왔다.
④ 추운 날씨 탓에 한 달째 감기가 떨어지지 않고 있다.

※ 다음은 손가락 로봇 H에 대한 글이다. 이어지는 질문에 답하시오. [14~15]

인간의 손가락처럼 움직이는 H로봇이 개발되었다. 공압식 손가락 로봇인 H에는 정교한 촉각과 미끄러짐을 감지하는 감각 시스템이 내장돼 있어 물건을 적절한 압력으로 섬세하게 쥐는 인간의 능력을 모방할 수 있다. H로봇은 크기와 모양이 불규칙하거나 작고 연약한 물체를 다루는 데 어려움을 겪는 농업 및 물류 자동화 분야에서 가치를 발휘할 것으로 예상된다.

물류 자동화에 보편적으로 사용되는 관절 로봇은 복합적인 '움켜쥐기 알고리즘' 및 엔드 이펙터(손가락)의 정확한 배치와 물건을 쥐기 위한 고가의 센서 기기 및 시각 센서 등을 필요로 한다. 공기압을 통해 제어되는 H로봇의 손가락은 구부리거나 힘을 가할 수 있으며, 각 손가락의 촉각 센서에 따라 개별적으로 제어된다. 따라서 H로봇의 손가락은 _____ 인간의 손이 물건을 쥘 때와 마찬가지로 우선 손가락이 물건에 닿을 때까지 다가가 위치를 파악하고 해당 위치에 맞게 손가락 위치를 조정하여 물건을 쥐는 것이다. 이때 물건이 떨어지면 이를 즉각적으로 인식할 수 있으며, 물건이 미끄러지는 것을 감지하면 스스로 손가락의 힘을 더 높일 수 있다. 여기서 한걸음 더 나아가 기존 로봇이 쥐거나 포장할 수 있었던 물건의 종류와 수도 확대되었다.

실리콘 재질로 만들어진 H로봇의 내부는 비어있으며, 새롭게 적용된 센서들이 손가락 모양의 실리콘 성형 과정에서 내장되고 공기 실(Air Chamber)이 중심을 지나간다. H로봇의 유연한 손가락 표면은 식품을 만져도 안전하며, 쉽게 세척이 가능하다. 또한 손가락이 손상되거나 마모되더라도 저렴한 비용으로 교체할 수 있도록 개발됐다.

로봇 개발 업체 관계자는 "집품 및 포장 작업으로 인력에 크게 의존하는 물류산업은 항상 직원의 고용 및 부족 문제를 겪고 있다. 물류 체인의 집품 및 포장 자동화가 대규모 자동화보다 뒤떨어진 상황에서 H로봇의 감각 시스템은 물체 선별 작업이나 자동화 주문을 처음부터 끝까지 이행할 수 있도록 하는 물류 산업 분야의 혁명이 될 것이다."라고 말했다.

14 다음 중 H로봇에 대한 설명으로 적절하지 않은 것은?

① 내장된 감각 시스템을 통해 작고 연약한 물체도 섬세하게 쥔다.
② 손가락의 촉각 센서를 통해 물건의 위치를 정확히 파악한다.
③ 손가락의 센서들은 물건이 미끄러지는 것을 감지하여 손가락의 힘을 뺀다.
④ 손가락 표면의 교체 비용은 비교적 저렴한 편이다.

15 다음 중 윗글의 빈칸에 들어갈 내용으로 가장 적절한 것은?

① 고가의 센서 기기를 필요로 한다.
② 기존 관절 로봇보다 쉽게 구부러질 수 있다.
③ 밀리미터 단위의 정확한 위치 지정을 필요로 하지 않는다.
④ 가까운 곳에 위치한 물건을 멀리 있는 물건보다 더 쉽게 잡을 수 있다.

01 다음은 OECD 회원국의 고용률을 조사한 자료이다. 이에 대한 설명으로 옳지 않은 것은?

〈OECD 회원국 고용률 추이〉

(단위 : %)

구분	2020년	2021년	2022년	2023년				2024년	
				1분기	2분기	3분기	4분기	1분기	2분기
OECD 전체	65.0	65.0	66.5	66.5	65.0	66.0	66.5	67.0	66.3
미국	67.5	67.5	68.7	68.5	68.7	68.7	69.0	69.3	69.0
일본	70.6	72.0	73.3	73.0	73.5	73.5	73.7	73.5	74.5
영국	70.0	70.5	73.0	72.5	72.5	72.7	73.5	73.7	74.0
독일	73.0	73.5	74.0	74.0	73.0	74.0	74.5	74.0	74.5
프랑스	64.0	64.5	63.5	64.5	63.0	63.0	64.5	64.0	64.0
한국	64.5	64.5	65.7	65.7	64.6	65.0	66.0	66.0	66.0

① 2020년부터 2024년 2분기까지 프랑스와 한국의 고용률은 OECD 전체 고용률을 넘은 적이 한 번도 없었다.

② 2024년 1분기 6개 국가의 고용률 중 가장 높은 국가와 가장 낮은 국가의 고용률 차이는 10%p이다.

③ 2024년 1분기와 2분기에 고용률이 동일한 국가는 프랑스와 한국이다.

④ 2020년부터 영국의 고용률은 계속 증가하고 있다.

02 다음은 지난해 주요 판매처에서 판매된 품목별 매출에 대한 자료이다. 이에 대한 〈보기〉의 설명 중 옳지 않은 것을 모두 고르면?

〈주요 판매처 품목별 매출〉

(단위 : 억 원)

구분	국산품			외국산품	합계
	중소 / 중견	대기업	소계		
화장품	9,003	26,283	35,286	27,447	62,733
가방류	2,331	1,801	4,132	13,224	17,356
인 · 홍삼류	725	2,148	2,873	26	2,899
담배	651	861	1,512	4,423	5,935
식품류	1,203	177	1,380	533	1,913
귀금속류	894	49	943	4,871	5,814
전자제품류	609	103	712	1,149	1,861
안경류	412	89	501	2,244	2,745
기타	469	29	498	579	1,077
의류	195	105	300	2,608	2,908
민예품류	231	1	232	32	264
향수	133	3	136	3,239	3,375
시계	101	0	101	9,258	9,359
주류	82	4	86	3,210	3,296
신발류	24	1	25	1,197	1,222
합계	17,063	31,654	48,717	74,040	122,757

〈보기〉

ㄱ. 각 품목 중 외국산품의 비중이 가장 높은 제품은 시계이다.
ㄴ. 대기업 비중이 가장 높은 제품은 인 · 홍삼류이다.
ㄷ. 전체 합계 대비 화장품 품목의 비율은 국산품 전체 합계 대비 국산 화장품의 비율보다 높다.
ㄹ. 전체 합계 대비 가방류 품목의 비율은 외국산품 전체 합계 대비 외국산 가방류의 비율보다 높다.

① ㄱ, ㄴ   ② ㄴ, ㄷ

③ ㄴ, ㄹ   ④ ㄷ, ㄹ

03 다음은 주요국의 방한시장 입국통계에 대한 자료이다. 이에 대한 〈보기〉의 설명 중 옳은 것을 모두 고르면?

〈주요국 방한시장 입국통계〉

(단위 : 명)

구분	4월		1 ~ 3월	
	2024년	2023년	2024년	2023년
전체	29,415	1,635,066	2,070,832	5,477,312
중국	3,935	493,250	606,297	1,827,066
일본	360	290,092	423,875	1,084,937
대만	155	113,072	164,136	394,095
미국	6,417	102,524	126,681	307,268
홍콩	35	76,104	88,225	209,380
태국	299	69,726	72,913	203,380
필리핀	1,130	66,525	56,703	164,993
베트남	6,597	63,169	71,190	172,524
말레이시아	152	43,726	47,132	134,064
러시아	1,223	34,205	57,571	107,392
인도네시아	1,864	31,427	40,867	94,010
싱가포르	48	23,307	16,914	65,059

〈보기〉

ㄱ. 1 ~ 3월의 입국통계 중 2023년 대비 2024년 인도네시아의 성장률은 미국보다 낮다.

ㄴ. 4월 입국 통계 중 2023년 대비 2024년 일본의 성장률은 러시아보다 낮다.

ㄷ. 2023년 4월 중국, 일본, 대만, 미국, 홍콩의 방한 입국자 수의 합은 백만 명 이상이다.

ㄹ. 2023년 대비 2024년 4월의 입국 통계 중 감소된 입국자 수는 중국이 일본, 대만, 미국을 합친 것보다 크다.

① ㄱ, ㄴ   ② ㄱ, ㄹ
③ ㄴ, ㄷ   ④ ㄴ, ㄹ

04 다음은 2024년 공무원 징계 현황에 대한 자료이다. 이에 대한 〈보기〉의 설명 중 옳지 않은 것을 모두 고르면?

〈공무원 징계 현황〉

(단위 : 건)

징계 사유	경징계	중징계
A	3	25
B	174	48
C	170	53
D	160	40
기타	6	5

〈보기〉

ㄱ. 경징계 총건수는 중징계 총건수의 3배이다.
ㄴ. 전체 징계 건수 중 경징계 총건수의 비율은 70% 미만이다.
ㄷ. 징계 사유 D로 인한 징계 건수 중 중징계의 비율은 20% 미만이다.
ㄹ. 전체 징계 사유 중 징계의 비율이 가장 높은 것은 C이다.

① ㄱ, ㄴ   ② ㄱ, ㄹ
③ ㄴ, ㄷ   ④ ㄷ, ㄹ

05 다음은 2020년부터 2024년까지 5년간 서울시 냉장고 화재발생 현황에 대한 자료이다. 이를 참고하여 그래프로 옳게 나타낸 것은?(단, 소수점 둘째 자리에서 반올림한다)

〈냉장고 화재발생 현황〉

(단위 : 건)

구분	2020년	2021년	2022년	2023년	2024년
김치냉장고	21	35	44	60	64
일반냉장고	23	24	53	41	49

※ [김치냉장고 비율(%)]=(김치냉장고 건수)÷(김치냉장고 건수)+(일반냉장고 건수)×100
※ [일반냉장고 비율(%)]=(일반냉장고 건수)÷(김치냉장고 건수)+(일반냉장고 건수)×100

① 김치냉장고 비율

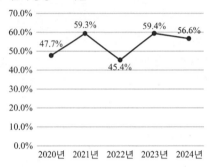

② 김치냉장고 비율

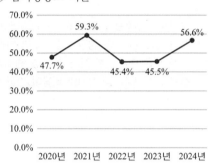

③ 김치냉장고 비율

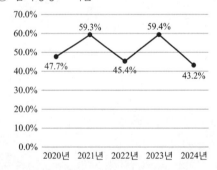

④ 일반냉장고 비율

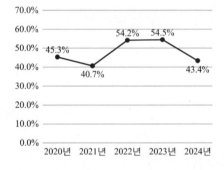

※ 다음은 P기업의 동호회 인원 구성 현황에 대한 자료이다. 이어지는 질문에 답하시오. **[6~7]**

〈동호회 인원 구성 현황〉

(단위 : 명)

구분	2021년	2022년	2023년	2024년
축구	77	92	100	120
농구	75	70	98	117
야구	73	67	93	113
배구	72	63	88	105
족구	35	65	87	103
등산	18	42	44	77
여행	10	21	40	65
합계	360	420	550	700

06 전년 대비 2024년의 축구 동호회 인원 증가율이 다음 해에도 유지된다고 가정할 때, 2025년 축구 동호회의 인원은?

① 140명 ② 142명
③ 144명 ④ 146명

07 다음 중 위 자료에 대한 설명으로 옳은 것은?

① 동호회 인원이 많은 순서로 나열할 때, 매년 그 순위는 변화가 없다.
② 2021 ~ 2024년 동호회 인원 전체에서 등산이 차지하는 비중은 전년 대비 매년 증가하였다.
③ 2021 ~ 2024년 동호회 인원 전체에서 배구가 차지하는 비중은 전년 대비 매년 감소하였다.
④ 2022년 족구 동호회 인원은 2022년 전체 동호회의 평균 인원보다 많다.

※ 다음은 국가별 GDP와 국민부담률 추이에 대한 자료이다. 이어지는 질문에 답하시오. **[8~9]**

<국가별 GDP 추이>

(단위 : 십억 US달러)

구분	2016년	2017년	2018년	2019년	2020년	2021년	2022년	2023년
한국	1,253.4	1,278.0	1,370.6	1,484.0	1,465.3	1,500.0	1,623.3	1,725.2
캐나다	1,788.6	1,828.7	1,847.2	1,803.5	1,556.1	1,528.2	1,649.9	1,716.3
멕시코	1,180.5	1,201.1	1,274.4	1,314.6	1,170.6	1,077.9	1,157.7	1,220.7
미국	15,542.6	16,197.0	16,784.8	17,521.7	18,219.3	18,707.2	19,485.4	20,580.2
프랑스	2,861.4	2,683.8	2,811.1	2,852.2	2,438.2	2,471.3	2,595.2	2,787.9
독일	3,744.4	3,527.3	3,732.7	3,883.9	3,360.5	3,466.8	3,665.8	3,949.5
영국	2,659.3	2,704.9	2,786.0	3,063.8	2,928.6	2,694.3	2,666.2	2,860.7

<국가별 국민부담률 추이>

(단위 : %)

구분	2016년	2017년	2018년	2019년	2020년	2021년	2022년	2023년
한국	24.2	24.8	24.3	24.6	25.2	26.2	26.9	28.4
캐나다	30.8	31.2	31.1	31.3	32.8	33.2	32.8	33.0
멕시코	12.8	12.6	13.3	13.7	15.9	16.6	16.1	16.1
미국	23.8	24.0	25.6	25.9	26.1	25.9	26.8	24.3
프랑스	43.3	44.4	45.4	45.4	45.3	45.4	46.1	46.1
독일	35.7	36.4	36.8	36.7	37.0	37.4	37.6	38.2
영국	33.1	32.4	32.2	31.8	32.2	32.7	33.3	33.5

※ 국민부담률 : 세금과 사회보장부담금의 총액이 GDP에서 차지하는 비율

08 다음 중 국가별 GDP와 국민부담률 추이에 대한 설명으로 옳지 않은 것은?

① 캐나다보다 한국의 GDP가 더 많아지기 시작한 해는 2023년이다.

② 한국의 국민부담금액은 지속적으로 증가하였다.

③ 2016년 대비 2023년 GDP가 가장 많이 증가한 국가는 미국이다.

④ 2023년 미국의 국민부담금액은 한국의 10배 이하이다.

09 국가별 GDP와 국민부담률 추이에 대한 <보기>의 설명 중 옳지 않은 것을 모두 고르면?

─────〈보기〉─────

ㄱ. 2016년 대비 2023년의 GDP가 가장 많이 감소한 국가는 프랑스이다.

ㄴ. 영국의 전년 대비 국민부담금액은 2019년에 가장 많이 증가하였다.

ㄷ. 한국의 전년 대비 국민부담금액은 2022년에 가장 많이 증가하였다.

ㄹ. 캐나다의 전년 대비 국민부담금액은 2019년에 가장 많이 감소하였다.

① ㄱ, ㄴ   ② ㄴ, ㄷ

③ ㄴ, ㄹ   ④ ㄷ, ㄹ

※ 다음은 20·30대의 직업군별 월간 지출현황에 대한 자료이다. 이어지는 질문에 답하시오. [10~11]

〈직업군별 월간 지출현황〉

구분	일반회사직	자영업	공무직	연구직	기술직	전문직
월평균소득	380만 원	420만 원	360만 원	350만 원	400만 원	450만 원
월평균지출	323만 원	346.5만 원	270만 원	273만 원	290만 원	333만 원
주거	10%	25%	5%	10%	15%	15%
교통	10%	7%	5%	5.5%	7.5%	12.5%
외식·식자재	25%	27.5%	12.5%	10%	7.5%	10%
의류·미용	27.5%	7.5%	10.5%	7.5%	5.5%	17.5%
저축	5%	12%	22.5%	17.5%	20%	7.5%
문화생활	15%	5.5%	12%	5%	2.5%	7%
자기계발	2.5%	2.5%	11%	30.5%	27.5%	15.5%
경조사	1%	10.5%	15%	9%	8%	12.5%
기타	4%	2%	6%	6%	6%	2%

10 다음 중 위 자료에 대한 설명으로 옳지 않은 것은?

① 월평균소득이 가장 높은 직업군은 월평균지출도 가장 높다.

② 일반회사직의 월평균소득 대비 월평균지출이 차지하는 비율은 공무직보다 10%p 높다.

③ 연구직은 다른 직업군 대비 자기계발에 지출하는 비중이 가장 높다.

④ 평균지출 중 저축의 비중은 기술직이 일반회사직의 4배이다.

11 다음 중 위 자료에 대한 설명으로 옳은 것은?

① 월평균지출이 가장 높은 직업군과 가장 낮은 직업군의 지출액 차이는 월평균소득이 가장 높은 직업군과 가장 낮은 직업군의 소득액 차이의 75.5%이다.

② 전문직의 월평균지출액은 월평균소득액의 75% 이상이다.

③ 전문직을 제외한 타 직업군의 월평균지출액 중 교통이 차지하는 비중은 10% 미만이다.

④ 일반회사직과 전문직의 월평균지출 중 가장 많은 비중을 차지하는 항목은 동일하다.

※ 다음은 연도별 방송사 평균시청률에 대한 자료이다. 이어지는 질문에 답하시오. [12~13]

〈연도별 방송사 평균시청률〉

(단위 : %)

구분		2019년	2020년	2021년	2022년	2023년
K사	예능	12.4	11.7	11.4	10.8	10.1
	드라마	8.5	9.9	11.5	11.2	12.8
	다큐멘터리	5.1	5.3	5.4	5.2	5.1
	교육	3.2	2.8	3.0	3.4	3.1
S사	예능	7.4	7.8	9.2	11.4	13.1
	드라마	10.2	10.8	11.5	12.4	13.0
	다큐멘터리	2.4	2.8	3.1	2.7	2.6
	교육	2.2	1.8	1.9	2.0	2.1
M사	예능	11.8	11.3	9.4	9.8	10.2
	드라마	9.4	10.5	13.2	12.9	11.7
	다큐멘터리	2.4	2.2	2.3	2.4	2.1
	교육	1.8	2.1	2.0	2.2	2.3

12 다음 중 위 자료에 대한 설명으로 옳지 않은 것은?

① 2020년부터 2023년까지 S사의 예능 평균시청률은 전년 대비 증가하고 있다.

② 2020년부터 2023년까지 M사의 예능과 드라마 평균시청률 증감 추이는 서로 반대이다.

③ 2021년부터 2023년까지 매년 S사 드라마의 평균시청률은 M사 드라마보다 높다.

④ 2023년 K사, S사, M사 드라마 평균시청률에서 M사 드라마가 차지하는 비율은 30% 이상이다.

13 다음 중 위 자료에 대한 설명으로 옳은 것은?

① 2019년부터 2021년까지의 예능 평균시청률 1위는 K사이다.

② 모든 방송사에서 교육프로그램의 평균시청률은 해당 방송사의 다른 장르보다 낮다.

③ 2021년 S사의 예능프로그램 평균시청률은 드라마 평균시청률의 85%에 해당된다.

④ K사의 다큐멘터리 시청률은 매년 S사와 M사의 다큐멘터리 시청률을 합한 값보다 높다.

※ 다음은 P사의 2020년부터 2023년까지 분야별 투자 금액을 나타낸 그래프이며, 제시된 4개 분야 외에 다른 투자는 없었다. 이어지는 질문에 답하시오. **[14~15]**

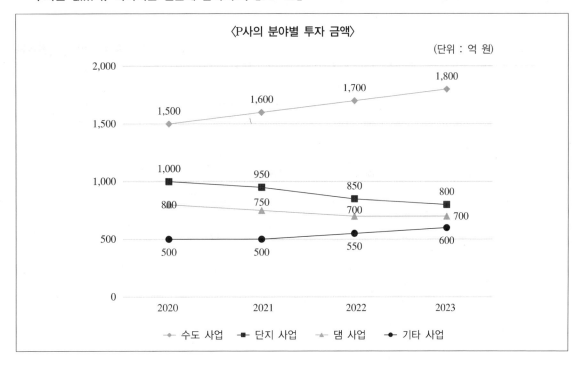

14 다음 중 위 그래프에 대한 설명으로 옳지 않은 것은?

① 수도 사업에 대한 투자 금액은 매년 증가하였다.

② 댐 사업에 대한 투자 금액이 같은 두 해가 있다.

③ 연간 총 투자 금액은 매년 조금씩이라도 상승하였다.

④ 연간 총 투자 금액의 50%를 넘는 사업은 하나도 없었다.

15 다음 지침으로 판단할 때, 2024년 단지 사업에 투자할 금액은?

> 2024년 연간 총 투자 금액은 2023년보다 210억 원 증액하기로 하였습니다. 다만 수도 사업과 댐 사업의 투자 금액은 동결하고, 증액한 210억 원은 단지 사업과 기타 사업의 2023년 투자 금액에 정비례해 배분하기로 하였습니다.

① 890억 원

② 900억 원

③ 910억 원

④ 920억 원

01 다음은 자동차 등록번호 부여방법과 P사 직원들의 자동차 등록번호이다. 〈보기〉 중 자동차 등록번호가 잘못 부여된 것은 모두 몇 개인가?(단, P사 직원들의 자동차는 모두 비사업용 승용차이다)

〈자동차 등록번호 부여방법〉

- 차량종류 – 차량용도 – 일련번호 순으로 부여한다.
- 차량종류별 등록번호

승용차	승합차	화물차	특수차	긴급차
100 ~ 699	700 ~ 799	800 ~ 979	980 ~ 997	998 ~ 999

- 차량용도별 등록번호

구분	문자열
비사업용 (32개)	가, 나, 다, 라, 마 거, 너, 더, 러, 머, 버, 서, 어, 저 고, 노, 도, 로, 모, 보, 소, 오, 조 구, 누, 두, 루, 무, 부, 수, 우, 주
운수사업용	바, 사, 아, 자
택배사업용	배
렌터카	하, 허, 호

- 일련번호
  1000 ~ 9999 숫자 중 임의 발급

〈보기〉

〈P사 직원들의 자동차 등록번호〉

- 680 더 3412
- 521 버 2124
- 431 사 3019
- 531 서 9898
- 501 라 4395
- 421 저 2031
- 241 가 0291
- 670 로 3502
- 702 나 2838
- 431 구 3050
- 600 루 1920
- 912 라 2034
- 321 우 3841
- 214 하 1800
- 450 무 8402
- 531 고 7123

① 3개 ② 4개
③ 5개 ④ 6개

02 김대리는 이번 휴가에 여행을 갈 장소를 고르고 있다. 각 관광 코스에 대한 정보가 다음과 같을 때, 〈조건〉에 따라 김대리가 선택하기에 가장 적절한 관광 코스는?

구분	A코스	B코스	C코스	D코스
기간	3박 4일	2박 3일	4박 5일	4박 5일
비용	245,000원	175,000원	401,000원	332,000원
경유지	3곳	2곳	5곳	5곳
참여인원	25명	18명	31명	28명
할인	K카드로 결제 시 5% 할인	-	I카드로 결제 시 귀가셔틀버스 무료 제공	I카드로 결제 시 10% 할인
비고	공항 내 수화물 보관서비스 제공	-	경유지별 수화물 운송서비스 제공	-

〈A ~ D 관광 코스〉

─── 〈조건〉 ───
- 휴가기간에 맞추어 4일 이상 관광하되 5일을 초과하지 않아야 한다.
- 비용은 결제금액이 30만 원을 초과하지 않아야 한다.
- 모든 비용은 I카드로 결제한다.
- 참여인원이 30명을 넘지 않는 코스를 선호한다.
- 되도록 경유지가 많은 코스를 고른다.

① A코스
② B코스
③ C코스
④ D코스

※ 다음은 P사 인사팀에 근무하고 있는 C대리가 A사원과 B차장의 승진심사를 위해 작성한 자료이다. 이어지는 질문에 답하시오. [3~4]

〈승진심사 점수표〉

(단위 : 점)

소속	직급	업무			업무평점	능력	태도	승진심사 평점
		업무실적	개인 평가	조직기여도				
총무팀	A사원	86	70	80		80	60	
자산팀	B차장	80	85	90		77	85	85

※ 승진심사 평점은 업무평점 80%, 능력 10%, 태도 10%로 계산함
※ 직급에 따른 업무항목별 계산 기준
 – 사원 ~ 대리 : (업무실적)×0.5, (개인 평가)×0.3, (조직기여도)×0.2
 – 과장 ~ 부장 : (업무실적)×0.3, (개인 평가)×0.2, (조직기여도)×0.5
※ P사의 직급체계는 부장>차장>과장>대리>주임>사원 순임

03 B차장의 업무평점을 계산한 것으로 옳은 것은?

① 78점　　　　　　　　　　　　② 80점
③ 83점　　　　　　　　　　　　④ 86점

04 A사원의 승진심사 평점을 계산한 것으로 옳은 것은?

① 65점　　　　　　　　　　　　② 70점
③ 78점　　　　　　　　　　　　④ 82점

※ 다음은 P식물원의 관광지도이다. 이어지는 질문에 답하시오. [5~6]

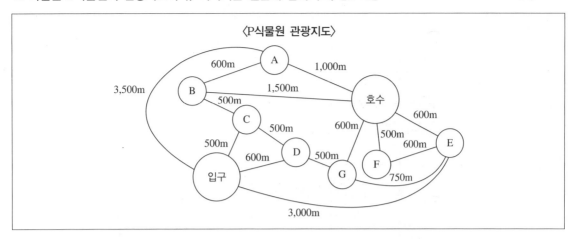

〈P식물원 관광지도〉

05 입구에서 호수까지 갈 때, 최단경로의 거리는?

① 1,500m   ② 1,700m

③ 2,100m   ④ 2,500m

06 다음은 P식물원의 입구부터 호수와 모든 온실 A ~ G를 거쳐 다시 입구로 돌아오는 무궤도열차 노선에 대한 자료이다. 요금 대비 이동거리가 가장 긴 노선과 가장 짧은 노선을 바르게 짝지은 것은?

〈P식물원 무궤도열차 노선〉		
노선	경로	요금(원)
나비	입구 – A – B – 호수 – F – E – G – D – C – 입구	8,000
꿀벌	입구 – E – F – 호수 – G – D – C – B – A – 입구	10,000
개미	입구 – C – B – A – 호수 – F – E – G – D – 입구	5,000

요금 대비 이동거리가 가장 긴 노선   요금 대비 이동거리가 가장 짧은 노선
①   나비   꿀벌
②   나비   개미
③   꿀벌   개미
④   꿀벌   나비

※ 다음은 P사에 다니고 있는 김대리의 회사에서 집까지의 주변지도이다. 이어지는 질문에 답하시오. **[7~9]**

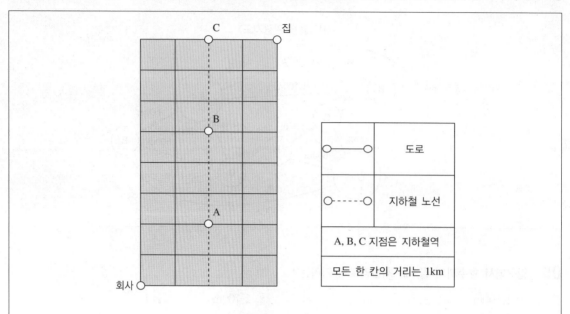

<교통수단별 평균 속력>

구분	속력
지하철	60km/h
버스	30km/h
택시	
도보	6km/h

<교통수단별 요금 및 이용조건>

구분	요금 및 이용조건
지하철	승차권 : 2,000원
	역이 위치한 A, B, C 지점에서만 승하차 가능
버스	승차권 : 1,500원
	어디서나 승·하차가능하나, 직선으로 2km씩 이동 가능
택시	기본요금 : 2,500원(5km까지), 추가 1km당 150원
	승·하차 및 이동에는 제약 없음(기사 포함 최대 4인 탑승 가능)

07 지하철을 1번은 반드시 이용하여 가장 빠르게 집에 도착하였을 때의 소요시간은?(단, 환승 등의 소요시간은 고려하지 않는다)

① 18분
② 20분
③ 22분
④ 24분

08 김대리는 회사에서 3명의 동료들과 함께 출발하여 집에서 식사를 한 후, 동료들은 김대리의 집에서 가장 가까운 지하철역으로 가려고 한다. 이때 소요되는 교통비로 가장 저렴한 것은?(단, 회사에서 집으로, 집에서 지하철역으로 이동할 때 모든 인원은 동일하게 한 가지 수단을 이용하며, 도보로 이동하지 않는다)

① 7,400원
② 8,500원
③ 9,600원
④ 10,700원

09 외부 업무를 위해 김대리의 동료 정대리는 회사에서 택시를 타고 지하철역 B에 위치한 약속장소로 가려 한다. 오후 2시 30분에 예정된 약속을 위해 약속장소에 10분 미리 도착하여 일정을 준비하려고 할 때, 약속시간에 늦지 않기 위해 정대리는 적어도 몇 시에 회사에서 택시를 탑승해야 하는가?

① 오후 1시 51분
② 오후 1시 56분
③ 오후 2시 1분
④ 오후 2시 6분

제시된 규칙에 따라 시침과 분침이 변화한다. 〈보기〉의 시계에 제시된 규칙을 적용할 때, 시계가 가리키는 시각으로 옳은 것은?

• 시침과 분침은 다음 규칙에 따라 위치가 변한다(단, 시침과 분침은 정확한 숫자만을 가리키며 서로 영향을 주지 않는다).

구분	규칙
◁	시침을 반시계 방향으로 5시간 진행시킨다.
◀	분침을 반시계 방향으로 40분 진행시킨다.
▷	시침을 시계 방향으로 60° 회전한다.
▶	분침을 시계 방향으로 210° 회전한다.

〈보기〉

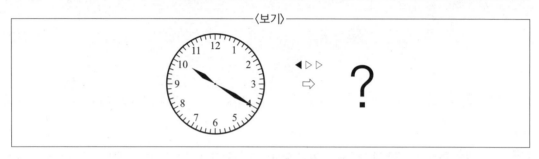

① 2시 정각　　　　　② 2시 40분
③ 12시 15분　　　　④ 12시 40분

11 제시된 규칙에 따라 시침과 분침이 변화한다. 〈보기〉의 시계가 왼쪽에서 오른쪽으로 변화했을 때, 적용된 규칙으로 옳은 것은?

- 시침과 분침은 다음 규칙에 따라 위치가 변한다(단, 시침과 분침은 정확한 숫자만을 가리키며 서로 영향을 주지 않는다).

구분	규칙
◁	시침을 반시계 방향으로 5시간 진행시킨다.
◀	분침을 반시계 방향으로 40분 진행시킨다.
▷	시침을 시계 방향으로 60° 회전한다.
▶	분침을 시계 방향으로 210° 회전한다.

〈보기〉

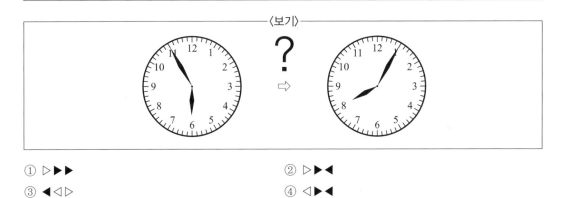

① ▷▶▶　　　　　　　② ▷▶◀

③ ◀◁▷　　　　　　　④ ◁▶◀

※ 다음 〈보기〉는 그래프 구성 명령어 실행 예시이다. 이어지는 질문에 답하시오. [12~14]

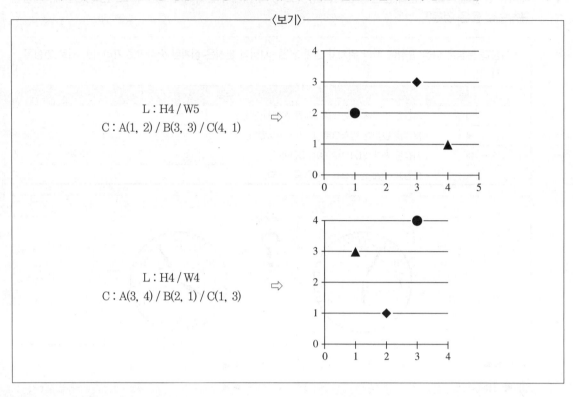

〈보기〉

L : H4 / W5
C : A(1, 2) / B(3, 3) / C(4, 1)

L : H4 / W4
C : A(3, 4) / B(2, 1) / C(1, 3)

12 다음 그래프에 알맞은 명령어는 무엇인가?

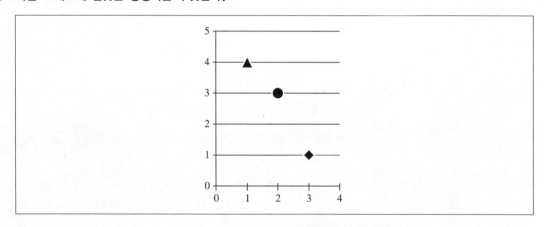

① L : H4 / W5
C : A(3, 2) / B(3, 1) / C(1, 4)

② L : H4 / W5
C : A(2, 3) / B(3, 1) / C(1, 4)

③ L : H5 / W4
C : A(2, 3) / B(1, 4) / C(3, 1)

④ L : H5 / W4
C : A(2, 3) / B(3, 1) / C(1, 4)

13 다음 그래프에 알맞은 명령어는 무엇인가?

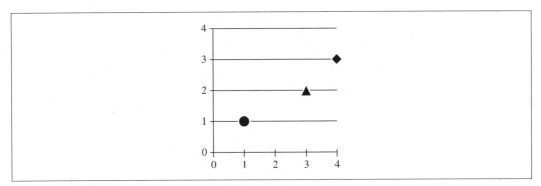

① L : H4 / W4
   C : A(1, 1) / B(2, 3) / C(4, 3)

② L : H4 / W4
   C : A(1, 1) / B(4, 3) / C(3, 2)

③ L : H4 / W4
   C : A(1, 1) / B(3, 2) / C(4, 3)

④ L : H4 / W4
   C : A(1, 1) / B(3, 4) / C(3, 2)

14 L : H4 / W4, C : A(2, 2) / B(3, 4) / C(1, 4)의 그래프를 산출할 때, 오류가 발생하여 다음과 같은 그래프가 산출되었다. 오류가 발생한 값은?

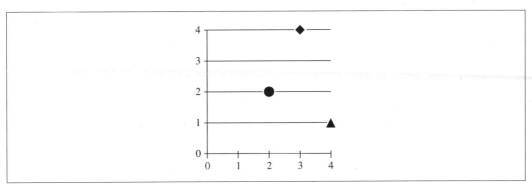

① H4 / W4

② A(2, 2)

③ B(3, 4)

④ C(1, 4)

15 도형을 이동 및 변환시키는 작동 단추의 기능이 다음과 같다고 할 때, (D, 7)에 놓인 도형의 모양 및 위치를 바꾸기 위해 눌러야 하는 단추의 순서로 옳지 않은 것은?

작동 단추	기능
↗	도형을 오른쪽으로 1칸, 위쪽으로 1칸 옮긴다.
↖	도형을 왼쪽으로 1칸, 위쪽으로 1칸 옮긴다.
↙	도형을 왼쪽으로 1칸, 아래쪽으로 1칸 옮긴다.
↘	도형을 오른쪽으로 1칸, 아래쪽으로 1칸 옮긴다.
↑ / ↓ / → / ←	도형을 위쪽 / 아래쪽 / 오른쪽 / 왼쪽으로 1칸 옮긴다.
◐ / ◑	도형의 색을 다음과 같은 규칙으로 바꾼다. 

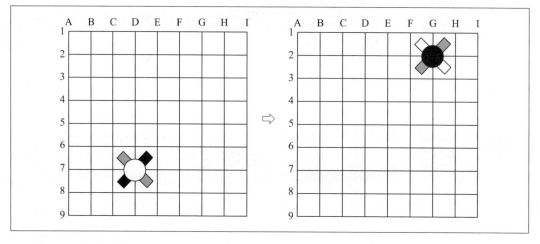

① ↗↗↗◐↘↖↘◐↘
② ◐↘↗↗↗↗↖↗↖↘
③ ↘◐↗◐↗◐↗◐↗
④ ↙↖↘↗↗↗↗◐↘↗↖

제**4**영역 추리

※ 다음 제시된 단어를 일정 기준에 따라 연관 지을 수 있다고 할 때, 빈칸에 들어갈 단어로 옳은 것을 고르시오.
[1~2]

01

송충이　　송편　　(　　)

① 도토리　　　　　　　　　② 상록수
③ 비단　　　　　　　　　　④ 나방

02

무덤　　저승사자　　(　　)

① 장례식　　　　　　　　　② 동물원
③ 검은색　　　　　　　　　④ 맹수

※ 다음은 일정한 규칙에 따라 나열된 수열이다. 빈칸에 들어갈 수로 알맞은 것을 고르시오. [3~5]

03

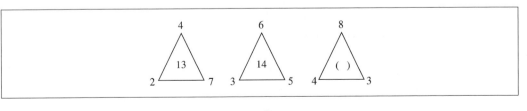

① 9　　　　　　　　　　　② 13
③ 15　　　　　　　　　　　④ 16

04

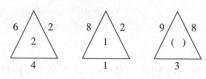

① 2
② 3
③ 4
④ 5

05

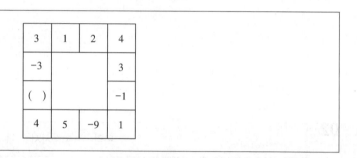

① 5
② −5
③ 3
④ −3

06 다음 명제가 모두 참일 때, 빈칸에 들어갈 명제로 가장 적절한 것은?

- 밤에 잠을 잘 못자면 낮에 피곤하다.
- _____
- 업무효율이 떨어지면 성과급을 받지 못한다.
- 밤에 잠을 잘 못자면 성과급을 받지 못한다.

① 업무효율이 떨어지면 밤에 잠을 잘 못 잔다.
② 성과급을 받으면 밤에 잠을 잘 못 잔다.
③ 낮에 피곤하면 업무효율이 떨어진다.
④ 밤에 잠을 잘 자면 성과급을 받는다.

07 경찰은 용의자 5명을 대상으로 수사를 벌이고 있다. 범인을 검거하기 위해 경찰은 용의자 5명을 심문하였다. 5명은 아래와 같이 진술하였으며, 이 중 2명의 진술은 참이고, 3명의 진술은 거짓이라고 할 때, 범인은? (단, 범행 현장에는 범죄자와 목격자가 있고, 범죄자는 목격자가 아니며, 모든 사람은 참이나 거짓만 말한다)

- A : 나는 범인이 아니고, 나와 E만 범행 현장에 있었다.
- B : C와 D는 범인이 아니고, 목격자는 2명이다.
- C : 나는 B와 함께 있었고, 범행 현장에 있지 않았다.
- D : C의 말은 모두 참이고, B가 범인이다.
- E : 나는 범행 현장에 있었고, A가 범인이다.

① A   ② B
③ C   ④ D

08 성우, 희성, 지영, 유진, 혜인, 재호가 다음 〈조건〉에 따라 근무할 때, 다음 중 반드시 참인 명제는?

───〈조건〉───
- 성우, 희성, 지영, 유진, 혜인, 재호는 각자 다른 곳에서 근무하고 있다.
- 근무할 수 있는 곳은 감사팀, 대외협력부, 마케팅부, 비서실, 기획팀, 회계부이다.
- 성우가 비서실에서 근무하면, 희성이는 기획팀에서 근무하지 않는다.
- 유진이와 재호 중 한 명은 감사팀에서 근무하고, 나머지 한 명은 마케팅부에서 근무한다.
- 유진이가 감사팀에서 근무하지 않으면, 지영이는 대외협력부에서 근무하지 않는다.
- 혜인이가 회계부에서 근무하지 않을 때에만 재호는 마케팅부에서 근무한다.
- 지영이는 대외협력부에서 근무한다.

① 재호는 감사팀에서 근무한다.
② 희성이는 기획팀에서 근무한다.
③ 성우는 비서실에서 근무하지 않는다.
④ 혜인이는 회계팀에서 근무하지 않는다.

※ 다음 규칙을 바탕으로 이어지는 질문에 답하시오. [9~10]

작동 버튼	기능
◑	2번과 5번의 숫자를 바꾼다.
◐	도형을 시계 반대 방향으로 90° 회전한다.
⊙	1번과 2번, 4번이 적힌 곳의 색을 바꾼다(흰색 ↔ 회색).
■	도형을 시계 방향으로 90° 회전한다.

09 〈보기〉 왼쪽 도형에서 버튼을 눌렀더니 오른쪽 도형으로 변형되었다. 다음 중 누른 버튼의 순서를 바르게 나열한 것은?

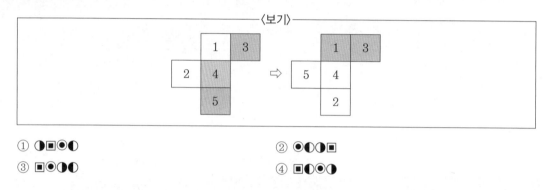

① ◑■⊙◐
② ⊙◐◑■
③ ■⊙◐◑
④ ■◐⊙◑

10 〈보기〉 왼쪽 도형에서 버튼을 눌렀더니 오른쪽 도형으로 변형되었다. 다음 중 누른 버튼의 순서를 바르게 나열한 것은?

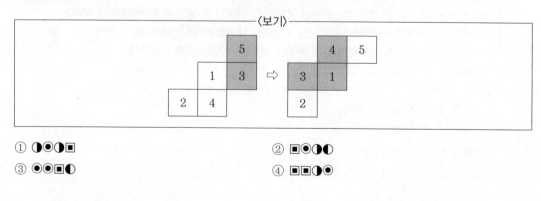

① ◑⊙◐■
② ■⊙◐◑
③ ⊙⊙■◐
④ ■■■◐⊙

※ 다음 규칙을 바탕으로 이어지는 질문에 답하시오. [11~12]

작동 버튼	기능
▼	2번과 3번의 숫자를 바꾼다.
▲	홀수가 적힌 곳의 색을 바꾼다(흰색 ↔ 회색).
◐	1번과 2번이 적힌 곳의 색을 바꾼다(흰색 ↔ 회색).
◑	도형을 시계 방향으로 90° 회전한다.

11 〈보기〉의 왼쪽 도형에서 버튼을 눌렀더니 오른쪽 도형으로 변형되었다. 다음 중 작동 버튼의 순서를 바르게 나열한 것은?

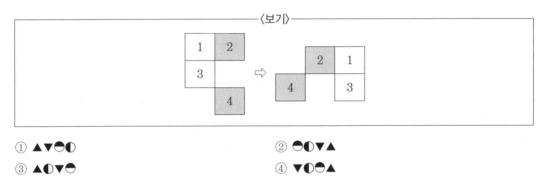

① ▲▼◐◑

② ◐◑▼▲

③ ▲◑▼◐

④ ▼◑◐▲

12 〈보기〉의 왼쪽 도형에서 버튼을 눌렀더니 오른쪽 도형으로 변형되었다. 다음 중 작동 버튼의 순서를 바르게 나열한 것은?

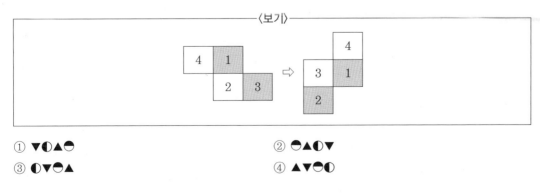

① ▼◑▲◐

② ◐▲◑▼

③ ◑▼◐▲

④ ▲▼◐◑

13 제시된 키패드의 버튼을 누르면 숫자의 배열이 규칙에 따라 달라진다. 다음과 같이 버튼을 눌렀을 때, 달라지는 숫자의 배열로 옳은 것은?

〈키패드〉

1	2	3
4	5	6
7	8	9
*	0	#

〈키패드 버튼별 규칙〉

버튼	규칙	버튼	규칙	버튼	규칙
1	가장 왼쪽에 위치한 숫자가 오른쪽 끝으로 이동	2	가운데 위치한 숫자가 왼쪽 끝으로 이동	3	가장 오른쪽에 위치한 숫자가 왼쪽 끝으로 이동
4	모든 짝수 오른쪽 정렬	5	모든 홀수 오른쪽 정렬	6	3의 배수를 오름차순으로 왼쪽 정렬
7	오름차순 정렬	8	내림차순 정렬	9	오름차순으로 짝수, 홀수 교차 정렬
*	내림차순으로 짝수, 홀수 교차 정렬	0	왼쪽에 위치한 숫자 3개를 오른쪽 끝으로 이동	#	역순으로 정렬

689754312 → ?

① 897543126
② 987654321
③ 268975431
④ 568974312

14 다음은 체스 게임에서 사용하는 기물의 행마법이다. 제시된 그림에서 백색 퀸(♕)이 흑색 킹(♚)을 잡으려면 최소한 몇 번 움직여야 하는가?(단, 움직일 기물을 제외한 다른 기물은 움직이지 않는다)

- 다음은 체스의 나이트(♘), 비숍(♗), 룩(♖), 퀸(♕)의 행마법이다.
- 나이트(♘)는 직선으로 2칸 이동 후 양 옆으로 1칸 이동하며, 다른 기물을 뛰어 넘을 수 있다.
- 비숍(♗)은 대각선으로, 룩(♖)은 직선으로, 퀸(♕)은 대각선과 직선 모두 끝까지 이동할 수 있으며, 다른 기물은 뛰어 넘을 수 없다.

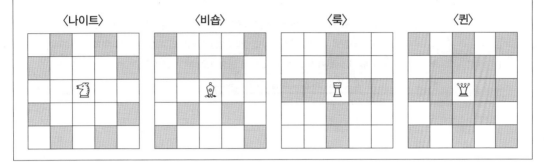

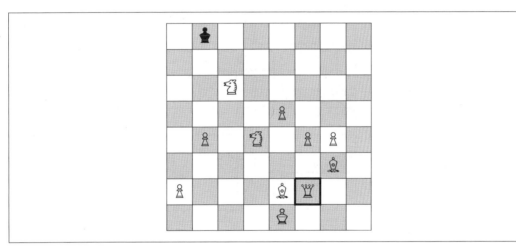

① 1번

② 2번

③ 3번

④ 4번

15 다음 규칙을 바탕으로 A에서 B까지 길을 이으려고 할 때, 다음 중 눌러야 할 버튼의 순서를 바르게 나열한 것은?

- ⇨는 A에서 B까지 이어지는 길의 입구와 출구이다.
- 서로 떨어져 있지 않은 4×4=16개이 칸을 1개의 타일로 가정하고, 길은 회색으로 표시한다.
- 타일 사이 떨어져 있는 부분은 맞닿아 있는 양쪽 칸이 모두 길인 경우 이어진 것으로 가정한다.
- 각 타일은 다음 작동 버튼에 따라 위치와 모양이 바뀐다.

작동 버튼	기능
△	모든 타일을 1개씩 위로 이동한다(가장 위쪽의 타일은 가장 아래쪽으로 이동).
▽	모든 타일을 1개씩 아래로 이동한다(가장 아래쪽의 타일은 가장 위쪽으로 이동).
◆	2, 4, 6, 8번째 타일을 시계 반대 방향으로 90° 회전한다.
■	가운데 타일(5번째 타일)을 시계 방향으로 90° 회전한다.

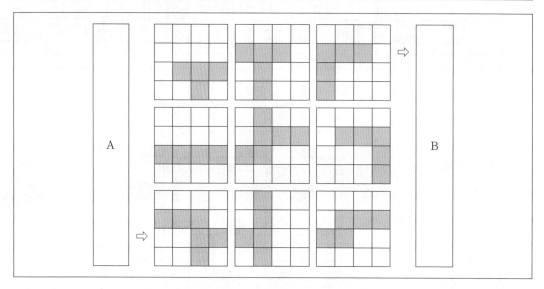

① △◆■

② ◆△■

③ ■▽◆

④ ◆▽■

앞선 정보 제공! 도서 업데이트

언제, 왜 업데이트될까?

도서의 학습 효율을 높이기 위해 자료를 추가로 제공할 때!
공기업 · 대기업 필기시험에 변동사항 발생 시 정보 공유를 위해!
공기업 · 대기업 채용 및 시험 관련 중요 이슈가 생겼을 때!

01 시대에듀 도서
www.sdedu.co.kr/book
홈페이지 접속

02 상단 카테고리
「도서업데이트」
클릭

03 해당
기업명으로
검색

참고자료, 시험 개정사항 등 정보 제공으로 학습효율을 높여 드립니다.

시대에듀
대기업 인적성검사
시리즈

신뢰와 책임의 마음으로 수험생 여러분에게 다가갑니다.

대기업 인적성 "기본서" 시리즈

대기업 취업 기초부터 합격까지! 취업의 문을 여는
Master Key!

2025
전면개정판

합격에듀
시대
에듀 ▶

사이다 기출응용
모의고사 시리즈

사
이
다

사일 동안
이것만 풀면
다 합격!

판매량
1위
YES24 포스코그룹 부문

포스코그룹
온라인 PAT
4회분 | 정답 및 해설

[합격시대]
온라인 모의고사
무료쿠폰
—
도서 동형
온라인 실전연습
서비스
—
10대기업
면접 기출
질문 자료집

SDC   SDC는 시대에듀 데이터 센터의 약자로 약 30만 개의 NCS · 적성 문제 데이터를 바탕으로 최신 출제경향을 반영하여 문제를 출제합니다.   편저 | SDC(Sidae Data Center)

시대에듀

기출응용 모의고사
정답 및 해설

제 1영역 언어이해

01	02	03	04	05	06	07	08	09	10
②	③	④	④	②	①	④	①	④	①
11	12	13	14	15
----	----	----	----	----
③	②	①	④	④

01
정답 ②

• 는개 : 안개비보다는 조금 굵고, 이슬비보다는 가는 비
• 안개비 : 내리는 빗줄기가 매우 가늘어서 안개처럼 부옇게 보이는 비

오답분석
① 작달비 : 장대처럼 굵고, 거세게 좍좍 내리는 비(≒장대비)
③ 개부심 : 장마로 큰물이 난 뒤, 한동안 쉬었다가 다시 퍼붓는 비가 명개를 부시어 냄. 또는 그 비
④ 그믐치 : 음력 그믐께에 비나 눈이 내림. 또는 그 비나 눈

02
정답 ③

'새로운 물건을 만들거나 새로운 생각을 내어놓음'의 의미로 쓰이는 '개발'로 써야 하므로 ③이 어법상 옳지 않다.

03
정답 ④

제시문에 따르면 시민 단체들은 농부와 노동자들이 스스로 조합을 만들어 환경 친화적으로 농산물을 생산하도록 교육하고 이에 필요한 자금을 지원하는 역할을 했을 뿐, 이들이 농산물을 직접 생산하고 판매한 것은 아니다. 따라서 ④가 글의 내용으로 적절하지 않다.

04
정답 ④

미생물을 끓는 물에 노출하면 영양세포나 진핵포자는 죽일 수 있으나, 세균의 내생포자는 사멸시키지 못한다. 멸균은 포자, 박테리아, 바이러스 등을 완전히 파괴하거나 제거하는 것이므로 물을 끓여서 하는 열처리 방식으로는 멸균이 불가능함을 알 수 있다. 따라서 빈칸에 들어갈 내용으로 소독은 가능하지만, 멸균은 불가능하다는 ④가 가장 적절하다.

05
정답 ②

(나)는 '반면', (다)는 '이처럼', (라)는 '가령'으로 시작하므로 첫 번째 문장으로 적합하지 않다. 따라서 (가)가 첫 번째 문장으로 적절하다. 그다음으로 전통적 인식론자의 의견을 예시로 보여준 (라)가 적절하며, 이어서 그와 반대되는 베이즈주의자의 의견이 제시되는 (나)가 적절하다. 마지막으로 (나)의 내용을 결론짓는 (다)의 순으로 나열하는 것이 적절하다.

06
정답 ①

(가) 친환경 농업은 건강과 직결되어 있기 때문에 각광받고 있다. – (나) 병충해를 막기 위해 사용된 농약은 완전히 제거하기 어려우며 신체에 각종 손상을 입힌다. – (다) 생산량 증가를 위해 사용한 농약과 제초제가 오히려 인체에 해를 입힐 수 있다. 따라서 (가) – (나) – (다) 순으로 나열하는 것이 적절하다.

07
정답 ④

보기의 문장에서는 4비트 컴퓨터가 처리하는 1워드를 초과한 '10010'을 제시하며, 이를 '오버플로'라 설명한다. 이때 (라)의 바로 앞 문장에서는 0111에 1011을 더했을 때 나타나는 '10010'을 언급하고 있으며, (라)의 바로 뒤 문장에서는 부호화 절댓값에는 이 '오버플로'를 처리하는 규칙이 없다는 점을 설명하고 있다. 따라서 (라)에 들어가는 것이 적절하다.

08
정답 ①

제시문은 투표 이론 중 합리적 선택 모델에 대해 말하고 있다. 합리적 선택 모델은 유권자들이 개인의 목적을 위해 투표를 한다고 본다. 따라서 투표 행위가 사회적인 배경을 무시할 수 없다는 반박을 제시할 수 있다.

오답분석
②・③・④ 제시문의 내용과 일치하는 주장이다.

09
정답 ④

글쓴이는 인공 지능은 인간의 삶을 편리하게 돕는 도구일 뿐 인간과 같은 사고와 사회적 관계 형성이 불가능하다고 이야기한다. 즉, 이러한 인공 지능을 통해서는 인간에 대한 타당한 판단 역시 불가능하다고 주장한다. 따라서 ㉠에 대한 글쓴이의 주장으로 가장 적절한 것은 ④이다.

오답분석

① 인공 지능은 겉으로 드러난 인간의 말과 행동을 분석하지만 통계적 분석을 할 뿐, 타당한 판단을 할 수 없다.
② 인공 지능은 인간의 삶을 편리하게 돕는 도구일 뿐이며, 인간과 상호 보완의 관계를 갖는다고 볼 수 없다.
③ 인공 지능이 발전하더라도 인간과 같은 사고는 불가능하다.

10
정답 ①

밑줄 친 ㉡에 해당하는 한자성어는 '손이 도리어 주인 노릇을 한다.'는 뜻으로, 부차적인 것을 주된 것보다 오히려 더 중요하게 여김을 이르는 말인 '객반위주(客反爲主)'이다.

오답분석

② 청출어람(靑出於藍) : '쪽에서 뽑아낸 푸른 물감이 쪽보다 더 푸르다.'는 뜻으로, 제자나 후배가 스승이나 선배보다 나음을 비유적으로 이르는 말
③ 과유불급(過猶不及) : '정도를 지나침은 미치지 못함과 같다.'는 뜻으로, 중용이 중요함을 이르는 말
④ 당랑거철(螳螂拒轍) : 제 역량을 생각하지 않고, 강한 상대나 되지 않을 일에 덤벼드는 무모한 행동거지를 비유적으로 이르는 말

11
정답 ③

제시문에서 글쓴이는 현대인들이 사람을 판단할 때, 순간적으로 느껴지는 겉모습보다 자신의 내면적 가치를 소중히 해야 한다고 말하고 있다.

12
정답 ②

글쓴이는 현대인들이 대중문화 속에서 '내가 다른 사람의 눈에 어떻게 보일까'에 대해 '조바심과 공포감'을 가지고 있으며, 이것은 특히 광고에 의해 많이 생겨난다고 말한다. 하지만 ②의 '극장에서 공포영화를 보고 화장실에 가기를 무서워한다.'는 단순한 공포심을 나타내고 있을 뿐이므로 사례로 적절하지 않다.

오답분석

①·③·④ 대중매체를 통해 정보를 얻고, 그 정보대로 실행하지 않으면 남들보다 열등한 상태에 놓이게 될 것으로 여겨 대중매체가 요구하는 대로 행동하는 사례들이다.

13
정답 ①

제시문에서는 사람들의 내면세계를 중요시하던 '과거를 향유했던 사람들'과는 달리 내면보다는 겉모습의 느낌을 중시하는 '현시대를 살아가는 사람들'을 비판하고 있다. 이 경우 보기 좋게 꾸며진 겉보다는 실속 있는 내면이 더 중요하다는 속담으로 비판할 수 있다. ①은 겉보기보다는 속이 더 중요하다는 말로, 이는 형식보다 내용이 중요함을 강조한 표현으로 이해할 수 있다. 따라서 '과거를 향유했던 사람들'의 입장에서 '현시대를 살아가는 사람들'을 비판할 수 있는 속담으로는 ①이 적절하다.

오답분석

②·③ 겉모습이 좋아야 내면도 좋을 수 있다는 것으로 겉모습의 중요성을 말하고 있다.
④ 전체를 보지 못하고 자기가 알고 있는 부분만 가지고 고집함을 뜻하는 말이다.

14
정답 ④

제시문은 2019년 발생한 코로나19 대유행과 이에 따른 공공의료의 중요성과 필요성에 대해 강조하는 글이다.

15
정답 ④

예방을 위한 검사 및 검체 체취, 밀접 접촉자 추적, 격리 및 치료 등와 과정에서 필요한 인력과 시간이 요구되는 것이므로 빈칸에 들어갈 단어로 '소요(필요로 하거나 요구되는 바)'가 가장 적절하다.

오답분석

① 대비 : 앞으로 일어날지도 모르는 어떠한 일에 대응하기 위하여 미리 준비함
② 대체 : 다른 것으로 대신함
③ 제공 : 무엇을 내주거나 갖다 바침

01	02	03	04	05	06	07	08	09	10
②	③	③	①	④	③	③	②	①	④

11	12	13	14	15					
②	③	③	③	①					

01
정답 ②

ㄱ. 영어 관광통역 안내사 자격증 취득자 수는 2023년에 345명으로 전년 대비 감소하였다. 또한 스페인어 관광통역 안내사 자격증 취득자 수는 2023년에 전년 대비 동일하였고, 2024년에 3명으로 전년 대비 감소하였다.

ㄹ. 2022년에 불어 관광통역 안내사 자격증 취득자 수는 전년 대비 동일한 반면, 독어 관광통역 안내사 자격증 취득자 수는 전년 대비 감소하였다.

오답분석

ㄴ. 2024년 중국어 관광통역 안내사 자격증 취득자 수는 일어 관광통역 안내사 자격증 취득자 수의 $\frac{1,350}{150}=9$배이다.

ㄷ. 2021년과 2022년의 태국어 관광통역 안내사 자격증 취득자 수 대비 베트남어 관광통역 안내사 자격증 취득자 수의 비율은 다음과 같다.

- 2021년 : $\frac{4}{8} \times 100 = 50\%$
- 2022년 : $\frac{14}{35} \times 100 = 40\%$

따라서 2021년과 2022년의 차이는 $50-40=10\%$p이다.

02
정답 ③

• 지환 : 2020년부터 2023년까지 방송수신료 매출액은 전년 대비 '증가 – 감소 – 감소 – 증가'의 추이를, 프로그램 판매 매출액은 전년 대비 '감소 – 증가 – 증가 – 감소'의 추이를 보이고 있다. 따라서 방송수신료 매출액의 증감 추이와 반대되는 추이를 보이는 항목이 존재한다.

• 동현 : 각 항목의 매출액 순위는 '광고 – 방송수신료 – 기타 사업 – 협찬 – 기타 방송사업 – 프로그램 판매' 순서이며, 2019년부터 2023년까지 이 순위는 계속 유지된다.

• 세미 : 2019년 대비 2023년에 매출액이 상승하지 않은 항목은 방송수신료, 광고로 총 2개이다.

오답분석

• 소영 : 항목별로 최대 매출액과 최소 매출액의 차를 구해보면 다음과 같다.

– 방송수신료 : $57-53=4$십억 원

– 광고 : $232-210=22$십억 원

– 협찬 : $33-30=3$십억 원

– 프로그램 판매 : $13-10=3$십억 원

– 기타 방송사업 : $22-18=4$십억 원

– 기타 사업 : $42-40=2$십억 원

따라서 기타 사업의 매출액 변동폭은 2십억 원이므로, 모든 항목의 매출액이 3십억 원 이상의 변동폭을 보인 것은 아니다.

03
정답 ③

2021년 SOC, 2022년 산업·중소기업 분야가 해당한다.

오답분석

① 2018년 약 30%, 2020년은 약 31%의 비중을 차지하므로 적절하지 않은 설명이다.

② 교육 분야의 2019년의 전년 대비 지출 증가율은 $\frac{27.6-24.5}{24.5} \times 100 ≒ 12.7\%$이고, 2022년의 지출 증가율은 $\frac{35.7-31.4}{31.4} \times 100 ≒ 13.7\%$이다.

④ 2018년에는 예산 분야 중 기타 분야가 차지하고 있는 비율이 더 높았다.

04
정답 ①

2023년에 서울과 경남의 등락률이 상승했고, 2022년에 제주의 등락률이 상승했다.

오답분석

② 2021년에 경남은 제주의 1.2%p에 이어 1.9%p로 등락률이 두 번째로 낮다.

③ 2023년에 등락률이 가장 높은 곳은 1.6%p인 서울이다.

④ 2024년에 충북은 등락률이 −0.1%p로 가장 낮다.

05
정답 ④

2022년 전문·관리직 종사자 구성비는 50% 미만이다.

오답분석

①·③ 제시된 자료를 통해 알 수 있다.

② 2022년의 여성 취업자 수는 약 10,000천 명이고, 구성비는 약 21.5%이다. 따라서 1,800천 명 이상이다.

06
정답 ③

폐수처리량이 가장 적었던 연도는 204,000m^{3}를 기록한 2022년이다. 그러나 오수처리량이 가장 적은 연도는 27,000m^{3}를 기록한 2023년이므로 자료에 대한 내용으로 적절하지 않다.

오답분석

① ㉠은 2022년의 비율로 $\frac{2,900}{3,100} \times 100 ≒ 94\%$이다.

② 온실가스 배출량은 2021년 1,604,000tCO$_2$eq에서 2023년 1,542,000tCO$_2$eq까지 매년 감소하고 있다.

④ $\left(\frac{1,700+2,900+2,400}{3}\right) ≒ 2,333$이므로 3년 동안의 녹색제품 구매액의 평균은 약 23억 3,300만 원이다.

07
정답 ③

연도별 환경지표점수를 산출하면 다음과 같다.

(단위 : 점)

구분	녹색제품 구매액	에너지 사용량	폐수 처리량	합계
2021년	5	5	5	15
2022년	10	10	10	30
2023년	10	5	5	20

따라서 환경지표점수가 가장 높은 연도는 2022년이고, 그 점수는 30점이다.

08
정답 ②

전년 대비 국·영·수의 월 최대 수강자 수가 증가한 해는 2019년과 2023년이고, 증감율은 다음과 같다.

• 2019년 : $\dfrac{388-368}{368}\times100 ≒ 5.4\%$

• 2023년 : $\dfrac{381-359}{359}\times100 ≒ 6.1\%$

따라서 증감률은 2023년이 가장 높다.

오답분석

ㄱ. 2020년 국·영·수의 월 최대 수강자 수는 전년 대비 감소했지만, 월 평균 수강자 수는 전년에 비해 증가하였다.

ㄴ. 2020년은 전년에 비해 월 최대 수강자 수가 감소했지만, 월 평균 수업료는 증가하였다.

ㄹ. 2018년부터 2023년까지 월 평균 수강자 수가 국·영·수 과목이 최대, 최소인 해는 각각 2020년, 2018년이고, 탐구는 2021년, 2019년이다.

09
정답 ①

국·영·수의 평균 수업료가 유지되는 달에는 탐구의 평균 수업료가 증가하였고, 탐구의 수업료가 유지되는 달에는 국·영·수의 평균 수업료가 증가하였다. 따라서 사교육의 월 평균 수업료는 해가 갈수록 증가하고 있으므로 ㉠은 옳다.

오답분석

㉡ 전년 대비 2023년 평균 수업료는 국·영·수 과목은 증가하였지만, 탐구 과목은 유지되었다.

㉢ 국·영·수와 탐구의 월 평균 수강자 수의 합을 구하면 다음과 같다.

구분	국·영·수	탐구	합계
2018년	312명	218명	530명
2019년	369명	199명	568명
2020년	371명	253명	624명
2021년	343명	289명	632명
2022년	341명	288명	629명
2023년	366명	265명	631명

따라서 2022년에는 전년 대비 감소하였다.

㉣ 2018년 국·영·수와 탐구의 월 평균 수강자 수의 합은 530명, 2022년은 629명으로 629－530＝99명이 증가하였다.

10
정답 ④

총 원화금액을 구하는 식은 다음과 같다.

$(4\times1,000)+(3\times1,120)+(2\times1,180)=9,720$

따라서 평균환율은 $\dfrac{9,720}{9}=1,080$원/달러이다.

11
정답 ②

P기업의 창고재고 금액은 $200\times1,080=216,000$원이다.

12
정답 ③

전체 소비량에서 LPG가 차지하는 비율은 매년 10% 이상이다.

• 2019년 : $\dfrac{89,866}{856,247}\times100 ≒ 10.5\%$

• 2020년 : $\dfrac{108,961}{924,200}\times100 ≒ 11.8\%$

• 2021년 : $\dfrac{105,145}{940,083}\times100 ≒ 11.2\%$

• 2022년 : $\dfrac{109,780}{934,802}\times100 ≒ 11.7\%$

• 2023년 : $\dfrac{122,138}{931,948}\times100 ≒ 13.1\%$

오답분석

① 제시된 자료를 통해 알 수 있다.

② 전체 소비량에서 휘발유가 차지하는 비율은 매년 8% 이상이다.

• 2019년 : $\dfrac{76,570}{856,247}\times100 ≒ 8.9\%$

• 2020년 : $\dfrac{78,926}{924,200}\times100 ≒ 8.5\%$

• 2021년 : $\dfrac{79,616}{940,083}\times100 ≒ 8.5\%$

• 2022년 : $\dfrac{79,683}{934,802}\times100 ≒ 8.5\%$

• 2023년 : $\dfrac{82,750}{931,948}\times100 ≒ 8.9\%$

④ 자료를 통해 2020년에는 전 제품 소비량이 전년 대비 증가하였음을 할 수 있다.

13 정답 ③

ㄴ. 전체 소비량 중 나프타가 차지하는 비율은 매년 50% 이하이다.

- 2019년 : $\frac{410,809}{856,247} \times 100 ≒ 48.0\%$

- 2020년 : $\frac{430,091}{924,200} \times 100 ≒ 46.5\%$

- 2021년 : $\frac{458,350}{940,083} \times 100 ≒ 48.8\%$

- 2022년 : $\frac{451,158}{934,802} \times 100 ≒ 48.3\%$

- 2023년 : $\frac{438,614}{931,948} \times 100 ≒ 47.1\%$

ㄷ. 전체 소비량 중 벙커C유가 차지하는 비율은 2020년에 증가 후 감소 중이다.

- 2019년 : $\frac{35,996}{856,247} \times 100 ≒ 4.2\%$

- 2020년 : $\frac{45,000}{924,200} \times 100 ≒ 4.9\%$

- 2021년 : $\frac{33,522}{940,083} \times 100 ≒ 3.6\%$

- 2022년 : $\frac{31,620}{934,802} \times 100 ≒ 3.4\%$

- 2023년 : $\frac{21,949}{931,948} \times 100 ≒ 2.4\%$

오답분석

ㄱ. 경유의 전년 대비 소비량이 가장 많이 증가한 해는 2020년이다.
- 2020년 : 166,560−156,367=10,193천 배럴
- 2021년 : 168,862−166,560=2,302천 배럴
- 2022년 : 167,039−168,862=−1,823천 배럴
- 2023년 : 171,795−167,039=4,756천 배럴

ㄹ. 5년간 소비된 용제의 양은 1,388+1,633+1,742+1,614+ 1,728=8,105천 배럴로 5년간 소비된 경질중유의 양인 1,569 +1,642+1,574+1,467+1,617=7,869천 배럴보다 많다.

14 정답 ③

2022 ~ 2023년 동안 농업 분야와 긴급구호 분야의 지원금은 다음과 같다.
- 농업 : 1,275+147.28=1,422.28억 원
- 긴급구호 : 951+275.52=1,226.52억 원

따라서 농업 분야가 더 많다.

오답분석

① 제시된 자료를 통해 알 수 있다.

② 2022 ~ 2023년 동안 가장 많은 금액을 지원한 분야는 보건의료 분야로 동일하다.

④ 2022년의 산림분야 지원금은 100억 원이고, 2023년은 73.58억 원이다. 따라서 100−73.58=26.42억 원 감소했으므로 25억 원 이상 감소했다.

15 정답 ①

2022년에 가장 많은 금액을 지원한 세 가지 분야는 보건의료, 식량차관, 농업 분야이고 지원금의 합은 2,134+1,505+1,275= 4,914억 원이다.

2023년에 가장 많은 금액을 지원한 세 가지 분야는 보건의료, 사회복지, 긴급구호 분야이고 지원금의 합은 1,655.96+745.69+ 275.52=2,677.17억 원이다.

따라서 지원금의 차는 4,914−2,677.17 ≒ 2,237억 원이다.

01	02	03	04	05	06	07	08	09	10	11	12	13	14	15					
④	④	③	①	①	④	④	③	②	③	④	①	④	④	③					

01
정답 ④

먼저 근태 점수가 가장 높은 가, 다, 마, 바, 사, 차가 희망하는 지역을 먼저 배치한다.
그다음 근태 점수가 높은 나, 라, 자를 배치한다.
그 후에 근태 점수가 가장 낮은 아를 배치시켜야 하는데 각 지역에 적어도 1명씩 발령해야 하므로 9명에 대한 배치가 끝나고 1명도 배치되지 않은 부산에 배치한다. 이를 정리하면 다음과 같다.

발령지역	서울	대구	대전	광주	울산	부산
직원	가, 마	라, 자	나, 사	다	바, 차	아

따라서 아 직원의 발령지역은 부산이므로 바르게 연결되지 않은 것은 ④이다.

02
정답 ④

10명 직원의 근태와 성과 환산점수를 구하면 다음과 같다.

(단위 : 점)

구분	근태	근태 환산점수	성과	성과 환산점수	환산점수 합계
가	A	$100 \times 0.3 = 30$	B	$60 \times 0.7 = 42$	$30 + 42 = 72$
나	B	$60 \times 0.3 = 18$	B	$60 \times 0.7 = 42$	$18 + 42 = 60$
다	A	$100 \times 0.3 = 30$	C	$20 \times 0.7 = 14$	$30 + 14 = 44$
라	B	$60 \times 0.3 = 18$	A	$100 \times 0.7 = 70$	$18 + 70 = 88$
마	A	$100 \times 0.3 = 30$	A	$100 \times 0.7 = 70$	$30 + 70 = 100$
바	A	$100 \times 0.3 = 30$	B	$60 \times 0.7 = 42$	$30 + 42 = 72$
사	A	$100 \times 0.3 = 30$	A	$100 \times 0.7 = 70$	$30 + 70 = 100$
아	C	$20 \times 0.3 = 6$	B	$60 \times 0.7 = 42$	$6 + 42 = 48$
자	B	$60 \times 0.3 = 18$	C	$20 \times 0.7 = 14$	$18 + 14 = 32$
차	A	$100 \times 0.3 = 30$	A	$100 \times 0.7 = 70$	$30 + 70 = 100$

환산점수가 가장 높은 직원을 원하는 지역으로 순서대로 배치하면 다음과 같다.

발령지역	서울	대구	대전	광주	울산	부산
직원	가, 마	라	나, 사	다, 아	바, 차	자

따라서 아는 부산에서 광주로, 자는 대구에서 부산으로 발령지역에 변동이 생겼다.

03
정답 ③

경제학과 출신이며 체력이 우수한 A를 경제팀에 배치한다. 유통관리사 자격증을 소지했고 창의력이 우수한 D를 유통팀에 배치한다. 신용 업무 경력을 보유했고 의사소통능력에서 우수한 점수를 받은 E를 신용팀에 배치한다. 조직이해능력과 의사소통능력이 우수한 C는 상담팀에 배치한다. 그리고 B는 특별한 선호가 없는 총무팀에 배치한다.
따라서 유통팀 – D, 경제팀 – A, 신용팀 – E, 총무팀 – B, 상담팀 – C로 배치된다.

04
정답 ①

F는 고객 상담 업무 경력이 있기 때문에 고객과 원활한 소통능력을 중시하는 신용팀에 배치하는 것이 가장 적절하다.

05

'(시간)$=\dfrac{(거리)}{(속력)}$'이므로 각 경우의 소요시간은 다음과 같다.

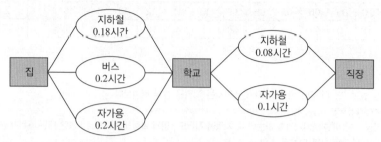

따라서 지하철을 이용해 자녀를 학교에 바래다주고, 이후에도 지하철을 이용해 출근하는 것이 최소시간이 소요되는 경우이다.

06

'(시간)$=\dfrac{(거리)}{(속력)}$'이므로 각 경우의 소요시간은 다음과 같다.

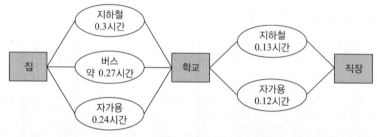

따라서 자가용을 이용해 자녀를 학교에 바래다주고, 이후에도 자가용을 이용해 출근하는 것이 최소시간이 소요되는 경우이다.

07

선택지별 이동거리를 구하면 다음과 같다.
• E－A－C－B－G : 500+300+300+800=1,900m
• E－A－D－C－F－G : 500+300+200+300+300=1,600m
• E－H－D－C－B－G : 300+300+200+300+800=1,900m
• E－H－D－C－F－G : 300+300+200+300+300=1,400m
따라서 이동거리가 가장 짧은 경로는 'E－H－D－C－F－G'이다.

08

B－C－F마을은 서로 직접 연결되어 있고, 각 길의 길이는 500m 이하이며, 모든 길의 합은 300+300+500=1,100m이므로 1km를 넘는다. 따라서 연결하는 길에 화분을 배치할 수 있는 세 마을은 'B, C, F'이다.

오답분석
① 모든 길의 합이 1km 미만이다.
② A, D, E마을은 직접 연결되어 있지 않다.
④ 한 길의 길이가 500m를 초과한다.

09
정답 ②

7시 10분 → ◇ → 7시 55분 → ◆ → 1시 55분 → ◇ → 1시 40분

10
정답 ③

1시 25분 → ◇ → 1시 45분 → ◆ → 3시 45분 → ◆ → 5시 45분

오답분석

① 1시 25분 → ○ → 5시 55분 → ○ → 9시 25분 → ◆ → 11시 25분
② 1시 25분 → ● → 12시 50분 → ● → 11시 15분 → ○ → 3시 45분
④ 1시 25분 → ◆ → 3시 25분 → ◆ → 5시 25분 → ○ → 9시 55분

11
정답 ④

$\quad\quad\quad\quad \triangleleft \quad\quad\quad\quad \triangleleft \quad\quad\quad\quad \blacklozenge \quad\quad\quad\quad \triangle \quad\quad\quad\quad \triangle \quad\quad\quad\quad \quad \bigstar \quad\quad\quad \triangleright$
□(D, 6) → □(C, 6) → □(B, 6) → ■(B, 6) → ■(B, 5) → ■(B, 4) → ▲(B, 4) → ▲(C, 4)

$\quad \blacklozenge \quad\quad\quad\quad \triangle \quad\quad\quad\quad \bigstar$
→ △(C, 4) → △(C, 3) → □(C, 3)

12
정답 ①

$\quad\quad\quad\quad \triangleleft \quad\quad\quad\quad \triangleleft \quad\quad\quad\quad \triangleleft \quad\quad\quad\quad \blacklozenge \quad\quad\quad\quad \triangleleft \quad\quad\quad\quad \triangleleft \quad\quad\quad\quad \bigstar$
●(G, 4) → ●(F, 4) → ●(E, 4) → ●(D, 4) → ○(D, 4) → ○(C, 4) → ○(B, 4) → □(B, 4)

$\quad \triangledown \quad\quad\quad\quad \triangledown \quad\quad\quad\quad \triangledown$
→ □(B, 5) → □(B, 6) → □(B, 7)

오답분석

$\quad\quad\quad\quad \triangledown \quad\quad\quad\quad \triangleleft \quad\quad\quad\quad \triangledown \quad\quad\quad\quad \triangleleft \quad\quad\quad\quad \blacklozenge \quad\quad\quad\quad \triangleleft \quad\quad\quad\quad \triangleleft$
② ●(G, 4) → ●(G, 5) → ●(F, 5) → ●(F, 6) → ●(E, 6) → ○(E, 6) → ○(D, 6) → ○(C, 6)

$\quad \bigstar \quad\quad\quad\quad \triangledown \quad\quad\quad\quad \triangledown$
→ □(C, 6) → □(C, 7) → □(C, 8)

$\quad\quad\quad\quad \bigstar \quad\quad\quad\quad \triangledown \quad\quad\quad\quad \triangledown \quad\quad\quad\quad \triangleleft \quad\quad\quad\quad \triangleleft \quad\quad\quad\quad \blacklozenge \quad\quad\quad\quad \triangleleft$
③ ●(G, 4) → ▲(G, 4) → ▲(G, 5) → ▲(G, 6) → ▲(F, 6) → ▲(E, 6) → △(E, 6) → △(D, 6)

$\quad \triangleleft \quad\quad\quad\quad \triangledown \quad\quad\quad\quad \triangleleft$
→ △(C, 6) → △(C, 7) → △(B, 7)

$\quad\quad\quad\quad \blacklozenge \quad\quad\quad\quad \triangle \quad\quad\quad\quad \triangleleft \quad\quad\quad\quad \triangleleft \quad\quad\quad\quad \triangledown \quad\quad\quad\quad \triangleleft \quad\quad\quad\quad \triangledown$
④ ●(G, 4) → ○(G, 4) → ○(G, 3) → ○(F, 3) → ○(E, 3) → ○(E, 4) → ○(D, 4) → ○(D, 5)

$\quad \triangledown \quad\quad\quad\quad \bigstar \quad\quad\quad\quad \triangleleft$
→ ○(D, 6) → △(D, 6) → △(C, 6)

[13~15]

H□ / W○는 가로축이 ○까지, 세로축이 □까지 있음을 나타낸다. 괄호 앞의 각 문자는 도형의 모양을 나타낸다. 즉, A는 원, B는 삼각형, C는 마름모이다. 괄호 안의 숫자는 도형의 위치를 나타낸다. 즉, (1, 2)는 가로축에서 1과 세로축에서 2가 만나는 위치이다. 또한 쌍점(:) 뒤에 위치한 문자는 도형의 명암을 알려준다. 즉, F는 도형의 안쪽이 검은색이고, E는 도형의 안쪽이 흰색이다.

13 정답 ④

- 가로축이 4까지, 세로축이 3까지 있다. → H3 / W4
- A는 가로축 1과 세로축 3이 만나는 위치이고 도형의 안쪽이 검은색이다. → A(1, 3) : F
- B는 가로축 3과 세로축 2가 만나는 위치이고 도형의 안쪽이 흰색이다. → B(3, 2) : E
- C는 가로축 2와 세로축 1이 만나는 위치이고 도형의 안쪽이 검은색이다. → C(2, 1) : F

따라서 L : H3 / W4, C : A(1, 3) : F / B(3, 2) : E / C(2, 1) : F가 답이다.

14 정답 ④

- 가로축이 5까지, 세로축이 5까지 있다. → H5 / W5
- A는 가로축 2와 세로축 1이 만나는 위치이고 도형의 안쪽이 흰색이다. → A(2, 1) : E
- B는 가로축 4와 세로축 3이 만나는 위치이고 도형의 안쪽이 검은색이다. → B(4, 3) : F
- C는 가로축 3과 세로축 4가 만나는 위치이고 도형의 안쪽이 검은색이다. → C(3, 4) : F

따라서 L : H5 / W5, C : A(2, 1) : E / B(4, 3) : F / C(3, 4) : F가 답이다.

15 정답 ③

B(4, 3) : E는 가로축 4와 세로축 3이 만나는 위치에 있고 도형의 안쪽이 흰색을 나타낸다. 그러나 산출된 그래프에서는 B(3, 4) : E에 위치해 있다.

01	02	03	04	05	06	07	08	09	10	11	12	13	14	15					
①	④	③	④	③	③	③	①	①	②	④	①	④	③	②					

01
정답 ①

다람쥐와 상수리는 '묵'을 통해 '도토리'로 연관 지을 수 있다.
• 도토리 : 상수리나무, 떡갈나무 등 참나무의 열매를 통틀어 이르는 말

02
정답 ④

제시된 단어의 관계를 파악하면 흑백(사진), 졸업(사진)이다. 따라서 '증명'을 통해 '사진'으로 연관 지을 수 있다.

03
정답 ③

제시된 수열은 (앞의 항)+(뒤의 항)=(다음 항)인 수열이다.
따라서 ( )=(-3)+(-5)=-8이다.

04
정답 ④

제시된 수열의 규칙은 다음과 같다.

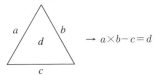
$\rightarrow a \times b - c = d$

따라서 ( )=12×4-28=20이다.

05
정답 ③

제시된 수열의 규칙은 다음과 같다.

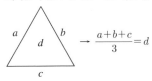
$\rightarrow \dfrac{a+b+c}{3} = d$

따라서 ( )=$\dfrac{12+71-2}{3}$=27

06
정답 ③

ⅰ) 'D는 이번 주에 당직을 선다.'는 다섯 번째 조건에 따라 D를 언급한 세 번째 조건을 먼저 살펴본다. 세 번째 조건의 대우는 'E나 D가 당직을 서면 G는 당직을 서지 않는다.'이다. 따라서 G는 당직을 서지 않는다.
ⅱ) 네 번째 조건의 대우는 'G가 당직을 서지 않으면 F는 당직을 서지 않는다.'이다. 따라서 F도 당직을 서지 않는다.
ⅲ) 첫 번째 조건의 대우는 'B나 F가 당직을 서지 않으면 A도 당직을 서지 않는다.'이다. 따라서 A도 당직을 서지 않는다.
ⅳ) 두 번째 조건에서 'A가 당직을 서지 않으면 E는 당직을 선다.'가 도출되므로, D, E가 당직을 서게 된다.
그러므로 이번 주에 반드시 당직을 서는 직원은 D, E이다.

07

원형 테이블은 회전시켜도 좌석 배치가 동일하므로, 좌석에 1 ~ 7번으로 번호를 붙이고, A가 1번 좌석에 앉았다고 가정한 다음 제시된 조건에 따라 좌석을 배치하면 다음과 같다.

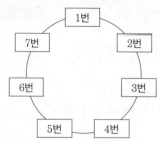

- 첫 번째 조건 : 2번에는 부장이, 7번에는 차장이 앉게 된다.
- 세 번째 조건 : 부장과 이웃한 자리 중 비어있는 3번 자리에 B가 앉게 된다.
- 네 번째 조건 : 7번에 앉은 사람은 C가 된다.
- 다섯 번째 조건 : 5번에 과장이 앉게 되고, 과장과 차장 사이인 6번에 G가 앉게 된다.
- 여섯 번째 조건 : A와 이웃한 자리 중 직원명이 정해지지 않은 2번의 부장 자리에는 D가 앉게 된다.
- 일곱 번째 조건 : 4번 자리에는 대리, 3번 자리에는 사원이 앉는 것을 알 수 있으며, 3번 자리에 앉는 사람은 사원 직급인 B인 것을 알 수 있다.
- 두 번째 조건 : E는 사원과 이웃하지 않았고 직원명이 정해지지 않은 5번 과장 자리에 해당되는 것을 알 수 있다.

이를 정리하면 다음과 같은 좌석 배치가 되며, F는 이 중 유일하게 빈자리인 4번 대리 자리에 앉게 된다.

따라서 사원 직급은 B, 대리 직급은 F인 것을 알 수 있다.

08

네 번째 조건에 따라 청경채는 반드시 포함되므로 이에 근거하여 논리식을 전개하면 다음과 같다.

- 두 번째 조건의 대우 : 청경채 → 무순
- 여섯 번째 조건 : 무순 → ~배
- 세 번째 조건 : 무순 → ~당근
- 다섯 번째 조건 : ~당근 → ~바나나
- 첫 번째 조건 : ~바나나 → 사과

따라서 김대리의 식단에는 청경채, 무순, 사과가 포함되고 배, 당근, 바나나는 포함되지 않는다.

09

도형이 오른쪽의 도형으로 변할 때 도형들은 각각의 규칙을 가지고 이동하는데 △와 ⌂은 좌우 이동, ♥은 시계 방향으로 한 칸씩 이동하며, ⬡은 시계 반대 방향으로 한 칸씩 이동한다. 또한 도형의 자리가 겹쳐질 경우, 해당 도형은 색 반전을 하게 된다. 따라서 주어진 마지막 도형을 기준으로 ?에 들어갈 도형에 △은 왼쪽으로 한 칸, ⌂은 오른쪽으로 한 칸, ♥은 시계 방향으로 한 칸 이동하게 되고, ⬡은 시계 반대 방향으로 이동한다. 이때, 겹치는 ♥와 ⬡은 색이 반전되므로 ①과 같은 모양이 된다.

10

규칙은 세로로 적용된다.
첫 번째 도형을 x축 대칭시킨 것이 두 번째 도형, 이를 y축 대칭시킨 것이 세 번째 도형이다.

11

정답 ④

규칙은 세로로 적용된다.
첫 번째 도형을 시계 방향으로 90° 회전시킨 것이 두 번째 도형, 이를 180° 회전시킨 것이 세 번째 도형이다.

12

정답 ①

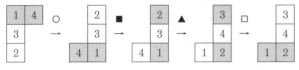

13

정답 ④

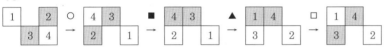

14

정답 ③

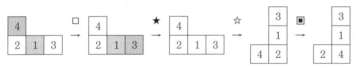

15

정답 ②

2일 차 기출응용 모의고사 정답 및 해설

제 1 영역 언어이해

01	02	03	04	05	06	07	08	09	10
④	②	③	④	④	④	③	④	③	①
11	12	13	14	15					
④	②	③	④	①					

01　　　　　　　　　　　　　　　　　정답 ④

밑줄 친 '연관 짓다'는 '현상이나 사물이 일정한 관계를 맺다'는 의미를 가진다. 따라서 '일정한 사물이나 현상을 서로 연관시킴'의 뜻을 가진 '결부'가 유의어이다.

오답분석

① 결처(決處) : 결정하여 조처함
② 결과(結果) : 어떤 원인으로 결말이 생김
③ 결제(決濟) : 일을 처리하여 끝을 냄

02　　　　　　　　　　　　　　　　　정답 ②

오답분석

① 산을 '넘는다'는 행위의 의미이므로 '넘어'가 맞다.
③ 어깨너머 : 타인이 하는 것을 옆에서 보거나 들음
④ '나뉘다(나누이다)'는 '나누다'의 피동형이므로 피동을 나타내는 접사 '-어지다'와 결합할 수 없다.

03　　　　　　　　　　　　　　　　　정답 ③

'에너지 하베스팅은 열, 빛, 운동, 바람, 진동, 전자기 등 주변에서 버려지는 에너지를 모아 전기를 얻는 기술을 의미한다.'는 내용을 통해 버려진 에너지를 전기라는 에너지로 다시 만든다는 것을 알 수 있다.

오답분석

① 무체물인 에너지도 재활용이 가능하다고 했으므로 적절하지 않은 내용이다.
② 태양광을 이용하는 광 에너지 하베스팅, 폐열을 이용하는 열에너지 하베스팅이라고 구분하여 언급한 것을 통해 다른 에너지원에 속한다는 것을 알 수 있다.

④ '에너지 하베스팅은 열, 빛, 운동, 바람, 진동, 전자기 등 주변에서 버려지는 에너지를 모아 전기를 얻는 기술을 의미한다.'는 내용에서 다른 에너지에 대한 언급은 없이 '전기를 얻는 기술'이라고 언급했으므로 적절하지 않은 내용이다.

04　　　　　　　　　　　　　　　　　정답 ④

마지막 문단의 '칸트의 생각들은 독일 철학의 흐름 속에 이어지다가 후일 아인슈타인에게도 결정적 힌트가 되었다.'는 내용을 통해 칸트의 견해가 아인슈타인에게 영향을 끼친 것은 알 수 있지만, 두 사람의 견해가 같다는 것은 확인할 수 없다.

오답분석

① '우리는 이 개념들을 배워서 아는 것이 아니다. 즉, 경험에 앞서 이미 아는 것이다.'는 내용을 통해 공간, 시간 등의 개념은 태어날 때부터 가진 것임을 알 수 있다.
② '현상으로서 공간과 시간은 그 자체로서 존재할 수 없고 단지 우리 안에서만 존재할 수 있다.'는 내용을 통해 알 수 있다.
③ '경험에 앞서는 범주를 제시했다는 점에서 혁명적 개념이었고, 경험을 강조한 베이컨주의에 대한 강력한 반동인 셈이다.'는 내용을 통해 낭만주의와 베이컨주의가 상반된 내용을 다룬다는 것을 짐작할 수 있다.

05　　　　　　　　　　　　　　　　　정답 ④

쇼펜하우어는 표상의 세계 안에서의 이성의 역할, 즉 시간과 공간, 인과율을 통해서 세계를 파악하는 주인의 역할을 함에도 불구하고 이 이성이 다시 의지에 종속됨으로써 제한적이며 표면적일 수밖에 없다는 한계를 지적하고 있다.

오답분석

① 세계의 본질은 의지의 세계라는 내용은 쇼펜하우어 주장의 핵심 내용이라는 점에서는 옳지만, 제시문의 주요 내용은 주관 또는 이성 인식으로 만들어내는 표상의 세계는 결국 한계를 가질 수밖에 없다는 것이다.
② 제시문에서는 표상 세계의 한계를 지적했을 뿐, 표상 세계의 극복과 그 해결 방안에 대한 내용은 없다.
③ 제시문에서 의지의 세계와 표상 세계는 의지가 표상을 지배하는 종속관계라는 차이를 파악할 수는 있으나, 주제로는 적절하지 않다.

06
정답 ④

제시문은 임베디드 금융에 대한 정의와 장점 및 단점 그리고 이에 대한 개선 방안을 설명하는 글이다. 따라서 (라) 임베디드 금융의 정의 – (나) 임베디드 금융의 장점 – (다) 임베디드 금융의 단점 – (가) 단점에 대한 개선 방안 순으로 나열하는 것이 적절하다.

07
정답 ③

보기의 문장은 사행 산업 역시 매출의 일부를 세금으로 추가 징수하는 경우가 있지만, 게임 산업은 사행 산업이 아닌 문화 콘텐츠 산업이라고 주장한다. 따라서 글의 흐름상 보기의 문장은 게임 산업이 이미 세금을 납부하고 있다는 내용 뒤에 오는 것이 자연스럽다. 또한 (다)의 앞 문장에서는 게임 업체가 이미 매출에 상응하는 세금을 납부하고 있음을 이야기하므로 보기의 문장은 (다)에 들어가는 것이 적절하다.

08
정답 ④

전통적인 경제학은 외부성의 비효율성을 줄이기 위해 정부의 개입을 해결책으로 제시하고 있다. 따라서 정부의 개입이 오히려 비용을 높일 수 있다는 주장을 반박으로 제시할 수 있다.

오답분석

① 외부성에 대한 설명이다.
② · ③ 전통적인 경제학의 주장이다.

09
정답 ③

수력발전으로 전기를 생산하기 위해서는 거대한 댐을 건설해야 하는데 이 댐을 건설할 때 많은 이산화탄소가 발생한다. 그렇기 때문에 수력발전을 통해 이산화탄소를 배출시키지 않고 전기를 생산할 수 있다는 장점이 있으면, 댐 건설을 할 때 이산화탄소가 발생하는 단점도 있다는 것이다. 따라서 '장점이 있으면 단점도 동시에 존재한다.'는 뜻의 '일장일단(一長一短)'이 글의 내용과 어울린다.

오답분석

① 고식지계(姑息之計) : 당장의 편안함만을 꾀하는 일시적인 방편
② 결자해지(結者解之) : 일을 저지른 사람이 그 일을 해결해야 함
④ 과유불급(過猶不及) : 모든 사물이 정도를 지나치면 미치지 못한 것과 같음

10
정답 ①

수력발전이 이산화탄소를 배출하는 것이 아니라, 수력발전을 위한 댐을 건설할 때 이산화탄소가 배출된다.

오답분석

② 댐이 건설되면서 저수지에 갇힌 유기물들의 부패 과정에서 이산화탄소는 물론 메탄이 생성된다.
③ 메탄이 지구온난화에 미치는 영향은 이산화탄소의 20배에 달한다.
④ 반론을 제기한 학자들은 메탄 배출은 댐 운영 첫해에만 발생하는 현상이라고 주장한다.

11
정답 ④

제시문은 메기 효과에 대한 글이므로 가장 먼저 메기 효과의 기원에 대해 설명한 (마) 문단을 시작으로 메기 효과의 기원에 대한 과학적인 검증 및 논란에 대한 (라) 문단이 오는 것이 적절하다. 이어서 경영학 측면에서의 메기 효과에 대한 내용이 있어야 한다. (다) 문단의 경우, 앞의 내용과 뒤의 내용이 상반될 때 쓰는 접속 부사인 '그러나'로 시작하므로 (가) 문단이 먼저, 그 다음으로 (다) 문단이 이어서 오는 것이 적절하다. 마지막으로 메기 효과에 대한 결론인 (나) 문단으로 끝내는 것이 논리적 순서대로 바르게 나열한 것이다.

12
정답 ②

메기 효과는 과학적으로 검증되지는 않았지만 적정 수준의 경쟁이 발전을 이룬다는 시사점을 가지고 있다고 하였으므로 낭설에 불과하다고 하는 것은 글의 내용을 이해한 것으로 적절하지 않다.

오답분석

① (라) 문단의 거미와 메뚜기 실험에서 죽은 메뚜기로 인해 토양까지 황폐화되었음을 볼 때, 거대 기업의 출현은 해당 시장의 생태계까지 파괴할 수 있음을 알 수 있다.
③ (나) 문단에서 성장 동력을 발현시키기 위해서는 규제 등의 방법으로 적정 수준의 경쟁을 유지해야 한다고 서술하고 있다.
④ (가) 문단에서 메기 효과는 한국, 중국 등 고도 경쟁사회에서 널리 사용되고 있다고 서술하고 있다.

13
정답 ③

세 번째 문단에서 '최고의 진리는 언어 이전 혹은 언어 이후의 무언(無言)의 진리이다.' '동양 사상의 정수(精髓)는 말로써 말이 필요 없는 경지'라고 한 부분을 보았을 때 동양 사상은 언어적 지식을 초월하는 진리를 추구한다는 것이 제시문의 중심 내용임을 알 수 있다.

14
정답 ④

동양 사상에서 진리 또는 앎은 언어로써 표현하기 어렵다고 보고 언어적 지성을 대단치 않게 간주해 왔다고 했다. 따라서 앎에 있어서 언어의 효용은 크지 않다고 말한 ④가 동양 사상의 언어관이 가장 잘 반영된 것이라 할 수 있다.

오답분석

① 말 많은 집은 장맛도 쓰다 : 집안에 잔말이 많으면 살림이 잘 안 된다는 말
② 말 한마디에 천 냥 빚 갚는다 : 말만 잘하면 어려운 일이나 불가능해 보이는 일도 해결할 수 있다는 말
③ 말을 적게 하는 사람이 일은 많이 하는 법이다 : 말할 시간을 줄여 일을 할 수 있으니 말을 삼가라는 말

15
정답 ①

㉠ 뒤에 나오는 '동양 사상의 정수(精髓)는 말로써 말이 필요 없는 경지를 가리키는 데에 있다.'는 표현은 진리는 현상을 벗어나는 초월적 경지임을 뜻하므로 이를 통해 ㉠처럼 말한 이유도 유추할 수 있다.

제2영역 자료해석

01	02	03	04	05	06	07	08	09	10
④	④	③	④	②	②	③	③	④	④

11	12	13	14	15					
①	③	③	②	③					

01
정답 ④

ㄱ. 면적이 넓은 유형의 주택일수록 공사 완료 후 미분양된 민간부문 주택이 많은 지역은 인천, 경기 두 곳이다.

ㄴ. 부산의 공사 완료 후 미분양된 민간부문 주택 중 면적이 60~85m² 에 해당하는 주택이 차지하는 비중은 $\frac{161}{350} \times 100 = 46\%$ 로, 면적이 85m² 를 초과하는 주택이 차지하는 비중인 $\frac{119}{350} \times 100 = 34\%$ 보다 10%p 이상 높다.

ㄷ. 면적이 60m² 미만인 공사 완료 후 미분양된 민간부문 주택 수 대비 면적이 60~85m² 에 해당하는 공사 완료 후 미분양된 민간부문 주택 수의 비율은 광주는 $\frac{28}{16} \times 100 = 175\%$ 이고, 울산은 $\frac{54}{36} \times 100 = 150\%$ 이므로 광주가 울산보다 높다.

02
정답 ④

구간 육식률 80% 이상과 육식률 50% 이상 80% 미만에서의 사망률 1위 암은 위암으로 동일하나, 육식률 30% 이상 50% 미만에서의 사망률 1위 암은 대장암이다.

오답분석

① 육식률 80% 이상에서의 위암 사망률과 채식률 100%에서의 위암 사망률 차이는 81%로 유일하게 80%가 넘게 차이 난다.
② • 육식률 80% 이상에서 사망률이 50% 미만인 암
   : 전립선암, 폐암, 난소암
   • 육식률 50% 이상 80% 미만에서 사망률이 50% 이상인 암
   : 대장암, 방광암, 위암
   따라서 3개로 동일하다.
③ 전립선암은 채식률 100%에서 사망률 8%로 육식률 30% 미만 구간의 사망률 5%보다 높다.

03
정답 ③

연도별 경기 지역과 인천 지역의 한 가구당 평균 자녀 수를 비교하면 다음과 같다.
• 2008년 : 경기 4.4명, 인천 4.8명
• 2013년 : 경기 3명, 인천 3.6명
• 2018년 : 경기 2.4명, 인천 2.8명
• 2023년 : 경기 1.3명, 인천 1.1명

따라서 2023년에는 경기 지역이 인천 지역보다 한 가구당 평균 자녀 수가 더 많다.

오답분석

① 모든 연도, 모든 지역에서 5년 전 대비 한 가구당 평균 자녀 수가 감소하고 있다.
② 제주 지역의 한 가구당 평균 자녀 수는 2003년 7.4명, 2008년 5.8명, 2013년 5명, 2018년 3.8명, 2023년 2.5명으로 다른 지역보다 항상 많다.
④ 2008년 한 가구당 평균 자녀 수가 가장 많은 지역은 제주로 5.8명이고, 가장 적은 지역은 서울로 2.9명이므로 제주 지역이 서울 지역의 2배이다.

04   정답 ④

2022년과 2023년은 모든 지역에서 최고 기온이 전년 대비 증가하였지만, 2022년 광주의 최저 기온(2.1℃)은 전년인 2021년 (2.2℃) 대비 감소하였다.

오답분석

① 수도권의 최고 기온이 높은 순으로 나열하면 다음과 같다.
   • 2021년 : 경기(29.2℃) – 인천(28.9℃) – 서울(28.5℃)
   • 2022년 : 경기(31.4℃) – 인천(30.5℃) – 서울(30.1℃)
   • 2023년 : 경기(31.9℃) – 인천(31.5℃) – 서울(31.4℃)
   수도권의 최저 기온이 높은 순으로 나열하면 다음과 같다.
   • 2021년 : 서울(−2.8℃) – 인천(−3.4℃) – 경기(−5.2℃)
   • 2022년 : 서울(−0.5℃) – 인천(−0.9℃) – 경기(−1.2℃)
   • 2023년 : 서울(0.9℃) – 인천(0.5℃) – 경기(−0.3℃)
   따라서 최고 기온은 '경기 – 인천 – 서울' 순으로 높고, 최저 기온은 '서울 – 인천 – 경기' 순으로 높다.
② 2021 ~ 2023년에 영하 기온이 있는 지역은 다음과 같다.
   • 2021년 : 서울(−2.8℃), 경기(−5.2℃), 인천(−3.4℃), 대전(−1.1℃)
   • 2022년 : 서울(−0.5℃), 경기(−1.2℃), 인천(−0.9℃)
   • 2023년 : 경기(−0.3℃)
   따라서 영하 기온이 있는 지역의 수는 매년 감소하고 있다.
③ 2021 ~ 2023년에 대구와 부산의 최고 기온은 다음과 같다.
   • 2021년 최고 기온 : 대구 31.8℃, 부산 33.5℃
   • 2022년 최고 기온 : 대구 33.2℃, 부산 34.1℃
   • 2023년 최고 기온 : 대구 35.2℃, 부산 34.8℃
   따라서 2023년에 대구의 최고 기온이 부산보다 높다.

05   정답 ②

(A) : $299,876-179,743=(A) \rightarrow (A)=120,133$
(B) : $(B)-75,796=188,524 \rightarrow (B)=188,524+75,796$
$=264,320$
(C) : $312,208-(C)=224,644 \rightarrow (C)=312,208-224,644$
$=87,564$

06   정답 ②

전체 조사자 중 20 · 30대는 $1,800+2,500+2,000+1,400=$ 7,700명이므로, 전체 조사자 20,000명 중 $\frac{7,700}{20,000} \times 100=$ 38.5%이다.

오답분석

① 운전면허 소지현황 비율이 가장 높은 연령대는 남성은 75%로 40대이고, 여성도 54%로 40대이다.
③ 70대 여성의 운전면허 소지비율은 12%로 남성인 25%의 절반 이하이다.
④ 50대 운전면허 소지자는 다음과 같다.
   • 남 : $1,500 \times 0.68 = 1,020$명
   • 여 : $1,500 \times 0.42 = 630$명
   따라서 50대 운전면허 소지는 $1,020 + 630 = 1,650$명이다.

07   정답 ③

20 · 30대 여성의 운전면허 소지자를 구하면 다음과 같다.
• 20대 여성 : $2,000 \times 0.22 = 440$명
• 30대 여성 : $1,400 \times 0.35 = 490$명
따라서 20 · 30대 여성의 운전면허 소지는 $440+490=930$명이므로 전체 조사자의 $\frac{930}{20,000} \times 100 = 4.65\%$이다.

08   정답 ③

이륜자동차의 5년간 총 사고건수는 $12,400+12,900+12,000+11,500+11,200=60,000$건이고, 2020년과 2021년의 사고건수의 합은 $12,900+12,000=24,900$건이므로 전체 사고건수의 $\frac{24,900}{60,000} \times 100 = 41.5\%$이다.

오답분석

① 원동기장치 자전거의 사고건수는 2021년까지 증가하다가, 2022년(7,110건)에는 전년(7,480건) 대비 감소하였다.
② 전동킥보드의 2020년부터 2023년까지 전년 대비 사고건수 비율을 구해보면 다음과 같다.
   • 2020년(12건)은 전년(8건) 대비 $12 \div 8 = 1.5$배
   • 2021년(54건)은 전년(12건) 대비 $54 \div 12 = 4.5$배
   • 2022년(81건)은 전년(54건) 대비 $81 \div 54 = 1.5$배
   • 2023년(162건)은 전년(81건) 대비 $162 \div 81 = 2$배
   따라서 가장 높은 해는 2021년이다.
④ 택시의 2019년 대비 2023년 사고건수는 $\frac{177,856-158,800}{158,800} \times 100 = 12\%$ 증가하였고, 버스는 2019년 대비 2023년 사고건수는 $\frac{227,256-222,800}{222,800} \times 100 = 2\%$ 증가하였다. 따라서 택시의 사고건수 증가율이 높다.

09   정답 ④

ㄱ. 5가지 교통수단 중 전동킥보드만 사고건수가 매년 증가하고
있으며 대책이 필요하다.

ㄷ. 2019년 이륜자동차에 면허에 대한 법률이 개정되었고, 2020년
부터 시행되었으며, 2021 ~ 2023년 전년 대비 이륜자동차의
사고건수가 매년 줄이들고 있으므로 옳은 설명이다.

ㄹ. 택시의 2019년부터 2023년까지의 사고건수는 158,800건
− 175,200건 − 168,100건 − 173,000건 − 177,856건으로
증가 − 감소 − 증가 − 증가하였으나, 버스는 222,800건 −
210,200건 − 235,580건 − 229,800건 − 227,256건으로 감
소 − 증가 − 감소 − 감소하였다.

오답분석

ㄴ. 원동기장치 자전거의 사고건수가 가장 적은 해는 2019년이지
만, 이륜자동차의 사고건수가 가장 많은 해는 2020년이다.

10   정답 ④

2022년과 2023년에 해상을 통해 수입한 화물실적 건수의 합은
10,120+14,178=24,298천 건이고, 항공을 통해 수입한 건수의
합은 36,383+44,002=80,385천 건이다. 따라서 두 건수의 차
는 80,385−24,298=56,087천 건이다.

11   정답 ①

2022년 수출 건수 및 수입 건수의 총합은 10,703+46,503=
57,206천 건이다.

오답분석

ㄴ. 해상을 통한 수출 중량은 2022년에 약 2억 8천만 톤, 2023년
에는 약 2억 9천만 톤으로 모두 20억 톤 미만이다.

ㄷ. 2022년 대비 2023년에 해상을 통한 수출은 건수가 4,425천
건에서 4,577천 건으로 증가하였으며, 중량도 283,593,835
톤에서 292,913,521톤으로 모두 증가하였다.

12   정답 ③

2021년에 국유재산의 규모가 10조 원을 넘는 국유재산은 토지,
건물, 공작물, 유가증권 4개이다.

13   정답 ③

ㄱ. 2021년과 2023년에 종류별로 국유재산 규모가 큰 순서는 토지
− 공작물 − 유가증권 − 건물 − 입목죽 − 선박·항공기 − 무
체재산 − 기계·기구 순으로 동일하다.

ㄴ. 2019년과 2020년에 규모가 가장 작은 국유재산은 기계·기구
로 동일하다.

ㄷ. 2020년 국유재산 중 건물과 무체재산, 유가증권 규모의 합계
는 616,824억+10,825억+1,988,350억=2,615,999억 원으
로 260조 원보다 크다.

오답분석

ㄹ. 2021년 대비 2022년에 국유재산 중 선박·항공기는 감소하
였으나, 기계·기구는 증가하였다.

14   정답 ②

과학 분야를 선호하는 남학생 비율은 10%, 여학생은 4%이다.
따라서 과학 분야를 선호하는 총 학생 수는 470×0.1+450×
0.04=47+18=65명이다.

15   정답 ③

역사 분야의 남학생 비율은 13%로, 여학생 비율의 2배인 8×2=
16%보다 낮다.

오답분석

① 여학생은 철학 분야(2%)보다 예술 분야(4%)를 더 선호한다.
② 과학 분야는 남학생 비율(10%)이 여학생 비율(4%)보다 높다.
④ 동화 분야의 여학생 비율은 12%로, 남학생 비율의 2배인 7×2
=14%보다 낮다.

01	02	03	04	05	06	07	08	09	10	11	12	13	14	15					
③	③	④	①	③	④	②	③	④	①	①	①	④	④	②					

01
정답 ③

첫 번째 조건과 두 번째 조건에 따라 책정된 총 회식비는 13×3=39만 원이며, 이를 초과하는 회식장소는 없다. 다음으로 세 번째 조건에 따라 회식은 3일 뒤 18시에 진행하므로 일주일 전에 예약이 필요한 D뷔페와, 19시에 영업을 시작하는 B치킨은 제외된다. 마지막으로 팀원 중 해산물을 먹지 못하는 사람이 있으므로 A수산은 제외된다. 따라서 모든 조건을 충족하는 회식장소는 C갈비이다.

02
정답 ③

등급별 임금·수당 합계 및 임금 총액은 다음과 같다.

구분	초급인력	중급인력	특급인력
기본임금 총계	$45,000×5×8×(10+2)$ $=21,600,000$원	$70,000×3×8×(10+2)$ $=20,160,000$원	$95,000×2×8×(10+2)$ $=18,240,000$원
초과근무수당 총계	$(45,000×1.5)×1×4$ $=270,000$원	$(70,000×1.5)×2×4$ $=840,000$원	$(95,000×1.7)×1×4$ $=646,000$원
합계	$21,600,000+270,000$ $=21,870,000$원	$20,160,000+840,000$ $=21,000,000$원	$18,240,000+646,000$ $=18,886,000$원
임금 총액		$21,870,000+21,000,000+18,886,000=61,756,000$원	

따라서 P사가 근로자들에게 지급해야 할 임금의 총액은 61,756,000원이다.

03
정답 ④

면적당 단가가 가장 낮은 것은 데코 타일이므로, 데코 타일을 깔았을 때의 비용을 구해야 한다.
먼저, 창구 및 고객 공간의 바닥을 다음과 같이 둘로 나누어 각각의 공간에 깔릴 타일 수를 센 후 계산한다.
각 규격을 cm로 환산하면 다음과 같다.
㉠ $(10-4)$m×$(7-2)$m=600cm×500cm
㉡ $(4-2.5)$m×$(7-2-2)$m=150cm×300cm
즉, ㉠에는 $(600÷25)×(500÷25)=24×20=480$개, ㉡에는 $(150÷25)×(300÷25)=6×12=72$개의 데코 타일을 깔아야 한다.

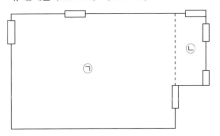

따라서 $6,000×(480+72)=3,312,000$원이다.

04

먼저 다음과 같이 각각의 벽면을 각각 ⓐ~ⓕ라 하고, 각각의 면적을 구한다.

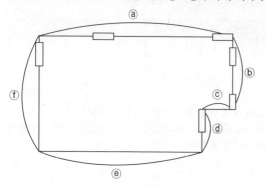

- ⓐ의 면적 : $(600+150) \times 300 = 225,000\text{cm}^2$
- ⓑ의 면적 : $300 \times 300 = 90,000\text{cm}^2$
- ⓒ의 면적 : $150 \times 300 = 45,000\text{cm}^2$
- ⓓ의 면적 : $200 \times 300 = 60,000\text{cm}^2$
- ⓔ의 면적 : $600 \times 300 = 180,000\text{cm}^2$
- ⓕ의 면적 : $500 \times 300 = 150,000\text{cm}^2$

문이 차지하는 면적을 제외해야 하므로, 페인트칠을 해야 하는 총면적을 구하면

$(225,000+90,000+45,000+60,000+180,000+150,000) - \{(100 \times 250) \times 6\} = 750,000 - 150,000 = 600,000\text{cm}^2$ 이다.

- 일반 페인트를 칠할 때 : $600,000 \div 50,000 \times 350,000 = 4,200,000$원
- 친환경 페인트를 칠할 때 : $600,000 \div 50,000 \times 450,000 = 5,400,000$원

따라서 일반 페인트로 칠했을 때와 친환경 페인트로 칠했을 때의 가격은 $5,400,000 - 4,200,000 = 1,200,000$원 차이가 난다.

05

- 창구 및 고객 공간(폴리싱 타일) : **03**번을 참고하여 창구 및 고객 공간에 폴리싱 타일을 까는 비용을 구하면
  $\{(600 \div 50) \times (500 \div 50) + (150 \div 50) \times (300 \div 50)\} \times 20,000 = 138 \times 20,000 = 2,760,000$원이다.
- VIP실(친환경 페인트) : VIP실 벽에서 문을 제외하고 페인트를 칠할 면적을 구하면
  $\{(250 \times 300) \times 2\} + \{(300 \times 300) \times 2\} - (100 \times 250) = 330,000 - 25,000 = 305,000\text{cm}^2$ 이다.
  그러므로 친환경 페인트를 칠하는 비용은
  $\{(300,000 \div 50,000) \times 450,000\} + \{(5,000 \div 5,000) \times 50,000\} = 2,700,000 + 50,000 = 2,750,000$원이다.
- 탕비실(친환경 페인트, 데코 타일) : 탕비실의 바닥은 $200 \times 200\text{cm}$이므로, 데코 타일을 까는 비용은
  $\{(200 \div 25) \times (200 \div 25)\} \times 6,000 = 384,000$원이다.
  또한, 탕비실 벽에서 문을 제외하고 페인트를 칠할 면적을 구하면
  $\{(200 \times 300) \times 4\} - \{(100 \times 250) \times 3\} = 240,000 - 75,000 = 165,000\text{cm}^2$ 이므로, 친환경 페인트를 칠하는 비용은
  $(150,000 \div 50,000) \times 450,000 + \{(15,000 \div 5,000) \times 50,000\} = 1,350,000 + 150,000 = 1,500,000$원이다.
  그러므로 탕비실 공사에 드는 전체 비용은 $384,000 + 1,500,000 = 1,884,000$원이다.
- 문 교체(ABS 문 6개, 일반 유리문 2개, 자동식 유리문 1개) 비용은
  $(350,000 \times 6) + (600,000 \times 2) + 800,000 = 2,100,000 + 1,200,000 + 800,000 = 4,100,000$원이다.

따라서 총견적은 $2,760,000 + 2,750,000 + 1,884,000 + 4,410,000 = 11,494,000$원이다.

06

A지점에서 G지점으로 갈 수 있는 경로는 7가지이며, 이 중 경로 거리가 짧은 3가지 경로를 비교하면 다음과 같다.

• A－B－D－F－G : 5＋6＋2＋3＝16km
• A－C－E－F－G : 3＋6＋3＋3＝15km
• A－C－E－G : 3＋6＋8＝17km

따라서 가장 짧은 경로 거리는 15km이다.

07

F지점을 거치지 않고 E지점을 들르는 'A－C－E－G' 경로가 3＋6＋8＝17km로 가장 짧다.

오답분석

① E지점과 F지점 경로는 교통사고로 인해 운행이 어렵다.
③ E지점을 거치지 않았다.
④ 경로의 거리는 5＋6＋4＋8＝23km이다.

08

선택지별 이동거리를 구하면 다음과 같다.

• A－B－H－G－F : 40＋40＋30＋30＝140km
• A－B－E－H－G－F : 40＋25＋20＋30＋30＝145km
• A－C－E－H－G－F : 30＋15＋20＋30＋30＝125km
• A－D－E－H－G－F : 30＋20＋20＋30＋30＝130km

따라서 이동거리가 가장 짧은 경로는 'A－C－E－H－G－F'이다.

09

두 번째와 세 번째 조건에 따라 A에서 G로 이동하는 경로는 'A－F－G'이다. 이어서 첫 번째, 네 번째, 다섯 번째 조건에 따라 G에서 A로 돌아가는 경로는 'G－E－C－A' 또는 'G－D－C－A'이고 두 경로 모두 각 도시를 잇는 도로의 종류와 거리가 같음에 따라 연료소비량 또한 같으므로 전체 이동경로는 'A－F－G－D－C－A' 또는 'A－F－G－E－C－A'이다.

이 중 외곽순환도로를 이용한 거리는 40＋30＝70km, 국도를 이용한 거리는 30＋30＝60km, 일반도로는 15km을 이용하였으므로 연료소비량을 정리하면 다음과 같다.

$$\frac{70 \times 3.8}{100} + \frac{60 \times 4.2}{100} + \frac{15 \times 4.5}{100} = 2.66 + 2.52 + 0.675 = 5.855L$$

따라서 주어진 조건에 따라 이동했을 때 소비한 연료의 양은 5.855L이다.

10

9시 5분 → ▽ → 1시 45분 → ▼ → 4시 정각 → △ → 11시 정각

11

3시 35분 → △ → 10시 35분 → △ → 5시 35분 → ▽ → 7시 25분

오답분석

② 3시 35분 → ▽ → 7시 15분 → ▼ → 10시 30분 → ▼ → 1시 45분
③ 3시 35분 → ▲ → 3시 55분 → ▽ → 11시 15분 → ▼ → 2시 30분
④ 3시 35분 → △ → 10시 35분 → △ → 5시 35분 → ▲ → 5시 55분

[12~14]

H□ / W○는 가로축이 ○까지, 세로축이 □까지 있음을 나타낸다. 괄호 앞의 각 문자는 도형의 모양을 나타낸다. 즉, A는 원, B는 마름모, C는 삼각형이다. 괄호 안의 숫자는 도형의 위치를 나타낸다. 즉, (1, 2)는 가로축에서 1과 세로축에서 2가 만나는 위치이다.

12 성답 ①

• 가로축이 5까지, 세로축이 5까지 있다. → H5 / W5
• A는 가로축 2와 세로축 3이 만나는 위치이다. → A(2, 3)
• B는 가로축 3과 세로축 1이 만나는 위치이다. → B(3, 1)
• C는 가로축 1과 세로축 4가 만나는 위치이다. → C(1, 4)
따라서 L : H5 / W5, C : A(2, 3) / B(3, 1) / C(1, 4)가 답이다.

13 정답 ④

• 가로축이 4까지, 세로축이 4까지 있다. → H4 / W4
• A는 가로축 3과 세로축 2이 만나는 위치이다. → A(3, 2)
• B는 가로축 1과 세로축 3이 만나는 위치이다. → B(1, 3)
• C는 가로축 2와 세로축 4가 만나는 위치이다. → C(2, 4)
따라서 L : H4 / W4, C : A(3, 2) / B(1, 3) / C(2, 4)가 답이다.

14 정답 ④

C(3, 2)는 가로축 3과 세로축 2가 만나는 위치에 있음을 나타낸다. 그러나 산출된 그래프에서는 C가 (3, 1)에 위치해 있다.

15 정답 ②

원은 단추를 순서대로 눌렀을 때 다음과 같이 변한다.

	◈		◎		☆		♣	
원(C, 8)	→	원(C, 7)	→	원(B, 7)	→	오각형(B, 7)	→	
	♣		◈		☆		◎	
오각형(B, 6)	→	오각형(B, 5)	→	오각형(C, 5)	→	사각형(C, 5)	→	
	♡		★		◆			
사각형(C, 4)	→	사각형(D, 4)	→	오각형(D, 4)	→	오각형(E, 4)		

삼각형은 단추를 순서대로 눌렀을 때 다음과 같이 변한다.

	◈		◎		☆		♣	
삼각형(E, 6)	→	삼각형(E, 7)	→	삼각형(F, 7)	→	원(F, 7)	→	
	♣		◈		☆		◎	
원(G, 7)	→	원(H, 7)	→	원(H, 6)	→	오각형(H, 6)	→	
	♡		★		◆			
오각형(H, 7)	→	오각형(G, 7)	→	원(G, 7)	→	원(G, 6)		

사각형은 단추를 순서대로 눌렀을 때 다음과 같이 변한다.

	◈		◎		☆		♣	
사각형(G, 3)	→	사각형(F, 3)	→	사각형(F, 2)	→	삼각형(F, 2)	→	
	♣		◈		☆		◎	
삼각형(E, 2)	→	삼각형(D, 2)	→	삼각형(D, 3)	→	원(D, 3)	→	
	♡		★		◆			
원(C, 3)	→	원(C, 4)	→	삼각형(C, 4)	→	삼각형(C, 5)		

오각형은 단추를 순서대로 눌렀을 때 다음과 같이 변한다.

	◈		◎		☆		♣	
오각형(H, 6)	→	오각형(I, 6)	→	오각형(I, 7)	→	사각형(I, 7)	→	

	♣		◈		☆		◎	
사각형(I, 8)	→	사각형(I, 9)	→	사각형(H, 9)	→	삼각형(H, 9)	→	

	♡		★		◈		
삼각형(I, 9)	→	삼각형(I, 8)	→	사각형(I, 8)	→	<u>사각형(H, 8)</u>	

따라서 (F, 5)에 있는 도형은 없다.

01	02	03	04	05	06	07	08	09	10	11	12	13	14	15					
④	②	④	②	③	③	③	①	③	③	①	②	④	①	②					

01
정답 ④

강강술래와 보름(15일)은 '가배(추석을 일컫는 고어)'를 통해 '추석'으로 연관 지을 수 있다.

02
정답 ②

물과 장사는 '대동강'을 통해 대동강 물을 팔아 이익을 남긴 '봉이 김선달'로 연관 지을 수 있다.

03
정답 ④

[(앞의 항)×(−1)]+(뒤의 항)=(다음 항)
따라서 ( )=(−5)×(−1)+(−3)=2이다.

04
정답 ②

각 항을 3개씩 묶고 각각 A, B, C라고 하면 다음과 같다.
$\underline{A\ B\ C} \to A-B=C$
따라서 ( )=20−12=8

05
정답 ③

첫 번째 행의 각 수는 (양 대각선 아래로 있는 두 수의 합)−1이다.
따라서 ( )=−2+1+3=2이다.

06
정답 ③

a는 'A가 외근을 나감', b는 'B가 외근을 나감', c는 'C가 외근을 나감', d는 'D가 외근을 나감', e는 'E가 외근을 나감'이라고 할 때, 네 번째 조건과 다섯 번째 조건의 대우인 $b \to c$, $c \to d$에 따라 $a \to b \to c \to d \to e$가 성립한다. 따라서 'A가 외근을 나가면 E도 외근을 나간다.'는 항상 참이 된다.

07
정답 ③

1행과 2행에 빈자리가 한 곳씩 있고 A자동차는 대각선을 제외하고 주변에 주차된 차가 없다고 하였으므로 A자동차는 1열이나 3열에 주차되어 있다. B자동차와 C자동차는 바로 옆에 주차되어 있다고 하였으므로 같은 행에 주차되어 있다. 1행과 2행에 빈자리가 한 곳씩 있다고 하였으므로 B자동차와 C자동차가 주차된 행에는 A자동차와 D자동차가 주차되어 있을 수 없다. 따라서 A자동차와 D자동차는 같은 행에 주차되어 있다. 이를 정리하면 다음과 같다.
• 경우 1

A		D
	B	C

• 경우 2

A		D
	C	B

• 경우 3

D		A
B	C	

• 경우 4

D		A
C	B	

오답분석
① 경우 1, 4에서는 B자동차의 앞 주차공간이 비어있지만, 경우 2, 3에서는 B자동차의 앞 주차공간에 D자동차가 주차되어 있으므로 항상 거짓은 아니다.
② 경우 1, 4에서는 C자동차의 옆 주차공간에 빈자리가 없지만, 경우 2, 3에서는 C자동차의 옆 주차공간에 빈자리가 있으므로 항상 거짓은 아니다.
④ 경우 1, 4에서는 C자동차와 D자동차가 같은 열에 주차되어 있지만, 경우 2, 3에서는 C자동차와 D자동차가 같은 열에 주차되어 있지 않으므로 항상 거짓은 아니다.

08 　　　　　　　　　　　　　　　　　　　　　　　　　　　　　　　　　　　　　정답 ①

ⅰ) A상자 첫 번째 안내문이 참, 두 번째 안내문이 거짓인 경우
　 B, D상자 첫 번째 안내문, C상자 두 번째 안내문이 참이다. 따라서 ①·②가 참, ③·④가 거짓이다.
ⅱ) A상자 첫 번째 안내문이 거짓, 두 번째 안내문이 참인 경우
　 B, C상자 첫 번째 안내문, D상자 두 번째 안내문이 참이다. 따라서 ①·③이 참, ②가 거짓, ④는 참인지 거짓인지 알 수 없다.
그러므로 항상 옳은 것은 ①이다.

09 　　　　　　　　　　　　　　　　　　　　　　　　　　　　　　　　　　　　　정답 ③

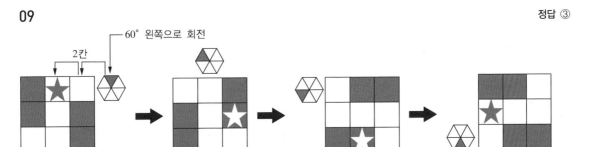

육각형은 전체 사각형의 변을 따라 시계 반대 방향으로 두 칸씩 돌면서 60° 왼쪽으로 회전한다. 작은 회색 사각형은 시계 반대 방향으로 한 칸씩 이동하고 회색 별(★)은 시계 방향으로 두 칸씩 이동한다. 이때 별이 사각형과 만나면 그 별은 색이 반전(☆)된다.

10 　　　　　　　　　　　　　　　　　　　　　　　　　　　　　　　　　　　　　정답 ③

규칙은 가로로 적용된다.
첫 번째 도형을 x축 대칭시킨 것이 두 번째 도형, 두 번째 도형을 시계 방향으로 60° 회전시킨 것이 세 번째 도형이다.

11 　　　　　　　　　　　　　　　　　　　　　　　　　　　　　　　　　　　　　정답 ①

규칙은 세로로 적용된다.
첫 번째 도형과 두 번째 도형의 겹치는 부분을 제외하면 세 번째 도형이다.

12

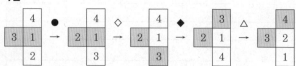

13

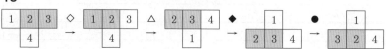

14

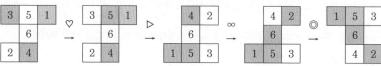

15

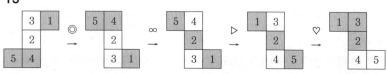

3일 차 기출응용 모의고사 정답 및 해설

제 1 영역 언어이해

01	02	03	04	05	06	07	08	09	10
①	②	④	④	③	②	④	④	④	③
11	12	13	14	15					
③	③	③	④	③					

01
정답 ①

제시문과 ①의 '가지다'는 '직업, 자격증 따위를 소유하다.'를 뜻한다.

오답분석
② 모임을 치르다.
③ 아이나 새끼, 알을 배 속에 지니다.
④ 생각, 태도, 사상 따위를 마음에 품다.

02
정답 ②

• 오랜동안 → 오랫동안
• 발명 → 발견

03
정답 ④

제시문은 우리말과 영어의 어순 차이에 대해 설명하면서, 우리말에서 주어 다음에 목적어가 오는 것은 '나의 의사보다 상대방에 대한 관심을 먼저 보이는 우리의 문화'에서 기인한 것이라고 언급하고 있다. 그리고 '나의 의사를 밝히는 것이 먼저인 영어를 사용하는 사람들의 문화'라는 내용으로 볼 때, 상대방에 대한 관심보다 나의 생각을 우선시하는 것은 영어의 문장 표현이다.

04
정답 ④

단순히 젊은 세대의 문화만을 존중하거나, 기존 세대의 문화만을 따르는 것이 아닌 두 문화가 어우러질 수 있도록 기업 차원에서 분위기를 만드는 것이 본질적인 해결법으로 가장 적절하다.

오답분석
① 급여받은 만큼만 일하게 되는 악순환이 반복될 것이므로 기업 차원의 방법으로는 적절하지 않다.
② 기업의 전반적인 생산성 향상을 이룰 수 없으므로 기업 차원의 방법으로는 적절하지 않다.
③ 젊은 세대의 채용을 기피하는 분위기가 생길 수 있으므로 적절하지 않다.

05
정답 ③

제시문에서는 현대 사회의 소비 패턴이 '보이지 않는 손' 아래의 합리적 소비에서 벗어나 과시 소비가 중심이 되었으며, 그 이면에는 소비를 통해 자신의 물질적 부를 표현함으로써 신분을 과시하려는 욕구가 있다고 설명하고 있다. 따라서 글의 제목으로 ③이 가장 적절하다.

06
정답 ②

1965년 노벨상 수상자인 게리 베커에 대한 내용으로 이야기를 시작하며 베커가 주장한 '시간의 비용' 개념을 소개하는 (라) 문단이 처음에 와야 한다. (라) 문단을 보충하는 내용으로 베커의 '시간의 비용이 가변적'이라는 개념을 언급한 (가) 문단, 베커와 같이 시간의 비용이 가변적이라고 주장한 경제학자 린더의 주장을 소개한 (다) 문단이 이어진다. 마지막으로 베커와 린더의 공통적 전제인 사람들에게 주어진 시간이 고정된 양이라는 사실과 기대수명이 늘어남으로써 시간의 가치가 달라질 것이라는 내용의 (나) 문단이 순서대로 연결된다. 따라서 (라) – (가) – (다) – (나)의 순으로 나열하는 것이 적절하다.

07
정답 ④

ⓒ : ⓒ은 반본질주의자가 본질주의자를 비판하는 주장으로서, 두 번째 문단 마지막 문장의 '반(反)본질주의는 그런 본질이란 없으며, …… 본질의 역할을 충분히 달성할 수 있다.'는 내용을 요약한 것이다. 따라서 ⓒ의 위치는 (나)가 가장 적절하다.

ⓒ : ⓒ에서 말하는 '비판'은 마지막 문단에서 지적한 '아직까지 본질적인 것을 명확히 찾는 데 성공하지 못했기 때문에' 본질주의가 받는 비판을 뜻한다. 이는 앞의 내용이 뒤의 내용의 원인이 될 때 쓰는 접속 부사 '그래서'를 통해 알 수 있다. 따라서 ⓒ의 위치는 (라)가 가장 적절하다.

08

제시문은 유명인의 중복 광고 출연으로 인한 부정적인 효과를 설명하고 있다. 따라서 사람들이 항상 유명인과 브랜드 이미지를 연관 짓는 것은 아니며, 오히려 유명인의 출연 자체가 광고 효과를 일으킬 수 있다는 주장을 반박으로 내세울 수 있다.

오답분석
① 제시문의 내용과 일치하는 주장이다.
②·③ 유명인의 중복 광고 출연으로 인한 부정적인 효과를 말하고 있다.

09
정답 ④

세 번째 문단에 따르면 맹사성은 여름이면 소나무 그늘 아래에 앉아 피리를 불고, 겨울이면 방 안 부들자리에 앉아 피리를 불었음을 알 수 있다.

오답분석
① 맹사성은 고려 시대 말 과거에 급제하여 조선이 세워진 후 조선 전기의 문화 발전에 큰 공을 세웠다.
② 맹사성의 행색을 야유한 고을 수령이 스스로 도망을 가다 관인을 인침연에 빠뜨렸다.
③ 『필원잡기』의 저자는 서거정으로, 맹사성의 평소 생활 모습이 담겨있다.

10
정답 ③

• 사사(私私)롭다 : 공적이 아닌 개인적인 범위나 관계의 성질이 있다.
• 사소(些少)하다 : 보잘것없이 작거나 적다.

11
정답 ③

• C : 내연기관차는 무게가 무겁기 때문에 가벼운 경차보다 연비가 떨어지는 모습을 보인다.
• E : 충·방전을 많이 하면 전지 용량이 감소하기 때문에 이를 개선하려는 연구가 이뤄지고 있다.

오답분석
• A : 가볍다는 특성이 리튬의 장점은 맞지만 양이온 중에서 가장 이동속도가 빠른 물질은 리튬이 아닌 수소이다.
• B : 리튬이온은 충전 과정을 통해 전지의 음극에 모이게 된다. 음극에서 양극으로 이동하는 것은 방전을 통해 발생한다.
• D : 1kWh 당 6.1km를 주행할 수 있으므로, 20을 곱하게 되면 122km를 주행할 수 있다.

12
정답 ③

제시문은 리튬과 리튬이온전지를 예시와 함께 설명하고, 테슬라 모델3 스탠더드 버전을 통해 전기에너지 개념을 설명하고 있다.

13
정답 ③

• 늘리다 : 물체의 넓이, 부피 따위를 본디보다 커지게 하다.
• 늘이다 : 본디보다 더 길어지게 하다.

오답분석
① • 지양하다 : 더 높은 단계로 오르기 위하여 어떠한 것을 하지 아니하다.
  • 추구하다 : 목적을 이룰 때까지 뒤쫓아 구하다.
② • 구상하다 : 앞으로 이루려는 일에 대하여 그 일의 내용이나 규모, 실현 방법 따위를 어떻게 정할 것인지 이리저리 생각하다.
  • 구성하다 : 몇 가지 부분이나 요소들을 모아서 일정한 전체를 짜 이루다.
④ • 소묘하다 : 연필, 목탄, 철필 따위로 사물의 형태와 명암을 위주로 하여 그림을 그리다.
  • 소모하다 : 써서 없애다.

14
정답 ④

해외로 뻗어가고 있는 한국의 문화를 소개하는 (라) 문단이 오는 것이 적절하다. 이어서 선진국의 문화가 국제적인 것은 아니라는 내용의 (나) 문단, 에티오피아의 사례를 이야기하며 문화의 국제화 방향을 정의하는 (바) 문단, 남한과 북한의 문화적 차이를 언급하며 그중 언어의 차이를 이야기하는 (마) 문단, 다른 문화적 차이인 교통 문화의 차이를 이야기하는 (다) 문단이 차례로 와야 한다. 마지막으로는 남북한과 같이 문화적 차이가 나타나기도 하지만 세계적으로 문화의 경계가 모호해지면서 또 다른 문화의 모습이 나타난다는 (가) 문단이 오는 것이 적절하다.

15
정답 ③

• 동화(同化) : 성질, 양식, 사상 따위가 다르던 것이 서로 같게 됨
• 교류(交流) : 문화나 사상 따위가 서로 통함

오답분석
• 이화(異化) : 성질, 양식, 사상 따위가 서로 달라짐
• 교체(交替) : 사람이나 사물을 다른 사람이나 사물로 대신함

28 포스코그룹 PAT 온라인 적성검사

제**2**영역 자료해석

01	02	03	04	05	06	07	08	09	10
④	④	④	③	④	③	③	①	③	②
11	12	13	14	15					
①	②	③	②	④					

01
정답 ④

일본, 미국만 해당하므로 절반이 넘지 않는다.

오답분석

① 2022년에만 프랑스의 자국 영화 점유율이 한국보다 높았다.
② 제시된 자료를 통해 쉽게 확인할 수 있다.
③ 2021년 대비 2024년 자국 영화 점유율이 하락한 국가는 한국, 영국, 프랑스이고, 이 중 한국이 4%p로 가장 많이 하락했다.

02
정답 ④

• 2021년 전년 대비 감소율 : $\frac{20-15}{20} \times 100 = 25\%$

• 2022년 전년 대비 감소율 : $\frac{15-12}{15} \times 100 = 20\%$

따라서 2021년과 2022년의 경제 분야 투자 규모의 전년 대비 감소율의 차이는 5%p이다.

오답분석

① 2023년 총지출을 a억 원이라고 가정하면, $a \times 0.05 = 16$억 원 $\rightarrow a = \frac{16}{0.05} = 320$, 총지출은 320억 원이므로 300억 원 이상이다.

② 2020년 경제 분야 투자 규모의 전년 대비 증가율은 $\frac{20-16}{16}$ $\times 100 = 25\%$이다.

③ 2019 ~ 2023년 동안 경제 분야에 투자한 금액은 $16+20+15$ $+12+16=79$억 원이다.

03
정답 ④

제1차 시험 대비 제2차 시험 합격률의 증가율의 식은 다음과 같다.

$$\frac{(\text{제2차 시험 합격률}) - (\text{제1차 시험 합격률})}{\text{제1차 시험 합격률}} \times 100$$

그러므로 다음과 같은 식이 성립한다.

$$\frac{\left(\frac{17,325}{75,000} \times 100\right) - \left(\frac{32,550}{155,000} \times 100\right)}{\left(\frac{32,550}{155,000} \times 100\right)} \times 100$$

$$\rightarrow \frac{23.1 - 21}{21} \times 100$$

$$\rightarrow \frac{2.1}{21} \times 100 = 10\%$$

따라서 제1차 시험 대비 제2차 시험 합격률의 증가율은 10%이다.

04
정답 ③

ㄱ. 2020 ~ 2022년까지 전년 대비 세관물품 신고 수가 증가와 감소를 반복한 것은 '증가 – 감소 – 증가'인 B와 D이다. 따라서 가전류와 주류는 B와 D 중 하나에 해당한다.

ㄴ. A ~ D의 전년 대비 2023년 세관물품 신고 수의 증가량은 다음과 같다.
• A : $5,109 - 5,026 = 83$만 건
• B : $3,568 - 3,410 = 158$만 건
• C : $4,875 - 4,522 = 353$만 건
• D : $2,647 - 2,135 = 512$만 건
따라서 C가 두 번째로 증가량이 많으므로 담배류에 해당한다.

ㄷ. B, C, D를 제외하면 잡화류는 A임을 바로 알 수 있지만, 자료의 수치를 보면 A가 2020 ~ 2023년 동안 매년 세관물품 신고 수가 가장 많음을 확인할 수 있다.

ㄹ. 2022년 세관물품 신고 수의 전년 대비 증가율을 구하면 D의 증가율이 세 번째로 높으므로 주류에 해당하고 ㄱ에 따라 B가 가전류가 된다.
• A : $\frac{5,026 - 4,388}{4,388} \times 100 = 14.5\%$
• B : $\frac{3,410 - 3,216}{3,216} \times 100 = 6.0\%$
• C : $\frac{4,522 - 4,037}{4,037} \times 100 = 12.0\%$
• D : $\frac{2,135 - 2,002}{2,002} \times 100 = 6.6\%$

따라서 A는 잡화류, B는 가전류, C는 담배류, D는 주류이다.

05
정답 ④

ㄱ. 제시된 자료를 통해 아파트단지, 놀이터, 공원의 경우 지속적으로 감소하지 않는다는 것을 알 수 있다.

ㄷ. • 2022년 대비 2023년의 학교 안전지킴이집의 증감률
: $\frac{7,270 - 7,700}{7,700} \times 100 = -5.58\%$

• 2022년 대비 2023년의 유치원 안전지킴이집의 증감률
: $\frac{1,373 - 1,381}{1,381} \times 100 = -0.58\%$

따라서 $0.58 \times 10 = 5.8\%$이므로 2022년 대비 2023년의 학교 안전지킴이집의 감소율은 2021년 대비 2023년의 유치원 안전지킴이집 감소율의 10배 미만이다.

ㄹ. • 2022년 전체 어린이 안전지킴이집에서 24시 편의점이 차지하는 비중 : $\frac{2,528}{20,512} \times 100 = 12.32\%$

• 2023년 전체 어린이 안전지킴이집에서 24시 편의점이 차지하는 비중 : $\frac{2,542}{20,205} \times 100 = 12.58\%$

따라서 편의점이 차지하는 비중이 증가하였다.

ㄴ. 선정업소 형태별로 2019년 대비 2023년의 어린이 안전지킴이집의 감소량을 구하면 다음과 같다.
  • 24시 편의점 : 2,542−3,013=−471개
  • 약국 : 1,546−1,898=−352개
  • 문구점 : 3,012−4,311=−1,299개
  • 상가 : 6,770−9,173=−2,403개

따라서 2019년에 비해 2023년에 가장 많이 감소한 선정업소 형태는 상가이다.

06 　　　　　정답 ③

연도별 영업이익과 이익률을 포함한 자료는 다음과 같다.

(단위 : 억 원)

구분	2020년	2021년	2022년	2023년	2024년
매출액	1,485	1,630	1,410	1,860	2,055
매출원가	1,360	1,515	1,280	1,675	1,810
판관비	30	34	41	62	38
영업이익	95	81	89	123	207
영업이익률	6.4%	5.0%	6.3%	6.6%	10.1%

07 　　　　　정답 ③

2022년 4분기 경차의 수출액은 257백만 달러이고 2023년 4분기 경차의 수출액은 229백만 달러이므로 2023년 4분기 경차의 수출액은 전년 동분기보다 감소했다. 또한 1,500cc 초과 2,000cc 이하 휘발유·경유 승용차의 2023년 4분기 수출액도 전년 동분기보다 감소했다.

① 2022년 4분기에 수출액이 두 번째로 높은 승용차 종류는 수출액 2,986백만 달러의 배기량 2,000cc 초과 휘발유 중대형 승용차이다.
② 2023년 1분기에 전 분기보다 수출액이 증가한 승용차 종류는 배기량 1,500cc 이하 경유 소형 승용차 한 종류이다.
④ • 2023년 3분기 소형 휘발유 승용차 수출액 : 1,253백만 달러
  • 2023년 4분기 소형 휘발유 승용차 수출액 : 1,688백만 달러
  • 전분기 대비 2023년 4분기 소형 휘발유 승용차 수출액의 증가율 : $\dfrac{1,688-1,253}{1,253} \times 100 ≒ 34.7\%$

08 　　　　　정답 ①

• 2023년 1분기 휘발유 승용차의 매출액 : 214+1,463+3,907 +2,200=7,784백만 달러
• 2023년 4분기 휘발유 승용차의 매출액 : 229+1,688+4,540 +3,012=9,469백만 달러

따라서 2023년 4분기 휘발유 승용차의 매출액은 동년 1분기보다 9,469−7,784=1,685백만 달러 증가했다.

09 　　　　　정답 ③

2022년의 평균 기온을 구하는 식은 다음과 같다.
{(가)+24.0+15.3−0.4}÷4=12.4
38.9+(가)=49.6
따라서 (가)=10.7이다.

10 　　　　　정답 ②

2022년 가을 평균 기온(15.3℃)은 전년(14.5℃)에 비해 0.8℃ 상승했다.

① 제시된 자료를 통해 쉽게 확인할 수 있다.
③ 12.2−10.8=1.4℃ 상승했다.
④ 2023년 가을 평균 기온이 전년에 비해 하강한 정도는 13.7− 15.3=1.6℃로, 여름 평균 기온이 상승한 정도인 24.0−24.7 =−0.7℃를 초과한다.

11 　　　　　정답 ①

65세 이상 인구 비중이 높은 지역은 '전남 – 경북 – 전북 – 강원 – 충남 – …' 순서이다.
따라서 64세 이상 인구 비중이 세 번째로 높은 전북의 64세 이하 비중은 100−19=81%이다.

12 　　　　　정답 ②

인천 지역의 총인구가 300만 명이라고 할 때, 65세 이상 인구는 300×0.118=35.4만 명이다.

① 울산의 40세 미만 비율과 대구의 40세 이상 64세 이하 비율 차이는 48.5−40.8=7.7%p이다.
③ 40세 미만 비율이 높은 다섯 지역을 차례로 나열하면 '세종 (56.7%) – 대전(49.7%) – 광주(49.4%) – 경기(48.8%) – 울산 (48.5%)'이다.
④ 조사 지역의 인구가 모두 같을 경우 40세 이상 64세 이하 인구가 두 번째로 많은 지역은 그 비율이 두 번째로 높은 지역을 찾으면 된다. 따라서 첫 번째는 41.5%인 울산이며, 두 번째는 40.8%인 대구이다.

13 　　　　　정답 ③

'한 달 수업일수 및 하루 수업 시간' 그래프에서 각 수업의 한 달 동안 받는 수업 시간을 계산하면 다음과 같다.
• 영어회화 : 6×1=6시간
• 컴퓨터활용 : 8×1.5=12시간
• 회계이론 : 5×2=10시간
• 영어문서 작성 : 6×2=12시간

따라서 한 달에 가장 적은 시간을 수업하는 프로그램은 '영어회화'이며, 한 달 수강료는 10만 원이다.

14

정답 ②

모든 부서의 직원 수는 $8+10+9+13=40$명이며, 그중 컴퓨터활용을 신청한 직원은 $2+4+2+3=11$명이다.

따라서 '컴퓨터활용'을 신청한 직원은 전체에서 $\frac{11}{40}\times100=27.5\%$ 를 차지한다.

15

정답 ④

영어회화를 신청한 직원은 9명이고, 수강료는 1인당 10만원이며 회계이론을 신청한 직원은 3명이고, 수강료는 1인당 12만 원이다. 따라서 두 수업에 지원해 주는 금액은 총 $9\times10+3\times12=90+36=126$만 원이다.

01	02	03	04	05	06	07	08	09	10	11	12	13	14	15					
②	②	③	①	①	④	②	④	④	②	④	③	①	④	②					

01
정답 ②

• 앞 두 자리 : ㅎ, ㅈ → N, I
• 세 번째, 네 번째 자리 : 1, 3
• 다섯 번째, 여섯 번째 자리 : Q, L
• 마지막 자리 : 01
따라서 생성할 비밀번호는 'NI13QL01'이다.

02
정답 ②

황희찬 부장(4월 8일생)의 비밀번호는 'NJ08QM03'이다.

03
정답 ③

B과장은 현재 4급이기 때문에 3급으로 승진하기 위해서는 직급 임기 4년, 인사고과 점수 93점 이상, 과장급 4년 이상 보직 기간을 충족해야한다.
• 직급 임기 : 2017년 4월 3부터 임기하여 2021년 4월 3일자로 임기가 4년을 경과하므로 임기 조건 충족
• 인사고과 점수 : 92점으로 조건 미달
• 보직 : 현재 과장으로 조건 충족
• 보직 기간 : 4년으로 조건 충족
따라서 B과장은 인사고과 점수 미달로 승진 대상자에서 제외되며 인사고과 점수를 1점 이상 더 높게 받아야 승진이 가능하다.

04
정답 ①

C대리는 현재 5급이기 때문에 4급으로 승진하기 위해서는 직급 임기 4년, 인사고과 점수 90점 이상, 대리급 4년 이상 보직기간을 충족해야한다.
• 직급 임기 : 2020년 1월 1일부터 임기하여 2024년 1월 1일자로 임기가 4년을 경과하므로 임기 조건 충족(∵ 2024년 1월 1일 승진기준)
• 인사고과 점수 : 93점으로 조건 충족
• 보직 : 현재 대리로 조건 충족
• 보직기간 : 4년으로 조건 충족
따라서 C대리는 승진 대상자로, 추가로 충족해야 할 요건은 없다.

05
정답 ①

A부장은 현재 3급이기 때문에 2급으로 승진하기 위해서는 직급 임기 5년을 충족해야 한다.
2021년 1월 1일부터 임기하였으므로, 2026년 1월 1일자로 임기가 5년을 경과한다.

06
정답 ④

'나'에서 '라'로 이동이 불가능하므로 ④의 경로로는 이동할 수 없다.

07

정답 ②

지도를 살펴보면 '나'는 '다'와만 연결이 되어 있고, '다'는 '마'와만 연결이 되어 있는 것을 알 수 있다.

그러므로 어떤 순서이든 상관없이 '나'와 '다'와 '마'는 나 – 다 – 마 또는 '마 – 다 – 나'의 순서로 연결되어 있어야 한다.

• '나 – 다 – 마'의 순서로 연결이 된 경우 : '나'는 집만 연결이 되어 있기 때문에 가능한 경우는 '집 – 나 – 다 – 마 – 라 – 가' 또는 '집 – 나 – 다 – 마 – 가 – 라' 2가지이다.

• '마 – 다 – 나'의 순서로 연결이 된 경우 : 마지막이 '나'로 끝나야 하기 때문에 '집 – 가 – 라 – 마 – 다 – 나' 또는 '집 – 라 – 가 – 마 – 다 – 나' 2가지이다.

따라서 김대리가 5개 기업을 모두 방문할 수 있는 경로는 총 4가지이다.

08

정답 ④

연결 도로별 연료 소비량은 다음과 같다.

(단위 : L)

구분	집	가	나	다	라	마
마	10	7	–	7	2.5(과)	–
라	4.5	5	–	–	–	–
다	–	–	10	–	–	–
나	×	–	–	–	–	–
가	15	–	–	–	–	–

집에서 '나'로 가는 것이 차단되었으므로 '라'로 가야 한다.

중간에 집을 경유하면 그만큼 연결로가 추가되므로 집을 경유하지 않도록 하면 '집 – 라 – 가 – 마 – 다 – 나'의 경로를 선택하게 된다.

따라서 김대리는 4.5+5+7+7+10=33.5L를 사용하였으므로, 출장으로 사용한 연료비는 33.5×1,000=33,500원이다.

09

정답 ④

8시 45분 → □ → 6시 35분 → ■ → 7시 30분 → ★ → 2시 30분

10

정답 ②

2시 5분 → □ → 12시 55분 → □ → 10시 45분 → ☆ → 10시 35분

오답분석

① 2시 5분 → ☆ → 2시 55분 → ☆ → 2시 45분 → ★ → 9시 45분

③ 2시 5분 → ☆ → 2시 55분 → □ → 12시 45분 → ■ → 9시 정각

④ 2시 5분 → ★ → 9시 5분 → ★ → 4시 5분 → □ → 2시 55분

[11~13]

H□ / W○는 가로축이 ○까지, 세로축이 □까지 있음을 나타낸다. 괄호 앞의 각 문자는 도형의 모양을 나타낸다. 즉, A는 원, B는 마름모, C는 삼각형이다. 괄호 안의 숫자는 도형의 위치를 나타낸다. (1, 2)는 가로축에서 1과 세로축에서 2가 만나는 위치이다.

11

정답 ④

• 가로축이 4까지, 세로축이 5까지 있다. → H5 / W4

• A는 가로축 3과 세로축 2가 만나는 위치이다. → A(3, 2)

• B는 가로축 1과 세로축 3이 만나는 위치이다. → B(1, 3)

• C는 가로축 1과 세로축 1이 만나는 위치이다. → C(1, 1)

따라서 L : H5 / W4, C : A(3, 2) / B(1, 3) / C(1, 1)이 답이다.

12

- 가로축이 5까지, 세로축이 5까지 있다. → H5 / W5
- A는 가로축 4와 세로축 2가 만나는 위치이다. → A(4, 2)
- B는 가로축 2와 세로축 3이 만나는 위치이다. → B(2, 3)
- C는 가로축 3과 세로축 4가 만나는 위치이다. → C(3, 4)

따라서 L : H5 / W5, C . A(4, 2) / B(2, 3) / C(3, 4)가 답이다.

13

H5 / W4는 가로축이 4까지 세로축이 5까지 있는 그래프이다. 하지만 산출된 그래프에서는 가로축이 5까지, 세로축이 4까지 있기에 오류이다.

14

정답 ④

모양

위치 (D, 2) (B, 4) (C, 4) (D, 4) (D, 3) (D, 3)

모양

위치 (D, 4) (D, 5) (D, 5) (D, 5) (E, 4)

15

정답 ②

모양

위치 (E, 6) (E, 6) (E, 7) (E, 8) (H, 5) (H, 4)

모양

위치 (H, 3) (C, 8) (C, 7) (C, 6) (C, 5) (C, 5)

포스코그룹 PAT 온라인 적성검사

제4영역 추리

01	02	03	04	05	06	07	08	09	10	11	12	13	14	15					
③	④	③	②	①	④	③	①	③	②	④	②	③	④	③					

01
정답 ③

제시된 단어의 관계를 파악하면 포장(이사), 대표(이사)이다. 따라서 '사외'를 통해 '이사'로 연관 지을 수 있다.

02
정답 ④

빨간색과 파란색은 '초록색'을 통해 '빛의 3원색'으로 연관 지을 수 있다.

03
정답 ③

제시된 수열은 (분자)+(분모)=500인 수열이다.

따라서 19+481=500이므로, ( )=$\frac{19}{481}$ 이다.

04
정답 ②

제시된 수열의 규칙은 다음과 같다.

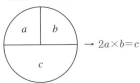 $\rightarrow 2a \times b = c$

따라서 ( )=2×5×6=60이다.

05
정답 ①

제시된 수열의 규칙은 다음과 같다.

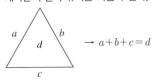 $\rightarrow a+b+c=d$

따라서 ( )=13-(2+5)=60이다.

06
정답 ④

D는 A, B, C와 같은 요일에 면접을 보지 않으므로 월요일 또는 수요일에 면접을 본다. 또한 A는 B, C와 같은 요일에 면접을 보지 않으므로 월요일 또는 수요일에 면접을 본다. 따라서 B와 C는 화요일에 면접을 본다.

07
정답 ③

A가 4명 중 가장 먼저 면접을 본다면 월요일에 면접을 보게 되며, B와 C는 화요일, D는 수요일에 면접을 본다.

08

ⅰ) ㄱ의 경우

B, C의 진술이 모두 참이거나 거짓일 때 영업팀과 홍보팀이 같은 층에서 회의를 할 수 있다. 그러나 B, C의 진술은 동시에 참이 될 수 없으므로, A, B, C의 진술 모두 거짓이 되어야 한다. 따라서 기획팀은 5층, 영업팀과 홍보팀은 3층에서 회의를 진행하고, E는 5층에서 회의를 하는 기획팀에 속하게 되므로 ㄱ은 항상 참이 된다.

ⅱ) ㄴ의 경우

기획팀이 3층에서 회의를 한다면 A의 진술은 항상 참이 되어야 한다. 이때 B와 C의 진술은 동시에 거짓이 될 수 없으므로, 둘 중 하나는 반드시 참이어야 한다. 또한 2명만 진실을 말하므로 D와 E의 진술은 거짓이 된다. 따라서 D와 E는 같은 팀이 될 수 없으므로 ㄴ은 참이 될 수 없다.

ⅲ) ㄷ의 경우

1) 두 팀이 5층에서 회의를 하는 경우 : (A·B 거짓, C 참), (A·C 거짓, B 참)
2) 두 팀이 3층에서 회의를 하는 경우 : (A·B 참, C 거짓), (A·C 참, B 거짓), (A·B·C 거짓)

따라서 두 팀이 5층보다 3층에서 회의를 하는 경우가 더 많으므로 ㄷ은 참이 될 수 없다.

[9~11]
㉠ : 모든 도형을 시계 방향으로 90° 회전 후, 위쪽으로 1칸씩 이동
㉡ : 모든 도형을 좌우 반전한 후, 오른쪽으로 2칸씩 이동

09

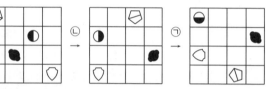

10

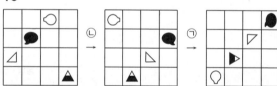

11

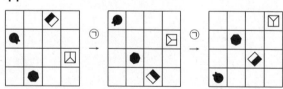

12

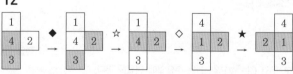

36 포스코그룹 PAT 온라인 적성검사

13

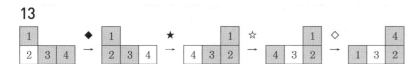

14

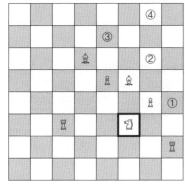

따라서 백색 나이트는 최소한 4번 움직여야 흑색 킹을 잡을 수 있다.

15

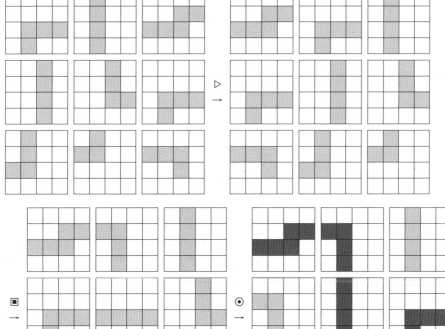

4일 차 기출응용 모의고사 정답 및 해설

제 1 영역   언어이해

01	02	03	04	05	06	07	08	09	10
②	②	①	③	③	④	④	④	②	④
11	12	13	14	15					
③	①	③	③	③					

01
정답 ②

제시문과 ②의 '말'은 '사람의 사상이나 감정을 나타내는 음성 기호'의 의미로 쓰였다.

오답분석

① 일정한 내용의 이야기
③ 말투
④ 소문, 풍문

02
정답 ②

문장 성분 간 호응이 어색하지 않고 맞춤법도 틀린 부분이 없다.

오답분석

① 인상이다. → 인상을 준다.
③ 일이 → 일을, 대상이다. → 대상으로 한다.
④ 거칠은 → 거친

03
정답 ①

제시문은 유전자 치료를 위해 프로브와 겔 전기영동법을 통해 비정상적인 유전자를 찾아내는 방법을 설명하고 있다. 따라서 주제로 가장 적절한 것은 ①이다.

04
정답 ③

중앙은행은 기준금리를 통해 경기 변동에 따른 위험을 완화하고 금융시장의 원활한 운영을 돕는 역할을 수행한다.

오답분석

① 경제가 성장하고 인플레이션이 심해지면 중앙은행은 기준금리 인상을 통해 소비와 투자를 저하시켜 경기 과열을 억제한다.
② 중앙은행이 기준금리를 인상하면 자금이 제한되고 대출이 어려워지므로 소비와 투자를 저하시킨다.
④ 기준금리 설정 시에는 인플레이션 목표율 경제 성장률 등 다양한 요소를 고려해야 하므로 이 중 어느 하나가 가장 중요한 요인이라고 할 수 없다.

05
정답 ③

제시문은 정부가 제공하는 공공 데이터를 활용한 앱 개발에 대한 설명으로, 먼저 다양한 앱을 개발하려는 사람들을 통해 화제를 제시한 (라) 문단이 오는 것이 적절하며, 이러한 앱 개발에 있어 부딪히는 문제들을 제시한 (가) 문단이 그 뒤에 오는 것이 적절하다. 다음으로 이러한 문제들을 해결하기 위한 방법으로 공공 데이터를 제시하는 (나) 문단이 오고, 공공 데이터에 대한 추가 설명으로 공공 데이터를 위한 정부의 노력인 (다) 문단이 마지막으로 오는 것이 적절하다.

06
정답 ④

제시된 문단은 선택적 함묵증을 불안장애로 분류하고 있다. 그러므로 불안장애에 대한 구체적인 설명 및 행동을 설명하는 (라)가 그 뒤로 이어지는 것이 논리적으로 타당하다. 다음에는 불안장애인 선택적 함묵증을 치료하기 위한 방안인 (가)가 이어지고, (가)에서 제시한 치료 방법의 구체적 방안 중 하나인 '미술치료'를 언급한 (다)가 이어지는 것이 적절하다. 마지막으로 (다)에서 언급한 '미술치료'가 선택적 함묵증의 증상을 보이는 아동에게 어떠한 영향을 미치는지 언급한 (나)가 이어지는 것이 가장 적절하다.

07
정답 ④

제시문은 소음의 규제에 대한 이야기를 하고 있다. 따라서 소리가 시공간적 다양성을 담아내는 문화 구성 요소라는 주장을 통해 단순 소음 규제에 반박할 수 있다.

오답분석

① 관현악단 연주 사례를 통해 알 수 있는 사실이다.
② · ③ 제시문의 내용과 일치하는 주장이다.

08

정답 ④

㉠ : 두 번째 문단의 내용처럼 '디지털 환경에서는 저작물을 원본과 동일하게 복제할 수 있고 용이하게 개작할 수 있기 때문에' ㉠과 같은 문제가 생겼다. 또한 이에 대한 결과로 (나) 바로 뒤의 내용처럼 '디지털화된 저작물의 이용 행위가 공정 이용의 범주에 드는 것인지 가늠하기가 더 어려워졌고 그에 따른 처벌 위험'도 커진 것이다. 따라서 ㉠의 위치는 (나)가 가장 적절하다.

㉡ : ㉡에서 말하는 '이들'은 '저작물의 공유' 캠페인을 소개하는 네 번째 문단에서 언급한 캠페인 참여자들을 가리킨다. 따라서 ㉡의 위치는 (마)가 가장 적절하다.

09

정답 ②

매슬로우의 인간 욕구 5단계 이론을 소개한 (나) – 다섯 가지 욕구와 그 우선순위를 설명하는 (라) – 다섯 단계의 욕구를 더 자세히 설명하는 (다) – 인간 욕구 5단계 이론이 경영학 중 하나인 인사 분야에서 사용됨을 설명하는 (가) – 마지막으로 경영학 중 다른 하나인 마케팅 분야에서 사용됨을 설명하는 (마) 순으로 나열된다.

10

정답 ④

행복한 가정을 이루고 싶어 하는 것은 소속과 애정의 욕구로 볼 수 있다.

오답분석

① 첫 번째 단계인 생리적 욕구에 해당한다.
② (라) 문단을 통해 확인할 수 있다.
③ (가) 문단을 통해 확인할 수 있다.

11

정답 ③

노후 대비를 위해 연금보험에 가입한 것은 경제적 위험으로부터 보호받고 싶어 하는 안전 욕구로 볼 수 있다.

오답분석

① 자아실현 욕구 사례이다.
② 생리적 욕구 사례이다.
④ 소속과 애정의 욕구 사례이다.

12

정답 ①

17세기 철학자인 데카르트는 '동물은 정신을 갖고 있지 않으며, 고통을 느끼지 못하므로 심한 취급을 해도 좋다.'라고 주장하였다.

오답분석

② 피타고라스 : 윤회설에 입각하여 동물에게 경의를 표해야 함을 주장하였다.
③ 루소 : '인간불평등 기원론'을 통해 인간과 동물은 동등한 자연의 일부임을 주장하였다.
④ 동물 복지 축산농장 인증제 : 공장식 축산 방식의 문제를 개선하기 위한 동물 복지 운동의 일환으로 등장하였다.

13

정답 ③

밑줄 친 ㉠의 '떨어지다'는 '값, 기온, 수준, 형세 따위가 낮아지거나 내려가다.'의 의미로 사용되었으므로 이와 같은 의미로 사용된 것은 ③이다.

오답분석

① 이익이 남다.
② 입맛이 없어지다.
④ 병이나 습관 따위가 없어지다.

14

정답 ③

두 번째 문단에 따르면 손가락에 있는 센서들은 물건이 미끄러지는 것을 감지하면 스스로 손가락의 힘을 더 높일 수 있다. 따라서 힘을 빼는 것은 적절하지 않다.

15

정답 ③

빈칸 앞의 내용에 따르면 보편적으로 사용되는 관절 로봇은 손가락의 정확한 배치와 시각 센서 등을 필요로 한다. 그러나 빈칸 뒤에서 H로봇의 경우, 손가락이 물건에 닿을 때까지 다가가 촉각 센서를 통해 물건의 위치를 파악한 뒤 손가락 위치를 조정한다고 하였다. 즉, H로봇의 손가락은 관절 로봇의 손가락과 달리 정확한 위치 지정을 필요로 하지 않는다. 따라서 빈칸에 들어갈 내용으로 ③이 가장 적절하다.

오답분석

① 물건을 쥐기 위한 고가의 센서 기기 및 시각센서를 필요로 하는 관절 로봇과 달리 H로봇은 손가락의 촉각 센서로 손가락 힘을 조절하여 사물을 쥔다.
② H로봇의 손가락은 공기압을 통해 손가락을 구부리지만, 기존 관절보다 쉽게 구부러지는지는 알 수 없다.
④ 물건과의 거리와 물건의 무게는 H로봇의 손가락 촉각 센서와 관계가 없다.

01	02	03	04	05	06	07	08	09	10
④	④	③	③	①	③	④	④	④	①
11	12	13	14	15					
④	③	①	③	④					

01　　　　　　　　　　　　　　　　　　　정답 ④

영국의 2023년 1분기 고용률은 2022년보다 하락했고, 2023년 2분기에는 1분기의 고용률이 유지되었다.

오답분석

① · ③ 제시된 자료를 통해 확인할 수 있다.
② 2024년 1분기 고용률이 가장 높은 국가는 독일이고, 가장 낮은 국가는 프랑스로, 독일의 고용률은 74%이고, 프랑스의 고용률은 64%이다. 따라서 두 국가의 고용률의 차이는 74−64=10%p이다.

02　　　　　　　　　　　　　　　　　　　정답 ④

ㄷ. 전체 품목 중 화장품의 비율은 $\frac{62,733}{122,757} \times 100 ≒ 51.1\%$이며, 국산품 합계 중 국산 화장품의 비율은 $\frac{35,286}{48,717} \times 100 ≒ 72.4\%$로 국산품 합계 중 국산 화장품 비율이 더 높다.

ㄹ. 전체 품목 중 가방류의 비율은 $\frac{17,356}{122,757} \times 100 ≒ 14.1\%$이며, 외국산품 합계 중 외국산 가방류의 비율은 $\frac{13,224}{74,040} \times 100 = 17.9\%$로 외국산 가방류의 비율이 더 높다.

오답분석

ㄱ. 도표에서 품목별 외국산품 비중이 높은 주요 제품은 의류, 향수, 시계, 주류 그리고 신발류이다. 해당 품목의 외국산품 비중을 계산하면 다음과 같다.

품목	외국산품 비율
의류	$\frac{2,608}{2,908} \times 100 ≒ 89.7\%$
향수	$\frac{3,239}{3,375} \times 100 ≒ 96.0\%$
시계	$\frac{9,258}{9,359} \times 100 ≒ 98.9\%$
주류	$\frac{3,210}{3,296} \times 100 ≒ 97.4\%$
신발류	$\frac{1,197}{1,222} \times 100 ≒ 98.0\%$

따라서 외국산품의 비중이 가장 높은 것은 시계이다.

ㄴ. 인 · 홍삼류의 대기업 비중은 $\frac{2,148}{2,899} \times 100 ≒ 74.1\%$로 가장 높다.

03　　　　　　　　　　　　　　　　　　　정답 ③

ㄴ. 4월의 입국통계 중 2023년 대비 2024년 일본의 성장률은 $\frac{360-290,092}{290,092} \times 100 ≒ -99.9\%$이며 러시아의 성장률은 $\frac{1,223-34,205}{34,205} \times 100 ≒ -96.4\%$로 일본의 성장률이 더 낮다.

ㄷ. 2023년 4월 중국, 일본, 대만, 미국, 홍콩의 방한 입국자 수는 493,250+290,092+113,072+102,524+76,104=1,075,042명으로 백만 명 이상이다.

오답분석

ㄱ. 1~3월의 입국통계 중 2023년 대비 2024년 인도네시아의 성장률은 $\frac{40,867-94,010}{94,010} \times 100 ≒ -56.5\%$이며 미국의 성장률은 $\frac{126,681-307,268}{307,268} \times 100 ≒ -58.8\%$로 미국의 성장률이 더 낮다.

ㄹ. 2023년 대비 4월의 중국의 감소된 수는 493,250−3,935=489,315명이고 일본, 대만, 미국의 감소된 수는 각각 290,092−360=289,732명, 113,072−155=112,917명, 102,524−6,417=96,107명이다. 따라서 세 국가의 감소된 수는 총 498,756명으로 중국의 감소된 수가 더 적다.

04　　　　　　　　　　　　　　　　　　　정답 ③

ㄴ. 경징계 총건수는 3+174+170+160+6=513건이고, 중징계 총건수는 25+48+53+40+5=171건으로 전체 징계 건수는 513+171=684건이다. 따라서 전체 징계 건수 중 경징계 총건수의 비율은 $\frac{513}{684} \times 100 = 75\%$로 70% 이상이다.

ㄷ. 징계 사유 D로 인한 징계 건수 중 중징계의 비율은 $\frac{40}{160+40} \times 100 = 20\%$이다.

오답분석

ㄱ. 경징계 총건수는 3+174+170+160+6=513건이고, 중징계 총건수는 25+48+53+40+5=171건으로 경징계 총건수는 중징계 총건수의 $\frac{513}{171}=3$배이다.

ㄹ. 전체 징계 사유 중 C가 총 170+53=223건으로 가장 많다.

05

정답 ①

연도별 각 냉장고의 화재발생 비율은 다음과 같다.

(단위 : 건)

구분	2020년	2021년	2022년	2023년	2024년
김치냉장고	21	35	44	60	64
일반냉장고	23	24	53	41	49
김치냉장고 비율	47.7%	59.3%	45.4%	59.4%	56.6%
일반냉장고 비율	52.3%	40.7%	54.6%	40.6%	43.4%

06

정답 ③

전년 대비 2024년의 축구 동호회 인원 증가율$=\dfrac{120-100}{100}\times100$

$=20\%$이다.

따라서 2025년 축구 동호회 인원은 $120\times1.2=144$명일 것이다.

07

정답 ④

2022년 전체 동호회의 평균 인원$=\dfrac{420}{7}=60$명이다.

따라서 2022년 족구 동호회 인원이 65명이므로 전체 동호회의 평균 인원보다 많다.

오답분석

① 2022년 배구와 족구 동호회의 순위가 다른 연도들과 다르다.

② 2021 ~ 2024년 동호회 인원 전체에서 등산이 차지하는 비중은 다음과 같다.

- 2021년 : $\dfrac{18}{360}\times100=5\%$

- 2022년 : $\dfrac{42}{420}\times100=10\%$

- 2023년 : $\dfrac{44}{550}\times100=8\%$

- 2024년 : $\dfrac{77}{700}\times100=11\%$

따라서 동호회 인원 전체에서 등산이 차지하는 비중은 2022년과 2024년에는 전년 대비 증가하였으나 2023년에는 전년 대비 감소하였다.

③ 2021 ~ 2024년 동호회 인원 전체에서 배구가 차지하는 비중은 다음과 같다.

- 2021년 : $\dfrac{72}{360}\times100=20\%$

- 2022년 : $\dfrac{63}{420}\times100=15\%$

- 2023년 : $\dfrac{88}{550}\times100=16\%$

- 2024년 : $\dfrac{105}{700}\times100=15\%$

따라서 동호회 인원 전체에서 배구가 차지하는 비중은 2022년과 2024년에는 전년 대비 감소하였으나 2023년에는 전년 대비 증가하였다.

08

정답 ④

2023년 미국의 국민부담금액은 $20,580.2\times\dfrac{24.3}{100}≒5,001$십억 US달러로 한국의 국민부담금액인 $1,725\times\dfrac{28.4}{100}≒490$십억 US달러의 10배 이상이다.

오답분석

② 국민부담금액은 GDP와 국민부담률의 곱으로 구할 수 있으며, 이를 계산하면 다음과 같다.

(단위 : 십억 US달러)

연도	한국 국민부담금액
2016년	303.3
2017년	316.9
2018년	333.1
2019년	365.1
2020년	369.3
2021년	393.0
2022년	436.7
2023년	490.0

따라서 한국은 지속적으로 증가함을 알 수 있다.

③ 2016년 대비 2023년 GDP는 미국이 5037.6십억 US달러로 가장 많이 증가하였다.

09

정답 ④

ㄷ. 08번 해설에 따르면 한국의 전년 대비 국민부담금액은 2023년에 가장 많이 증가하였다.

ㄹ. 캐나다의 국민부담금액을 구하면 다음과 같다.

(단위 : 십억 US달러)

연도	캐나다 국민부담금액
2016년	550.9
2017년	570.6
2018년	574.5
2019년	564.5
2020년	510.4
2021년	507.4
2022년	541.2
2023년	566.4

따라서 캐나다의 전년 대비 국민부담금액은 2020년에 가장 많이 감소하였음을 알 수 있다.

오답분석

ㄱ. 2016년 대비 2023년의 GDP는 프랑스가 73십억 US달러로 가장 많이 감소하였다.

ㄴ. 영국의 국민부담금액을 구하면 다음과 같다.

(단위 : 십억 US달러)

연도	영국 국민부담금액
2016년	880.2
2017년	876.4
2018년	897.1
2019년	974.3
2020년	943.0
2021년	881.0
2022년	887.8
2023년	958.3

따라서 영국의 전년 대비 국민부담금액은 2019년에 가장 많이 증가하였음을 알 수 있다.

10 　　　　　　　　　　　　　　　　　정답 ①

평균소득이 가장 높은 직업군은 전문직(450만 원)이지만, 평균지출이 가장 높은 직업군은 자영업(346.5만 원)이다.

오답분석

② 일반회사직과 공무직의 월평균소득 대비 월평균지출이 차지하는 비율을 구하면 다음과 같다.

- 일반회사직 : $\frac{3,230,000}{3,800,000} \times 100 = 85\%$

- 공무직 : $\frac{2,700,000}{3,600,000} \times 100 = 75\%$

따라서 일반회사직이 공무직보다 85−75=10%p 더 높다.

③ 연구직은 전체 지출 중 자기계발에 사용하는 비율은 30.5%로 다른 직업군 대비 그 비중이 가장 높다.

④ 월평균지출 중 저축의 비중은 기술직이 20%이고, 일반회사직이 5%이므로 전자가 후자의 4배이다.

11 　　　　　　　　　　　　　　　　　정답 ④

일반회사직은 월평균지출 중 의류·미용이 27.5%로 가장 많은 비중을 차지하고, 전문직 역시 의류·미용이 17.5%로 가장 많은 비중을 차지한다.

오답분석

① 월평균지출이 가장 높은 직업군(자영업)과 가장 낮은 직업군(공무직)의 월평균지출액 차이를 구하면 3,465,000−2,700,000=765,000원이고, 월평균소득이 가장 높은 직업군(전문직)과 가장 낮은 직업군(연구직)의 월평균소득액 차이는 4,500,000−3,500,000=1,000,000원이다.

따라서 전자는 후자의 $\frac{765,000}{1,000,000} \times 100 = 76.5\%$이다.

② 전문직의 월평균지출액은 3,330,000원으로 월평균소득액인 4,500,000원의 $\frac{3,330,000}{4,500,000} \times 100 = 74\%$이다.

③ 전문직을 제외한 타 직업군의 월평균지출액 중 교통이 차지하는 비중은 자영업(7%), 공무직(5%), 연구직(5.5%), 기술직(7.5%)의 경우 10% 미만이지만, 일반회사직은 10%이나.

12 　　　　　　　　　　　　　　　　　정답 ③

2021 ~ 2023년의 S사와 M사의 드라마 평균시청률을 보면 2023년은 S사가 높지만, 2021년과 2022년은 M사가 높으므로 옳지 않다.

오답분석

① 2020년부터 2023년까지의 S사의 예능 평균시청률은 7.8%, 9.2%, 11.4%, 13.1%로 전년 대비 증가하고 있다.

② 2020년부터 2023년까지 M사 예능 증감 추이는 '감소 − 감소 − 증가 − 증가'이고, 드라마 증감 추이는 '증가 − 증가 − 감소 − 감소'로 서로 반대이다.

④ 2023년 K사, S사, M사 드라마 평균시청률은 12.8+13.0+11.7=37.5%이고, M사 드라마가 차지하는 비율은 $\frac{11.7}{37.5} \times 100 = 31.2\%$이다.

13 　　　　　　　　　　　　　　　　　정답 ①

2019년부터 2021년까지 예능 평균시청률은 K사가 S사와 M사보다 높다.

- 2019년 : K사 12.4%, S사 7.4%, M사 11.8%
- 2020년 : K사 11.7%, S사 7.8%, M사 11.3%
- 2021년 : K사 11.4%, S사 9.2%, M사 9.4%

오답분석

② 2023년 M사의 교육프로그램의 평균시청률은 2.3%로 다큐멘터리 평균시청률 2.1%보다 높다.

③ 2021년 S사의 평균시청률은 예능프로그램이 9.2%이고, 드라마가 11.5%이므로, 예능프로그램 평균시청률은 드라마 평균시청률의 $\frac{9.2}{11.5} \times 100 = 80\%$에 해당한다.

④ 2019년부터 2023년까지 K사의 다큐멘터리 시청률과 S사·M사의 다큐멘터리 시청률을 합한 값을 비교하면 다음과 같다.
- 2019년 : K사 5.1%, S사+M사 2.4+2.4=4.8%
- 2020년 : K사 5.3%, S사+M사 2.8+2.2=5.0%
- 2021년 : K사 5.4%, S사+M사 3.1+2.3=5.4%
- 2022년 : K사 5.2%, S사+M사 2.7+2.4=5.1%
- 2023년 : K사 5.1%, S사+M사 2.6+2.1=4.7%

따라서 2021년에는 K사의 다큐멘터리 시청률과 S사 M사의 다큐멘터리 시청률을 합한 값과 같다.

14   정답 ③

제시된 그래프의 연간 총 투자 금액은 다음과 같다.
- 2020년 : $1,500+1,000+800+500=3,800$억 원
- 2021년 : $1,600+950+750+500=3,800$억 원
- 2022년 : $1,700+850+700+550=3,800$억 원
- 2023년 : $1,800+800+700+600=3,900$억 원

따라서 연간 총 투자 금액은 2023년에만 상승하였다.

오답분석

① 수도 사업에 대한 투자 금액은 매년 100억 원씩 증가하였다.
② 댐 사업에 대한 투자 금액은 2022년과 2023년이 700억 원으로 동일하다.
④ 2020 ~ 2022년의 총 투자 금액의 50%는 1,900억 원, 2023년의 총 투자 금액의 50%는 1,950억 원으로 연간 총 투자 금액의 50%를 넘는 사업은 없다.

15   정답 ④

2023년 단지 사업의 투자 금액은 800억 원이고, 기타 사업의 투자 금액은 600억 원이므로 두 사업의 투자 금액 비율은 $4:3$이다. 따라서 210억 원을 투자 금액에 정비례해 배분하면 $4:3=120:90$이므로 2024년 단지 사업에 투자할 금액은 $800+120=920$억 원이다.

01	02	03	04	05	06	07	08	09	10	11	12	13	14	15					
③	④	④	③	②	①	①	②	④	②	①	④	②	①	③					

01

정답 ③

- 702 나 2838 : '702'는 승합차에 부여되는 자동차 등록번호이다.
- 431 사 3019 : '사'는 운수사업용 차량에 부여되는 자동차 등록번호이다.
- 912 라 2034 : '912'는 화물차에 부여되는 자동차 등록번호이다.
- 214 하 1800 : '하'는 렌터카에 부여되는 자동차 등록번호이다.
- 241 가 0291 : '0291'은 발급될 수 없는 일련번호이다.

따라서 보기에서 비사업용 승용차의 자동차 등록번호로 잘못 부여된 것은 모두 5개이다.

02

정답 ④

먼저 제시된 조건에 따라 선택할 수 없는 관광코스를 제외할 수 있다.
- 4일 이상 관광하되 5일을 초과하면 안 되므로, 기간이 4일 미만인 B코스를 제외한다.
- 비용이 30만 원을 초과하고, 참여인원이 30명 초과인 C코스를 제외한다.

한편, D코스를 I카드로 결제할 때의 비용은 10% 할인을 적용받아 $332,000 \times 0.9 = 298,800$원으로 30만 원 미만이다.
따라서 A코스와 D코스 중 경유지가 더 많은 D코스를 선택하는 것이 적절하다.

03

정답 ④

직급에 따른 업무항목별 계산식에 따르면 B차장의 업무평점은 $(80 \times 0.3) + (85 \times 0.2) + (90 \times 0.5) = 86$점이다.

04

정답 ③

직급에 따른 업무항목별 계산식에 따르면 A사원의 업무평점은 $(86 \times 0.5) + (70 \times 0.3) + (80 \times 0.2) = 80$점이다.
승진심사 평점은 업무(80%) + 능력(10%) + 태도(10%)이므로 $(80 \times 0.8) + (80 \times 0.1) + (60 \times 0.1) = 78$점이다.

05

정답 ②

- 입구 - A - 호수 : $3,500 + 1,000 = 4,500$m
- 입구 - C - B - A - 호수 : $500 + 500 + 600 + 1,000 = 2,600$m
- 입구 - C - B - 호수 : $500 + 500 + 1,500 = 2,500$m
- 입구 - D - G - 호수 : $600 + 500 + 600 = 1,700$m
- 입구 - E - 호수 : $3,000 + 600 = 3,600$m

따라서 입구에서 호수까지 최단거리는 '입구 - D - G - 호수'로 이동할 때의 1,700m이다.

06

정답 ①

각 노선의 이동거리는 다음과 같다.
- 나비 : $3,500 + 600 + 1,500 + 500 + 600 + 750 + 500 + 500 + 500 = 8,950$m
- 꿀벌 : $3,000 + 600 + 500 + 600 + 500 + 500 + 500 + 600 + 3,500 = 10,300$m
- 개미 : $500 + 500 + 600 + 1,000 + 500 + 600 + 750 + 500 + 600 = 5,550$m

각 노선의 요금 대비 이동거리는 다음과 같다.

- 나비 : $\frac{8,950}{8,000} \fallingdotseq 1.12\text{m}/\text{원}$

- 꿀벌 : $\frac{10,300}{10,000} = 1.03\text{m}/\text{원}$

- 개미 : $\frac{5,550}{5,000} = 1.11\text{m}/\text{원}$

따라서 요금 대비 이동거리는 나비 노선이 가장 길고 꿀벌 노선이 가장 짧다.

07
정답 ①

주어진 자료를 활용하여, 시속으로 표현된 각 수단의 속도를 단위 길이인 1km에 걸리는 소요시간으로 변환하여 정리한다.

구분	$(\text{시간}) = \dfrac{(\text{거리})}{(\text{속력})}$	1km당 소요시간
지하철	$x = \dfrac{1}{60}$	1분
버스	$x = \dfrac{1}{30}$	2분
택시		
도보	$x = \dfrac{1}{6}$	10분

주어진 지도를 참고하여 지하철을 이용하는 방식으로 회사에서 집으로 가는 가장 빠른 경로는 회사 → 지하철역 A까지의 4km, 지하철역 A에서 지하철역 C로 이동하는 6km, 지하철역 C → 집까지의 2km이다. 이때, 가장 빠르게 도착한다는 조건에 따라 지하철로 이동한 구간을 제외한 구간은 차량을 이용한다. 이를 바탕으로 계산해 보면, 회사 → 지하철역 A구간은 $4 \times 2 = 8$분, 지하철 이용 구간은 $6 \times 1 = 6$분, 지하철역 C → 집구간 $2 \times 2 = 4$분이다. 따라서 총 소요시간은 $8 + 6 + 4 = 18$분이다.

08
정답 ②

가장 저렴한 비용으로 회사에서 집으로의 12km 구간과 집에서 가장 가까운 지하철역 C로 2km를 이동하는 교통비를 구해야 한다. 다만, 12km 구간을 이동하는 인원과 2km 구간을 이동하는 인원의 수가 달라진다는 점을 염두에 두어야 한다. 회사에서 집으로 이동할 때에는 김대리를 포함한 4명이 이동을 하고, 돌아갈 때는 김대리를 제외한 3명만 지하철역 C로 돌아가는 경우에 대한 교통비를 계산하여야 한다.

회사에서 집까지 4명이 이동하는 경우의 교통비를 계산하면, 버스로는 $1,500 \times 4 = 6,000$원이 소요되고, 택시로 이동하는 경우에는 1대 기준 $2,500 + 150 \times (12-5) = 2,500 + 1,050 = 3,550$원이 소요되지만, 4명이 이동해야 하므로 2대로 나누어 이동한다. 그러므로 택시를 타면 $3,550 \times 2 = 7,100$원이 소요된다.

김대리를 제외한 3명이 김대리의 집에서 지하철역 C로 이동하는 2km 구간의 교통비를 계산해 보면, 버스는 $1,500 \times 3 = 4,500$원, 택시는 기본 요금인 $2,500$원이 소요된다.

따라서 가장 저렴하게 이동할 수 있는 방법은 회사에서 집으로 이동할 때는 4명이 모두 버스를 타고 이동하고, 집에서 지하철역으로 이동할 때는 3명이 함께 택시를 타는 방법이며, 이때의 교통비는 $6,000 + 2,500 = 8,500$원이다.

09
정답 ④

정대리가 근무하는 회사와 약속장소가 있는 지하철역 B의 최소 거리는 7km이다. 이 거리를 택시를 타고 이동한다고 했으므로, 회사에서 약속장소까지의 이동에 소요될 시간은 $7 \times 2 = 14$분이 된다. 그러므로 2시 30분으로 예정된 약속에 10분 먼저 도착하는 것과 이동에 걸리는 시간 14분을 고려하면 택시를 타고 약속장소로 출발해야 할 시간이 나온다.

따라서 정대리는 2시 30분$-$(10분$+$14분)$=$2시 6분에는 회사에서 택시를 탑승해야 한다.

10
정답 ②

10시 20분 → ◄ → 10시 40분 → ▷ → 12시 40분 → ▷ → 2시 40분

11
정답 ①

6시 55분 → ▷ → 8시 55분 → ► → 8시 30분 → ► → 8시 5분

오답분석

② 6시 55분 → ▷ → 8시 55분 → ► → 8시 30분 → ◄ → 8시 50분
③ 6시 55분 → ◄ → 6시 15분 → ◁ → 1시 15분 → ▷ → 3시 15분
④ 6시 55분 → ◁ → 1시 55분 → ► → 1시 30분 → ◄ → 1시 50분

[12~14]

H□ / W○는 가로축이 ○까지, 세로축이 □까지 있음을 나타낸다. 괄호 앞의 각 문자는 도형의 모양을 나타낸다. 즉, A는 원, B는 마름모, C는 삼각형이다. 괄호 안의 숫자는 도형의 위치를 나타낸다. 즉, (1, 2)는 가로축에서 1과 세로축에서 2가 만나는 위치이다.

12
정답 ④

• 가로축이 4까지, 세로축이 5까지 있다. → H5 / W4
• A는 가로축 2와 세로축 3이 만나는 위치이다. → A(2, 3)
• B는 가로축 3과 세로축 1이 만나는 위치이다. → B(3, 1)
• C는 가로축 1과 세로축 4가 만나는 위치이다. → C(1, 4)
따라서 L : H5 / W4, C : A(2, 3) / B(3, 1) / C(1, 4)가 답이다.

13
정답 ②

• 가로축이 4까지, 세로축이 4까지 있다. → H4 / W4
• A는 가로축 1과 세로축 1이 만나는 위치이다. → A(1, 1)
• B는 가로축 4와 세로축 3이 만나는 위치이다. → B(4, 3)
• C는 가로축 3과 세로축 2가 만나는 위치이다. → C(3, 2)
따라서 L : H4 / W4, C : A(1, 1) / B(4, 3) / C(3, 2)가 답이다.

14
정답 ④

C(1, 4)는 가로축 1과 세로축 4가 만나는 위치에 있음을 나타낸다. 그러나 산출된 그래프에서는 C가 (4, 1)에 위치해 있다.

15
정답 ③

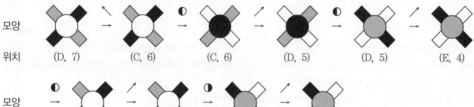

모양

위치   (D, 7)   (C, 6)   (C, 6)   (D, 5)   (D, 5)   (E, 4)

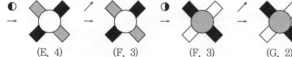

모양

위치   (E, 4)   (F, 3)   (F, 3)   (G, 2)

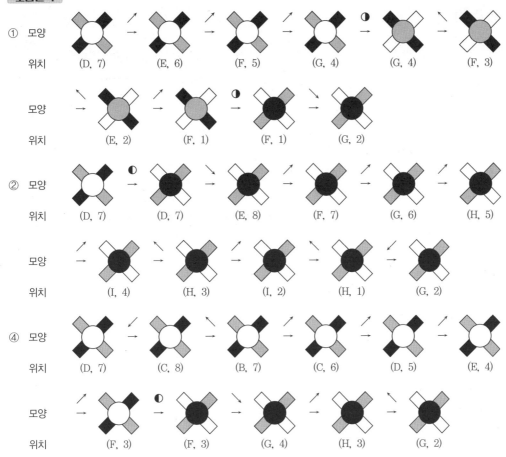

① 모양

위치　(D, 7)　　(E, 6)　　(F, 5)　　(G, 4)　　(G, 4)　　(F, 3)

　모양

위치　　　(E, 2)　　(F, 1)　　(F, 1)　　(G, 2)

② 모양

위치　(D, 7)　　(D, 7)　　(E, 8)　　(F, 7)　　(G, 6)　　(H, 5)

　모양

위치　　　(I, 4)　　(H, 3)　　(I, 2)　　(H, 1)　　(G, 2)

④ 모양

위치　(D, 7)　　(C, 8)　　(B, 7)　　(C, 6)　　(D, 5)　　(E, 4)

　모양

위치　　　(F, 3)　　(F, 3)　　(G, 4)　　(H, 3)　　(G, 2)

01	02	03	04	05	06	07	08	09	10	11	12	13	14	15					
②	①	③	②	①	③	①	④	①	④	④	④	③	③	③					

01
정답 ②

제시된 단어의 관계를 파악하면 송충이는 솔잎을 먹고, 송편은 솔잎을 찜통에 깔고 찌며, 소나무는 상록수에 속한다. 따라서 선택지의 '상록수'를 통해 '소나무'로 연관 지을 수 있다.

02
정답 ①

제시된 두 단어는 '죽음'으로 관계되어 있다. 따라서 선택지의 '장례식'을 통해 '죽음'과 연관 짓는 것이 적절하다.

03
정답 ③

삼각형 내부의 숫자와 외부의 숫자의 합이 같다.
따라서 (   )=8+4+3=15이다.

04
정답 ②

삼각형 외부에 있는 세 숫자 중 가장 작은 숫자가 삼각형 내부에 들어간다.
따라서 (   )=3이다.

05
정답 ①

각 변에 있는 수를 차례로 a, b, c, d라 할 때, $a \times b + c \times d = 11$로 일정하다.
$3 \times 1 + 2 \times 4 = 11$, $4 \times 3 + (-1) \times 1 = 11$, $4 \times 5 + (-9) \times 1 = 11$
$\rightarrow 3 \times (-3) + (\quad) \times 4 = 11$
$\rightarrow (\quad) \times 4 = 20$
$\therefore (\quad) = 5$
따라서 (   )=5이다.

06
정답 ③

'밤에 잠을 잘 자다.'를 A, '낮에 피곤하다.'를 B, '업무효율이 좋다.'를 C, '성과급을 받는다.'를 D라고 하면, 첫 번째 명제는 ~A → B, 세 번째 명제는 ~C → ~D, 마지막 명제는 ~A → ~D이다. 따라서 ~A → B → ~C → ~D가 성립하기 위해서 필요한 두 번째 명제는 B → ~C이므로 빈칸에 들어갈 명제로 '낮에 피곤하면 업무효율이 떨어진다.'가 적절하다.

07
정답 ①

ⅰ) C가 참이면 D도 참이므로 C, D는 모두 참을 말하거나 모두 거짓을 말한다. 그런데 A와 E의 진술이 서로 모순되므로 둘 중에 1명은 참이고 다른 1명은 거짓인데, 만약 C, D가 모두 참이면 참을 말한 사람이 적어도 3명이 되므로 2명만 참을 말한다는 조건에 맞지 않는다. 따라서 C, D는 모두 거짓을 말한다.

ⅱ) ⅰ)에서 C와 D가 모두 거짓을 말하고, A와 E 중 1명은 참, 다른 1명은 거짓을 말한다. 따라서 B는 참을 말한다.

ⅲ) ⅱ)에 따라 A와 B가 참이거나 B와 E가 참이다. 그런데 A는 '나와 E만 범행 현장에 있었다.'라고 했으므로 B의 진술(참)인 '목격자는 2명이다'와 모순된다(목격자가 2명이면 범인을 포함해서 3명이 범행 현장에 있어야 하므로). 또한 A가 참일 경우, A의 진술 중 '나와 E만 범행 현장에 있었다.'는 참이면서 E의 '나는 범행 현장에 있었고'는 거짓이 되므로 모순이 된다.

따라서 B와 E가 참이므로, E의 진술에 따라 A가 범인이다.

08
정답 ④

일곱 번째 조건에 따라 지영이는 대외협력부에서 근무하고, 다섯 번째 조건의 대우에 따라 유진이는 감사팀에서 근무한다. 그러므로 재호는 마케팅부에서 근무하며, 여섯 번째 조건에 따라 혜인이는 회계부에서 근무를 할 수 없다. 세 번째 조건에 의해 성우가 비서실에서 근무하게 되면, 희성이는 회계부에서 근무하고, 혜인이는 기획팀에서 근무하게 되며, 세 번째 조건의 대우에 따라 희성이가 기획팀에서 근무하면, 성우는 회계부에서 근무하고, 혜인이는 비서실에서 근무하게 된다. 이를 정리하면 다음과 같다.

감사팀	대외협력부	마케팅부	비서실	기획팀	회계부
유진	지영	재호	성우 혜인	혜인 희성	희성 성우

따라서 반드시 참인 명제는 '혜인이는 회계팀에서 근무하지 않는다.'이다.

오답분석
① 재호는 마케팅부에서 근무한다.
② 희성이는 회계부에서 근무할 수도 있다.
③ 성우는 비서실에서 근무할 수도 있다.

09
정답 ①

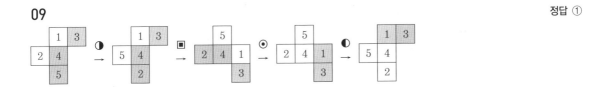

10
정답 ④

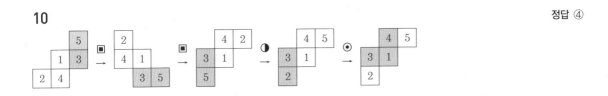

11
정답 ④

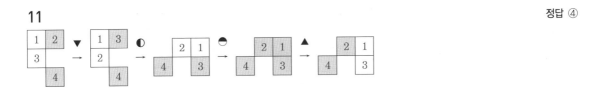

12
정답 ④

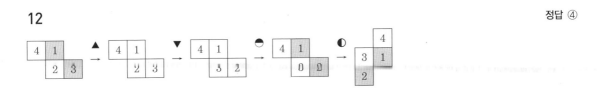

13
정답 ③

3버튼을 눌렀을 때 적용되는 규칙은 가장 오른쪽에 위치한 숫자를 왼쪽 끝으로 이동하는 것이다.
따라서 689754312의 2를 왼쪽 끝으로 이동시키면 268975431이다.

14

정답 ③

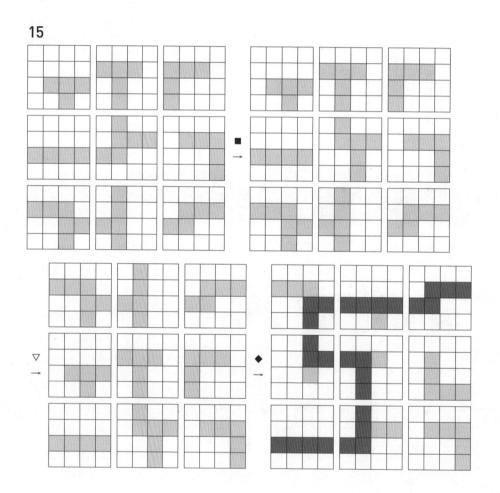

따라서 백색 퀸은 최소한 3번 움직여야 흑색 킹을 잡을 수 있다.

15

정답 ③

포스코그룹 PAT 온라인 적성검사 답안카드

교시란

성 명

수험번호
	0	1	2	3	4	5	6	7	8	9
	0	1	2	3	4	5	6	7	8	9
	0	1	2	3	4	5	6	7	8	9
	0	1	2	3	4	5	6	7	8	9
	0	1	2	3	4	5	6	7	8	9
	0	1	2	3	4	5	6	7	8	9
	0	1	2	3	4	5	6	7	8	9

감독위원 확인

(인)

언어이해
1	①	②	③	④
2	①	②	③	④
3	①	②	③	④
4	①	②	③	④
5	①	②	③	④
6	①	②	③	④
7	①	②	③	④
8	①	②	③	④
9	①	②	③	④
10	①	②	③	④
11	①	②	③	④
12	①	②	③	④
13	①	②	③	④
14	①	②	③	④
15	①	②	③	④

자료해석
번호	①	②	③	④
1	①	②	③	④
2	①	②	③	④
3	①	②	③	④
4	①	②	③	④
5	①	②	③	④
6	①	②	③	④
7	①	②	③	④
8	①	②	③	④
9	①	②	③	④
10	①	②	③	④
11	①	②	③	④
12	①	②	③	④
13	①	②	③	④
14	①	②	③	④
15	①	②	③	④

문제해결
번호	①	②	③	④
1	①	②	③	④
2	①	②	③	④
3	①	②	③	④
4	①	②	③	④
5	①	②	③	④
6	①	②	③	④
7	①	②	③	④
8	①	②	③	④
9	①	②	③	④
10	①	②	③	④
11	①	②	③	④
12	①	②	③	④
13	①	②	③	④
14	①	②	③	④
15	①	②	③	④

추리
번호	①	②	③	④
1	①	②	③	④
2	①	②	③	④
3	①	②	③	④
4	①	②	③	④
5	①	②	③	④
6	①	②	③	④
7	①	②	③	④
8	①	②	③	④
9	①	②	③	④
10	①	②	③	④
11	①	②	③	④
12	①	②	③	④
13	①	②	③	④
14	①	②	③	④
15	①	②	③	④

포스코그룹 PAT 온라인 적성검사 답안카드

언어이해

번호	①	②	③	④
1	①	②	③	④
2	①	②	③	④
3	①	②	③	④
4	①	②	③	④
5	①	②	③	④
6	①	②	③	④
7	①	②	③	④
8	①	②	③	④
9	①	②	③	④
10	①	②	③	④
11	①	②	③	④
12	①	②	③	④
13	①	②	③	④
14	①	②	③	④
15	①	②	③	④

자료해석

번호	①	②	③	④
1	①	②	③	④
2	①	②	③	④
3	①	②	③	④
4	①	②	③	④
5	①	②	③	④
6	①	②	③	④
7	①	②	③	④
8	①	②	③	④
9	①	②	③	④
10	①	②	③	④
11	①	②	③	④
12	①	②	③	④
13	①	②	③	④
14	①	②	③	④
15	①	②	③	④

문제해결

번호	①	②	③	④
1	①	②	③	④
2	①	②	③	④
3	①	②	③	④
4	①	②	③	④
5	①	②	③	④
6	①	②	③	④
7	①	②	③	④
8	①	②	③	④
9	①	②	③	④
10	①	②	③	④
11	①	②	③	④
12	①	②	③	④
13	①	②	③	④
14	①	②	③	④
15	①	②	③	④

추리

번호	①	②	③	④
1	①	②	③	④
2	①	②	③	④
3	①	②	③	④
4	①	②	③	④
5	①	②	③	④
6	①	②	③	④
7	①	②	③	④
8	①	②	③	④
9	①	②	③	④
10	①	②	③	④
11	①	②	③	④
12	①	②	③	④
13	①	②	③	④
14	①	②	③	④
15	①	②	③	④

교사장

성 명

수 험 번 호

⓪	①	②	③	④	⑤	⑥	⑦	⑧	⑨
⓪	①	②	③	④	⑤	⑥	⑦	⑧	⑨
⓪	①	②	③	④	⑤	⑥	⑦	⑧	⑨
⓪	①	②	③	④	⑤	⑥	⑦	⑧	⑨
⓪	①	②	③	④	⑤	⑥	⑦	⑧	⑨
⓪	①	②	③	④	⑤	⑥	⑦	⑧	⑨
⓪	①	②	③	④	⑤	⑥	⑦	⑧	⑨

감독위원 확인

인

포스코그룹 PAT 온라인 적성검사 답안카드

고사장

성 명

수험번호							
⓪	⓪	⓪	⓪	⓪	⓪	⓪	⓪
①	①	①	①	①	①	①	①
②	②	②	②	②	②	②	②
③	③	③	③	③	③	③	③
④	④	④	④	④	④	④	④
⑤	⑤	⑤	⑤	⑤	⑤	⑤	⑤
⑥	⑥	⑥	⑥	⑥	⑥	⑥	⑥
⑦	⑦	⑦	⑦	⑦	⑦	⑦	⑦
⑧	⑧	⑧	⑧	⑧	⑧	⑧	⑧
⑨	⑨	⑨	⑨	⑨	⑨	⑨	⑨

감독위원 확인

(인)

언어이해

번호	1	2	3	4
1	①	②	③	④
2	①	②	③	④
3	①	②	③	④
4	①	②	③	④
5	①	②	③	④
6	①	②	③	④
7	①	②	③	④
8	①	②	③	④
9	①	②	③	④
10	①	②	③	④
11	①	②	③	④
12	①	②	③	④
13	①	②	③	④
14	①	②	③	④
15	①	②	③	④

자료해석

번호	1	2	3	4
1	①	②	③	④
2	①	②	③	④
3	①	②	③	④
4	①	②	③	④
5	①	②	③	④
6	①	②	③	④
7	①	②	③	④
8	①	②	③	④
9	①	②	③	④
10	①	②	③	④
11	①	②	③	④
12	①	②	③	④
13	①	②	③	④
14	①	②	③	④
15	①	②	③	④

문제해결

번호	1	2	3	4
1	①	②	③	④
2	①	②	③	④
3	①	②	③	④
4	①	②	③	④
5	①	②	③	④
6	①	②	③	④
7	①	②	③	④
8	①	②	③	④
9	①	②	③	④
10	①	②	③	④
11	①	②	③	④
12	①	②	③	④
13	①	②	③	④
14	①	②	③	④
15	①	②	③	④

추리

번호	1	2	3	4
1	①	②	③	④
2	①	②	③	④
3	①	②	③	④
4	①	②	③	④
5	①	②	③	④
6	①	②	③	④
7	①	②	③	④
8	①	②	③	④
9	①	②	③	④
10	①	②	③	④
11	①	②	③	④
12	①	②	③	④
13	①	②	③	④
14	①	②	③	④
15	①	②	③	④

포스코그룹 PAT 온라인 적성검사 답안카드

언어이해

번호	①	②	③	④
1	①	②	③	④
2	①	②	③	④
3	①	②	③	④
4	①	②	③	④
5	①	②	③	④
6	①	②	③	④
7	①	②	③	④
8	①	②	③	④
9	①	②	③	④
10	①	②	③	④
11	①	②	③	④
12	①	②	③	④
13	①	②	③	④
14	①	②	③	④
15	①	②	③	④

자료해석

번호	①	②	③	④
1	①	②	③	④
2	①	②	③	④
3	①	②	③	④
4	①	②	③	④
5	①	②	③	④
6	①	②	③	④
7	①	②	③	④
8	①	②	③	④
9	①	②	③	④
10	①	②	③	④
11	①	②	③	④
12	①	②	③	④
13	①	②	③	④
14	①	②	③	④
15	①	②	③	④

문제해결

번호	①	②	③	④
1	①	②	③	④
2	①	②	③	④
3	①	②	③	④
4	①	②	③	④
5	①	②	③	④
6	①	②	③	④
7	①	②	③	④
8	①	②	③	④
9	①	②	③	④
10	①	②	③	④
11	①	②	③	④
12	①	②	③	④
13	①	②	③	④
14	①	②	③	④
15	①	②	③	④

추리

번호	①	②	③	④
1	①	②	③	④
2	①	②	③	④
3	①	②	③	④
4	①	②	③	④
5	①	②	③	④
6	①	②	③	④
7	①	②	③	④
8	①	②	③	④
9	①	②	③	④
10	①	②	③	④
11	①	②	③	④
12	①	②	③	④
13	①	②	③	④
14	①	②	③	④
15	①	②	③	④

고사장

성명

수험번호

⓪	①	②	③	④	⑤	⑥	⑦	⑧	⑨
⓪	①	②	③	④	⑤	⑥	⑦	⑧	⑨
⓪	①	②	③	④	⑤	⑥	⑦	⑧	⑨
⓪	①	②	③	④	⑤	⑥	⑦	⑧	⑨
⓪	①	②	③	④	⑤	⑥	⑦	⑧	⑨
⓪	①	②	③	④	⑤	⑥	⑦	⑧	⑨
⓪	①	②	③	④	⑤	⑥	⑦	⑧	⑨

감독위원 확인

(인)

2025 최신판 시대에듀 All-New 사이다 모의고사
포스코그룹 PAT 온라인 적성검사

개정11판1쇄 발행	2025년 02월 20일 (인쇄 2024년 12월 12일)
초 판 발 행	2019년 09월 30일 (인쇄 2019년 09월 06일)
발 행 인	박영일
책 임 편 집	이해욱
편 저	SDC(Sidae Data Center)
편 집 진 행	안희선 · 신주희
표지디자인	조혜령
편집디자인	장하늬 · 고현준
발 행 처	(주)시대고시기획
출 판 등 록	제10-1521호
주 소	서울시 마포구 큰우물로 75 [도화동 538 성지 B/D] 9F
전 화	1600-3600
팩 스	02-701-8823
홈 페 이 지	www.sdedu.co.kr
I S B N	979-11-383-8495-7 (13320)
정 가	18,000원

싸이다

사일 동안
이것만 풀면
다 합격!

포스코그룹
온라인 PAT

대기업 인적성 "기출이 답이다" 시리즈

역대 기출문제와 주요기업 기출문제를 한 권에! 합격을 위한
Only Way!

대기업 인적성 "모의고사" 시리즈

실제 시험과 동일하게 마무리! 합격으로 가는
Last Spurt!

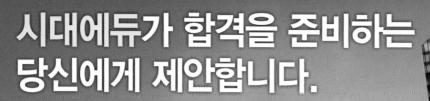

시대에듀가 합격을 준비하는
당신에게 제안합니다.

결심하셨다면 지금 당장 실행하십시오.
시대에듀와 함께라면 문제없습니다.

성공의 기회!
시대에듀를 잡으십시오.

NEXT STEP!

기회란 포착되어 활용되기 전에는 기회인지조차 알 수 없는 것이다.

– 마크 트웨인 –

THE LAST
모의고사

포스코그룹 PAT

온라인 모의고사 &
도서 동형 온라인 모의고사

응시방법

01 합격시대
홈페이지 접속
(sdedu.co.kr/pass_sidae_new)

02 홈페이지 우측 상단
「쿠폰 입력하고 모의고사 받자」
클릭

03 도서 앞표지
안쪽에 위치한
쿠폰번호 확인 후 등록

04 내강의실 →
모의고사 → 합격시대 모의고사
클릭 후 응시

www.sdedu.co.kr/pass_sidae_new

사일 동안
이것만 풀면
다 합격!

포스코그룹
온라인 PAT

합격의 모든 것!

YES24 포스코그룹 부문 판매량 1위
(23년 8월~24년 9월)

판매량
1위

시대에듀

정가 **18,000원**

발행일 2025년 2월 20일 │ **발행인** 박영일 │ **책임편집** 이해욱	
편저 │ SDC(Sidae Data Center) │ **발행처** (주)시대고시기획	
등록번호 제10-1521호 │ **대표전화** 1600-3600 │ **팩스** (02)701-8823	
주소 서울시 마포구 큰우물로 75 [도화동 538 성지B/D] 9F	
학습문의 www.sdedu.co.kr	

평균
99.9%
안심도서

13320

9 791138 384957

ISBN 979-11-383-8495-7

2025
최신판

합격에듀
시대
에듀

사이다 기출응용
모의고사 시리즈

사

누적 판매량
1위
기업별 NCS 시리즈

사일 동안
이것만 풀면
다 합격!

이

다

한국가스공사
NCS
4회분

✔ 한국가스공사 기업분석·취약영역 분석
✔ 50문항 60분 구성 기출응용 모의고사
✔ NCS(의사소통·수리·문제해결·자원관리·정보)

모바일 OMR
답안채점 / 성적분석
서비스
—
NCS
핵심이론 및
대표유형 PDF
—
[합격시대]
온라인 모의고사
무료쿠폰
—
무료
NCS
특강

SDC

SDC는 시대에듀 데이터 센터의 약자로 약 30만 개의 NCS·적성 문제
데이터를 바탕으로 최신 출제경향을 반영하여 문제를 출제합니다.

편저 | SDC(Sidae Data Center)

시대에듀

도서 구매자를 위한
특별한 혜택

"NCS 핵심이론 및 대표유형 분석자료" 무료 제공

① 시대에듀 도서 홈페이지 접속(www.sdedu.co.kr)

② 상단 카테고리 「**도서업데이트**」 클릭

③ '공기업 NCS 도서 무료 학습자료' 검색 후 다운로드

※ 자료가 보이지 않을 때에는 '공기업'으로 검색하기 바랍니다.

"무료NCS특강(PC / 모바일 강의)" 제공

① 시대에듀 홈페이지 접속(www.sdedu.co.kr)

② 상단 카테고리 「**회원혜택**」 클릭

③ 「**이벤트존**」 → 「**NCS 도서구매 혜택 이벤트**」 클릭

④ 쿠폰번호 입력 후 수강

쿠폰번호

무료NCS특강	AGB-54534-18718

※ 해당 강의는 본 도서를 기반으로 하지 않습니다.

"기업별 온라인 모의고사" 무료 제공

① 시대에듀 합격시대 홈페이지 접속

　(www.sdedu.co.kr/pass_sidae_new)

② 상단 배너 「**쿠폰 입력하고 모의고사 받자**」 클릭

③ 쿠폰번호 입력 후 응시

쿠폰번호

NCS 3회	ATJC-00000-19CB5

※ iOS / macOS 운영체제에서는 서비스되지 않습니다.

※ 쿠폰 등록 후 30일 이내에 사용 가능합니다.

등록 기간 : ~ 2026년 4월 30일

시대에듀

끝까지 책임진다! 시대에듀!

QR코드를 통해 도서 출간 이후 발견된 오류나 개정법령, 변경된 시험 정보, 최신기출문제, 도서 업데이트 자료 등이 있는지 확인해 보세요! **시대에듀 합격 스마트 앱**을 통해서도 알려 드리고 있으니 구글 플레이나 앱 스토어에서 다운받아 사용하세요. 또한, 파본 도서인 경우에는 구입하신 곳에서 교환해 드립니다.

편집진행 김재희 · 김미진 | **표지디자인** 조혜령 | **본문디자인** 유가영 · 임창규